网络群体行为涌现过程的建模、仿真及其实证

陈庭贵 著

浙江工商大学出版社
ZHEJIANG GONGSHANG UNIVERSITY PRESS

·杭州·

图书在版编目(CIP)数据

网络群体行为涌现过程的建模、仿真及其实证 / 陈庭贵著.
—杭州:浙江工商大学出版社,2020.12
ISBN 978-7-5178-4195-1

Ⅰ.①网… Ⅱ.①陈… Ⅲ.①互联网络—舆论—研究 Ⅳ.①

G206.2

中国版本图书馆CIP数据核字（2020）第238524号

网络群体行为涌现过程的建模、仿真及其实证
WANGLUO QUNTI XINGWEI YONGXIAN GUOCHENG DE JIANMO
FANGZHEN JI QI SHIZHENG

陈庭贵 著

责任编辑	谭娟娟
封面设计	林朦朦
责任印制	包建辉
出版发行	浙江工商大学出版社
	（杭州市教工路198号　邮政编码310012）
	（E-mail:zjgsupress@163.com）
	（网址:http://www.zjgsupress.com）
	电话:0571-88904980,89991806(传真)
排　　版	杭州朝曦图文设计有限公司
印　　刷	广东虎彩云印刷有限公司绍兴分公司
开　　本	710 mm×1000 mm　1/16
印　　张	16.75
字　　数	249千
版 印 次	2020年12月第1版　2020年12月第1次印刷
书　　号	ISBN 978-7-5178-4195-1
定　　价	56.00元

前　言

　　近年来,互联网的普及极大地推动了以信息为生产要素的社会关系网络的发展,同时也造就了一支日益庞大的网络信息用户队伍。然而,与此同时,与互联网信息交互相关的重大突发事件发生的频率也越来越高,影响也越来越大。根据历年《社会蓝皮书》统计,中国群体性突发事件频发,1993—2006年,从每年8709起增长到每年9万起,2010年之后更是激增至每年10余万起。以上这类事件发生的主要过程是,某一"导火索"事件通过网络被披露后,迅速引起大量网民的关注与讨论并形成公众舆情,继而推动事态发展,使事件得以迅速传播,引起社会各界的普遍关注,造成舆情的进一步极化,最终不得不由政府出面干预、澄清,并对事件进行妥善处理。由此可见,没有互联网推波助澜的作用,社会力量不可能在极短的时间里显示出其影响力,从而左右事态的发展。基于此,在当今网络环境下,针对信息传播的全面性和快速性、重大突发事件演化的动态性、网上及网下行为虚实交互性等特点,依据现有的管理方法与技术手段已难以及时有效地解决这些重大突发事件,这对构建和谐、幸福的中国特色社会主义社会提出了严峻的挑战。

　　近10年来,作者先后获得若干与网络舆情有关的国家社会科学基金项目、国家自然科学基金项目及其他基金项目和人才计划项目。在这些科研项目的持续资助下,作者以问题驱动方式,对网络舆情的传播、极化与反转原理进行了系统深入的研究。本书除了介绍国内外网络舆情的研究进展外,主要从网民节点交互的视角,集中展示作者近年来在网络舆情研究方面所取得的一系列成果,这些研究成果对于揭示复杂群体性行为的涌现机制、提高智能科学发展水平具有重要的意义。

　　本书涉及论题系统完整,既涵盖网络舆情演化方面内容,又包括若干前沿性科学问题;本书既有对原理、模型、方法的理论探讨,又有较多仿真实验和应用实例,并将两者紧密结合起来。在研究工作中,问题导向与方法导向并重,实现了有机的融合。本书的出版,一方面旨在弥补国内在网络舆情研究著述上存在的空缺,另一方面力图促进复杂群体性行为涌现的研究和发展。

本书由浙江工商大学陈庭贵教授整体构思并独立撰写完成,其间得到了研究生石佳文、李倩倩、王玉龙等的协助。全书共分9章,除第1章绪论与第2章复杂网络基本原理外,第3—8章为全书的主体内容,其中,第3—5章讨论了网络群体行为的涌现机制,第6—8章讨论了网络舆情的演化原理,第9章以谣言传播为例进行典型应用分析,以上章节涵盖了网络舆情领域诸多前沿热点问题,最后由陈庭贵负责全书统稿工作。

本书是作者所承担的浙江省高校重大人文社科攻关计划项目青年重点项目(编号:2018QN006)及国家社会科学基金项目(编号:20BTQ059)的学术成果。上述科研课题的支持为作者创造了宽松的学术氛围和研究环境,谨在此向有关部门表示深深的感谢并致以敬意。

网络舆情的演化属于智能科学与管理科学交叉的研究领域,涉及众多跨学科的知识,既富有吸引力,又颇具挑战性。本书作者将在这一学科前沿领域继续深入探索,贡献新的成果;同时希望读者不吝赐教,对书中不当之处给予指正。

目　录

CONTENTS

第4章　网络群体极化行为涌现机理

第5章　融入SIRS模型的群体极化过程中扩散行为分析

第6章　考虑个体异质性与动态从众性的舆情极化过程建模、仿真及其实证

第 1 章

绪 论

　　作为绪论,本章首先从社会突发热点事件产生的背景入手,阐述了其突发性与公共性的特征,从而引出网络群体性行为及其舆情的形成,并进一步阐述了舆情的传播、极化与反转过程。其次,对网络群体行为的研究现状进行了分析,综述了网络群体同步行为、网络群体极化行为形成的原理与特征。再次,阐述了网络舆情的演化过程,指明了网络舆情的研究进展情况并加以分析论述。最后,对本书的主要内容进行说明,并给出了全书的篇章结构。

1.1 社会热点事件产生的背景及其特征描述

1.1.1 背 景

现阶段,我国正处于社会转型时期,社会群体间的矛盾、利益冲突日益凸显,群体性突发事件频发。根据历年《社会蓝皮书》统计,1993—2006年,社会群体性事件从每年8709起增长到每年9万起,此后的2007—2009年均超过了每年9万起,2010年之后更是增加到了每年10余万起。[1]其中,较为典型的"郭美美事件""宜黄强制拆迁事件""罗一笑事件""雷洋事件"等直指现实社会问题,其影响由网络空间进入现实生活,从虚拟走向现实。以上事件发生的主要过程是,某一"导火索"事件通过网络被披露后,迅速引起大量网民的关注与讨论,并唤起民众压抑已久的"仇官、仇富、仇警"记忆[2],继而推动事态发展,使事件迅速传播,引起社会各界的普遍关注,最终不得不由政府出面干预、澄清,并对事件进行妥善处理。由此可见,没有互联网推波助澜的作用,社会力量不可能在极短的时间里显示出其影响力,从而左右事态的发展。

实际上,群体行为由产生到发展都涉及信息的传播和扩散过程,而信息传播的路径就是人与人之间的关系网络。把群体行为中的每个个体作为一个节点,将个体之间的社交关系看作网络的连线,现实社会中的个体通过相互之间的关联形成各种社会结构,从整体上表现为社会网络。[3]社会网络作为维系群体的物理框架,对群体性事件发酵过程中的信息传播、扩散具有非常重要的作用。尤其在网络时代,信息技术的发展极其迅速,网络的普及率不断升高,人们的生活方式、行为方式[4]都被互联网所影响,甚至改变。虚拟社交网络顺势而生,在不断满足人们多样化需求的同时,也将群体行为由现实社交网络发展到了更易激化矛盾的虚拟社交网络。

相对于现实社会,基于互联网的虚拟社交网络更易导致群体行为发生。

互联网的匿名特性使得网民更加热衷于极端观点的表达、谣言传播及情绪宣泄等。目前,网络群体行为的表达形式主要分为两类[5]:一类是借助互联网的力量,对事件推波助澜,只在网络上进行情感的表达与观点的呈现,主要包括舆情爆发及"人肉搜索"[6]等形式。例如2014年的"马航失联事件"、2015年的"支持贩卖儿童者死刑刷屏事件"及2016年的"罗一笑事件""雷洋事件"等。另一类是虚拟和现实网络相结合的群体行为,其表现为将现实中的群体性事件通过网络扩散后演化为网络群体行为,借助网络进一步造势、扩大影响力,促进现实社会群体性行为规模的扩大。例如2017年的"江歌事件"所引发的集体签名行动等。

1.1.2 研究的意义与价值

当今社会,互联网、信息化完全颠覆了20世纪的社会面貌、生活方式、思维方式和出行方式等等。随之而来的是,互联网被缔造为这个时代的虚拟社会,无数人开始习惯于寄居在互联网上,将现实生活搬入虚拟社会。最显著的一个变化就是,人们关系的维持越来越依赖网络的力量,越来越多个体的关系网络慢慢从现实偏向虚拟。

从网络科学[7]的角度来解读,现实社会的人际关系网络和虚拟社会的信息传播网络都是复杂社会网络,它们的相互作用表现在人际关系网络和信息传播网络之间的复合作用,具有非线性、非平稳、多模式和多状态等特点[8]。但是,相较于以往的网络环境,当前网络社会复杂性有较大提升,是当今社会系统的物理框架。这种复杂的网络环境使得消息闭塞的情况不可能再发生,任何社会热点事件都会在这一复杂的社会网络上迅速传播、扩散,从而加大社会系统管理风险,导致大规模群体性行为频发。因此,研究社会系统中群体性行为的涌现机制,对于抵御社会系统的脆弱性,实现对复杂社会的有效管理具有重要的现实意义;同时还能够事前预测群体性事件的发生,并且在群体性事件发生后提供干预措施和策略。

研究复杂社会系统使用的方法主要有自下而上的涌现计算方法和自上而下的控制方法及隐喻方法。[9]自下而上的涌现计算方法作为圣塔菲研究所(Santa Fe Institute,SFI)研究复杂社会系统的主要方法,因其能够克服传统方法不能充分分析复杂系统中非线性动态交互过程问题而被广泛采用。因此,以涌现计算方法研究社会系统中的群体性行为问题对促进对复杂系统研究具有明显的理论意义。

1.2 网络群体行为研究现状

1.2.1 网络群体同步行为相关文献综述

以往对群体性事件的集群同步研究[10]主要从3个方面展开:一是关于社会复杂网络的研究;二是关于网络群体行为同步的模型研究;三是关于同步的优化方法研究。

首先,复杂社会网络是影响同步效果的重要载体。同时,复杂网络[11-12]作为一个独立的研究领域,它的发展极其迅速,研究者们发现大量的复杂社会网络既不是规则网络,也不是随机网络,而是具有与上述两种网络不同统计特征的网络[13]。这些网络被定义为复杂网络,在这些网络统计特征中,小世界效应[14]和无标度特性[15]最为重要。如:1998年Watts et al.[16]提出基于人类社会网络的小世界模型(Watts-Storgatz,WS),通过调节它的一个参数可使规则网络向随机网络过渡。1999年,Barabási et al.[17]提出了无标度网络模型(Barabási-Alber,BA)。考虑到社区之间的异质性,Li et al.[18]构建了一个新的社区网络模型,该模型中社区网络节点的平均距离程度存在显著差异。基于这种异质性的社区网络,他们针对每个社区提出了一种新的传染病模型,并研究了该网络模型中的流行病动力学。如今,对社交网络的研究已经成为一个热门话题,然而,如何利用该模型来解决社会关系中存在的社会群体事件扩散、同步、极化等问题,仍然是需要研究的问题。

其次,在研究社会网络对群体性事件同步行为模型的过程中,Kuramoto模型[19]被广泛应用。Pluchino et al.[20]将Kuramoto耦合振子模型隐喻到社会系统集群行为中,从社会物理学的研究视角建立基于Kuramoto模型的现实集群行为动态演化模型和涌现计算模型。Hong et al.[21]研究了不同网络结构的度分布、平均路径长度、异质性、介数中心性等参数对同步的影响,并发现介数中心性可以作为一个较好的同步指示指标。Sueur[22]从同步行为的表现形式角度对其加以研究,认为群体性突发事件信息相位同步行为是群体行为的一种特殊表现形式,是大量相互作用的个体行为在集体层的涌现,具体表现为群体中个体所掌握信息变化率的一种趋同状态。Rodrigues et al.[23]讨论了Kuramoto模型在网络同步中的最新进展,包括噪声和惯性的存在。Song et al.[24]研究了不同类型的非正式网络对汇聚速度或意见簇数量的影响,观察到意见动态与非正式网络的补充通信有利于加快收敛速度,减少意见簇。更重要的是,揭示了非正式网络的3个关键因素对正式网络的影响。Li et al.[25]基于1990—2001年间40个国家的股票收益数据,对股票价格的同时涨跌进行了实证分析,并对其在工程、神经科学、物理和地球科学等领域的应用前景进行了展望。

在优化方面,人工免疫系统(Artificial Immune System,AIS)[26]的普及极为迅速,在自组织学习、多Agent系统、函数优化等研究领域中都有很成功的应用[27]。人工免疫系统从典型人工免疫算法中的基本免疫算法、否定选择算法[28]、克隆选择算法[29],到复杂人工免疫算法中的免疫进化算法[30]、人工免疫系统与人工神经网络混合算法[31],它的发展已经非常成熟。Ju et al.[32]运用人工免疫中的Ai-Net算法进行ABC优化,从而解决项目调度问题;还深入研究了群体智能和人工免疫之间存在的关系,探讨了两者之间存在的机理。可见,人工免疫算法在优化领域发挥了相当重要的作用。

基于此,本书探究了复杂网络的同步现象,将Kuramoto模型的演化和人工免疫算法的优化相结合,找出利于同步形成的网络结构,这具有重要的理论与现实意义。

1.2.2 网络群体极化行为相关文献综述

在新媒体背景下,Kleiner[33]探讨了公众舆情的两极分化是否能够刺激个人参加合法的示威活动,认为公民的信仰和价值观会因为舆情两极化的刺激而变得活跃。王宏波等[34]认为,在舆情传播中对群体极化现象的抑制有利于加强对舆情传播的管理,营造公平正义的环境,从而减少群体性事件发生的可能性,促进社会和谐发展;焦德武[35]深入解析了舆情出现极化现象的原因,认为网络本身的特征是群体极化现象产生的物质基础,外部力量进一步促进了它的发展;史波[36]分析了网络舆情监督中群体极化现象的成因,提出了规避群体极化、更好地发挥网络舆情监督作用的策略;张桂霞[37]认为,群体表现出强烈的群体极化倾向,是群体性质、群体心理、选择性信息接受机制、网络议程设置等因素综合作用的结果。这些研究较多地从宏观角度来探讨群体性事件中的极化现象,但无论是原因的寻找还是策略的提出都没有较为可靠的实验分析和数据作为支撑。在对群体态度极化的研究中,准确描述参与群体态度演化的心理过程及群体成员每一次做出选择的心理动向对研究结果意义重大。例如:刘青[38]从新闻心理学、传播学和社会心理学的角度出发,探析网络舆情中群体极化现象的成因,认为从心理学的角度出发,能更有效地帮助政府和媒体进行舆情监测,更好地引导舆情;郭小平[39]研究了公共事件发生过程中出现的不同程度的群体极化倾向,认为造成群体极化现象与网络传播的窄化、网民的非理性从众等因素有关;Asch[40,41]从人关于物体大小的看法是如何受到别人的观点影响的实验中,得出在高度模糊不清的情况下,人们会表现出从众行为,但是当情况足够清晰时,人们还是表现出相当的从众行为。从心理学角度出发剖析群体的极化现象,可以非常准确地描绘个体在整个事件中的心理过程,但仅仅从心理学角度难以对极化现象的整体发展趋势进行探究,且对除群体心理以外的因素的把握不够准确。

经典极化模型主要有Deffuant et al.[42-43]提出的D-W模型及Jager et al.[44]提出的J-A模型。D-W模型考虑了当个体态度较为接近时,他们的态度会逐渐靠近而统一,并依此构建模型讨论了不同态度阈值对群体态度极化的影响,模型仿真表明高的阈值倾向于使态度统一,而较低的阈值则倾向于产生多个态度的小集团。Chau et al.[45]参照社会评价理论设计了J-A模型,并通过仿真计算探讨了群体的态度演化规律。Li et at.[46]用更接近真实社交网络结构的可调BA网络模型作为Agent邻接模型,同时在J-A经典模型的基础上将个体的态度值由单维拓展到多维。但这些经典模型和现实场景的结合不够密切,例如经典模型将所有个体看成同质个体,而现实中每个个体都具有不同的特性,每个个体之间相应的亲疏关系[47]在经典模型中也没有表现。同时,经典模型的仿真结果和实际相差较大,应用性较弱。研究发现,在经典模型的仿真结果中,个体最终的态度值分布在一个或几个值上,而在实际中,群体即使在极化后,仍会有少数个体的态度值呈现分散状态。

1.3 网络舆情研究进展

1.3.1 舆情传播扩散相关文献综述

在信息的传播扩散方面,运用传染病动力学方法研究网络舆情传播已经较为成熟。例如:林芹等[48]优化了SIS模型,建立以用户心理特征为主的社交网络舆情传播数学模型,在对该模型分析的基础上,提出防控网络舆情传播的方法;陈波等[49]建立了一个带有直接免疫的SEIR媒体网络舆情传播模型;彭慧洁等[50]将传染病动力学与在线社交网络相结合,提出了一个多维度D-SIR信息传播模型,并发现兴趣度、传播关系强度对信息传播深度有显著的影响;赵剑华等[51]基于传统的SIR传染病模型,综合考虑用户的心理特征行为因素,搭建新型的社交网络舆情传播动力学模型;朱恒民等[52]以无标度网络为载体提出舆情传播的SIRS模型,有效揭示了基于微博用户关注关系形成的复杂网络中舆情传播演化的机理;黄微等[53]通过测度网络舆情场中受众基于观点异同所形成的群落连接鲁棒性,为识别和定位濒临极化群体、预先化解群体性事件提供可操作方案。但是,鲜少有学者继续深入将传染病模型和舆情的演化过程相结合并进行探讨。本书将SIRS传染病模型和态度演化极化模型相结合,把S—I—R—S的演变过程看成:①从个体(S)受到外界因素影响,态度值发生改变(I),到和外界交互达成短暂平衡(R);②当外界信息再次产生变动(S),又会干预个体的态度观点,促使个体继续调整态度(I),继而再和外界交互达成相对平衡(R)的周而复始的过程。显然,每个个体的态度在演变过程中,都是在和外界无数次的交互中才达到观点值的相对平衡的。

1.3.2　舆情反转与干预机制相关文献综述

对于舆情反转与干预机制的研究,代表性成果包括:Huang et al.[54]考虑了个体的认知偏差与相应的选择行为对舆情反转的影响,并指出认知偏差与个体选择行为的变化率可以作为判断舆情是否具备反转的可能性指标;Zhu et al.[55]提出了一个研究舆情逆转的模型,仿真分析了信息强度、信息发布时间和信息应对策略对舆情逆转的影响;Flache[56]研究发现,一个叛逆的少数人(外群体的爱好者)可以在避免相互间消极的群体关系中起到关键作用,甚至导致态度的逆转;Dunne[57]探讨了个体在群体间谈判中的行为如何影响社会认同和群体内意见偏见现象,结果显示了群体内偏见的逆转;Deng et al.[58]发现一个积极的信息可以在早期影响意见动态,然后像蝴蝶效应一样决定意见的形成;Lerman[59]研究发现,个人经历可以塑造那些党派偏见,并可能使党派成员抵制将精英信息传递给人们的偏好。以上文献对舆情反转与干预机制的研究主要侧重对其影响因素进行仿真分析,或者通过构建模型对舆情反转的演化过程进行模拟。然而,结合外部信息介入与个体态度转变两个维度来研究舆情反转过程则还鲜见于文献。

1.4　本书主要内容

第2章论述了复杂网络基本原理,旨在为第3章至第9章的研究工作提供相关的理论基础。该章涉及群体行为同步、极化的模型构建、复杂网络及舆情的传播扩散等相关基础理论,重点展示如何运用复杂网络进行有关研究工作,以加深对网络的几何性质、网络演化的统计规律、网络的形成机制、网络结构的稳定性及网络演化动力学机制等相关知识的理解。

第3章研究了网络群体同步行为的涌现机理及其智能优化。首先,探究在网络规模恒定的情况下,通过人工免疫算法优化网络结构,最终实现同步演化效果的提升。其次,对网络结构进行分析,得到这类网络结构的特征,并将研究结果应用于实际,针对创造价值的同步行为,构造同步性能较好的网络结构,达到促成同步的目的;反之,则破坏网络中的点和边的连接,避免同步行为的发生。最后,以案例进行结果论证。

第4章研究网络群体极化行为涌现机理。在J-A模型的基础上,该章将个体具有的从众性、网络关系强度等参数融入极化模型,并使用更接近真实社交网络结构的BA网络模型作为Agent邻接模型,用多Agent蒙特卡罗方法进行实验仿真。实验仿真结果显示:不同的信息交互方式会对群体态度极化产生较大的影响;此外,同化效应与排斥效应带的参数值d_1,d_2的不同,致使从众性参数和网络关系强度的强弱分布对极化有促进和减缓的双重作用。

第5章研究融入SIRS传染病模型的群体极化过程中的扩散行为仿真。在群体极化行为发展、演化过程中,往往伴随着信息的进一步传播扩散。将信息扩散的过程和极化行为的发展过程相融合,体现出群体极化过程中的信息传递,能够更好地契合群体观点在交互过程中的极化原理。而融入传染病模型SIRS则能够较好地探究在不同的信息传播扩散程度下,极化行为的整体进程。该章主要从3个方面展开分析:①对比融入SIRS传染病模型前后的极化进程;②调整免疫恢复参数γ,探究极化过程中γ参数的作用;③对比不同网络结构下极化的效果。最后,基于仿真结果,提出相应的预防措施,以便缓解群体极化行为的发生。

第6章研究考虑了个体异质性与动态从众性的舆情极化宏观涌现机理。首先,引入个体在交互过程中对他人观点的从众倾向动态变化函数,并进一步定义了不同交互个体之间的影响度权重,将交互个体从完全同质性拓展为初始时刻观点异质性及从众异质性。其次,通过仿真实验验证影响极化现象的因素。最后,通过典型案例验证该章所提模型的合理性与有效性。

第7章研究了融入社会偏好理论的网络舆情极化现象微观交互形成机理。首先,对不同社会偏好的个体进行分类,通过定义这些异质性偏好个体进行交互行为获得的收益函数来解释其在收益驱动下的具体行为。其次,利用收益函数设定交互个体之间的连接和断开规则,将网络从静态拓展至动态。最后,通过仿真分析不同偏好的个体对舆情极化现象的影响。

第8章研究涉及外部干预信息与个体内在特征的舆情反转机制。首先,以突发社会热点事件的舆情反转现象为研究对象,识别影响舆情反转的内外因素,即个体内在特征和外部干预信息。其次,引入信息强度和个体感知量指标描述外部干预信息对舆情反转的影响。并且,定义个体关注度与保守度参数,描述个体本身对外部信息的选择过程,揭示其内在特征对舆情反转的影响,进而构建舆情反转模型。再次,通过仿真实验分析了信息强度、个体关注度及个体保守度等对舆情反转过程的影响。仿真结果表明:①外部干预信息的强度会影响舆情反转的方向和程度;②当个体保守度较强或个体关注度较弱时,即使外部干预信息较强,仍然不会形成明显的舆情反转现象。最后,通过实际案例验证了该章所提模型的合理性与有效性。

第9章探讨了网络谣言传播扩散机理问题。该章在SIR传染病模型的基础上提出了改进的SPNR谣言传播模型,并且采用数据集验证及实例验证两种方法对SPNR模型进行了实证研究。首先,将谣言传播者的感染状态划分为正向和负向两种,并根据周围感染者占比动态地设置了正负向感染率,同时也增加了遗忘机制,提出了更加具有适用性的SPNR谣言传播模型;其次,设计出此模型下的谣言传播算法,实现谣言传播过程的仿真;再次,利用数值模拟的方法对影响谣言传播的各项参数进行了影响性分析,为谣言控制策略的制定提供了依据;最后,从数据集验证和实例验证两个角度,对比新浪微博中的实例与SPNR模型下的模拟结果,验证了SPNR模型在谣言传播过程中的适用性。

1.5 本书篇章结构

本书根据书稿内容之间的逻辑联系,以第1章、第2章为基础篇,第3—5章围绕网络群体行为展开讨论,第6—8章讨论网络舆情的演化机理,第9章以谣言传播为例进行典型应用分析。全书的篇章结构如图1-1所示,其中第3—9章的内容均以作者的研究工作为基础完成,体现了本书的理论创新之处和学术价值。

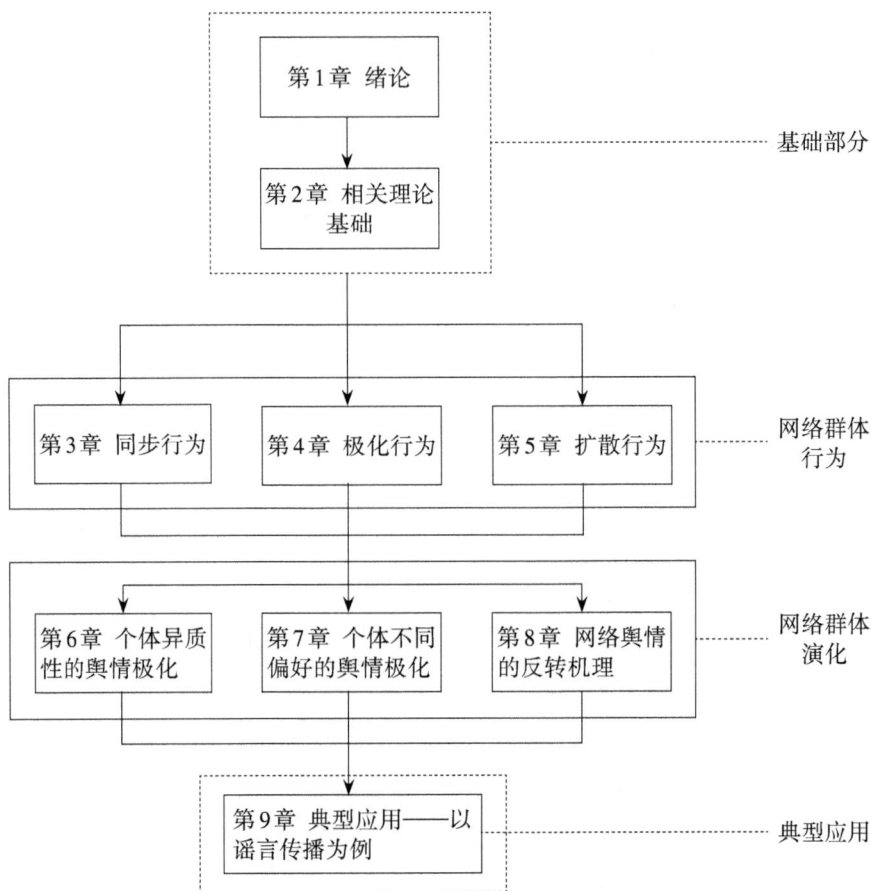

图1-1　本书篇章结构

　　作为绪论的第1章描述了全书的概貌。第2章论述了复杂网络的基本原理,旨在为第3—8章的研究工作提供相关的理论基础。这是鉴于以下情况而设置的内容:第3—8章是全书的主体内容,其中第3—5章讨论了网络群体行为的涌现机制,主要以复杂网络为基础展开讨论;第6—8章讨论了网络舆情的演化原理,主要以网络节点态度交互为基础展开。第9章是应用案例,论述了网络舆情的典型案例分析过程。上述几章构成了本书的主体篇。

　　第3—8章集中展示作者在网络舆情研究方面所取得的成果,主要包括网络群体行为的涌现和网络舆情的演化两方面内容。前者以复杂网络为基础,针对网络群体的同步、极化行为展开讨论与分析,提出了网络优化与抑制机制;后者以网络群体行为为基础,针对网络舆情的形成、传播与反转等问题,采用模拟仿真与实证等方法,研究舆情的演化机理并提出有效的干预、引导机制。

第 9 章是典型案例,以典型的谣言传播过程为例,探讨网络舆情的扩散、演化原理,使读者从感性认识提升到理性认识,并将理论应用于实际,对本书前述章节相关模型与方法进行实际应用,检验其合理性与有效性。

作为学术研究成果的总结,本书各章内容基本自成一体,除了第 1 章与第 2 章之间、第 6 章与第 7 章之间有较强的衔接关系外,其余各章均具有相对的独立性。读者可以根据自己的兴趣有选择性地阅读有关内容,而不必拘泥于全书的编排顺序。

参 考 文 献

[1]张耀峰.社会系统中集群行为的涌现计算[D].武汉:华中科技大学,2015.

[2]BARRY S. Collective memory and history: how abraham lincoln became a symbol of racial equality[J]. Sociological Quarterly, 1997(38): 469-496.

[3]JACKSON M O. Social and economic networks [M]. Princetors, New Jersey, USA: Vtls Inc, 2013.

[4]张树人,方美琪.Web2.0与信息系统复杂性变革[M].北京:科学出版社,2008.

[5]曾庆香,李蔚.群体性事件:信息传播与政府应对[M].北京:中国书籍出版社,2010.

[6]付琳.人肉搜索私力救济性对公权力的补足作用[J].学习论坛,2017,33(5):75-80.

[7]WATTS D J. The "new" science of networks [J]. Annual Review of Sociology, 2004, 30: 243-270.

[8]HOLLAND J H. Hidden order: how adaptation builds complexity [M]. New Jersey: Addison-Wesley, 1995.

［9］HOLLAND J H. Emergence［M］. New York：Addison-Wesley，1998.

［10］戴存礼. 复杂网络上动力学系统的同步行为研究［D］. 南京：南京航空航天大学，2008.

［11］LYMPEROPOULOS I，LEKAKOS G. Analysis of social network dynamics with models from the theory of complex adaptive systems［C］//Conference on e-Business，e-Services and e-Society. Springer Berlin Heidelberg，2013：124-140.

［12］PAN Y，TAN W，CHEN Y. The analysis of key nodes in complex social networks［C］// International Conference on Cloud Computing and Security. Springer，Cham，2017：829-836.

［13］YE X，FEI C. Researches on evaluations of large-scale complex networks topologies［C］. Procedia Computer Science，2017，107：577-583.

［14］孙冰，田胜男，姚波涛. 创新网络的小世界效应如何影响突围性技术扩散——基于转换模式成本的调节作用［J］. 管理评论，2018，30（3）：72-81.

［15］MITRA C，KURTHS J，DONNER R V. Rewiring hierarchical scale-free networks：influence on synchronizability and topology［J］. Epl，2017，119（3）：29-37.

［16］WATTS D J，STROGATZ S H. Collective dynamics of "small-world" networks［J］. Nature，1998，393（6684）：440-442.

［17］BARABÁSI A L，ALBERT R. Emergence of scaling in random networks［J］. Science，1999，286（5439）：509.

［18］LI C，JIANG G，SONG Y，et al. Modeling and analysis of epidemic spreading on community networks with heterogeneity［J］. Journal of Parallel & Distributed Computing，2018，105（9）：211-223.

［19］MEDVEDEV G S，TANG X. The kuramoto model on power law graphs：synchronization and contrast states［J］. Journal of Nonlinear Science，2018，27（4）：1-23.

［20］PLUCHINO A，LATORA V，RAPISARDA A. Changing opinions in a changing world：a new perspective in sociophysics［J］. International Journal of Modern Physics C，2005，16（4）：515-531.

[21] HONG H, KIM B J, CHOI M Y. Factors that predict better synchronizability on complex networks [J]. Physical Review E: Statistical Nonlinear & Soft Matter Physics, 2004, 69(6): 067105.

[22] SUEUR C. Self-organization in primates: understanding the rules underlying collective movements [J]. International Journal of Primatology, 2011, 32 (6): 1413-1432.

[23] RODRIGUES F A, PERON T K D, JI P, et al. The kuramoto model in complex networks [J]. Physics Reports, 2016, 610: 1-98.

[24] SONG X, SHI W, MA Y, et al. Impact of informal networks on opinion dynamics in hierarchically formal organization [J]. Physica A: Statistical Mechanics & its Applications, 2015, 436: 916-924.

[25] LI J, MYERS S C. R2 around the world: new theory and new tests [J]. Journal of Financial Economics, 2006, 79(2): 257-292.

[26] YAW M W, CHONG K H, KAMIL K. Transform of artificial immune system algorithm optimization based on mathematical test function [C]. IEEE International Conference on Control System, Computing and Engineering, 2017: 147-150.

[27] MLUNGISI D, BHEKISIPHO T. Optimising latent features using artificial immune system in collaborative filtering for recommender systems [J]. Applied Soft Computing, 2018, 71: 183-198.

[28] CHEN W, LI T. Parameter analysis of negative selection algorithm [J]. Information Sciences, 2017, 420: 218-234.

[29] ZAREIZADEH Z, HELFROUSH M S, RAHIDEH A, et al. A robust gene clustering algorithm based on clonal selection in multiobjective optimization framework [J]. Expert Systems with Applications, 2018, 113: 301-314.

[30] LIN Q, MA Y, CHEN J, et al. An adaptive immune-inspired multi-objective algorithm with multiple differential evolution strategies [J]. Information Sciences, 2018, 431: 46-64.

[31] TAYEB B S, BESSEDIK M, BENBOUZID M, et al. Research on

permutation flow-shop scheduling problem based on improved genetic immune algorithm with vaccinated offspring[J]. Procedia Computer Science, 2017, 112: 427-436.

[32] JU C, CHEN T. Simplifying multiproject scheduling problem based on design structure matrix and its solution by an improved aiNet algorithm[J]. Discrete Dynamics in Nature and Society, 2012:22

[33] KLEINER T M. Public opinion polarisation and protest behaviour[J]. European Journal of Political Research, 2018, 57(4):941-962.

[34]王宏波,吴雪芹.群体性事件舆情传播极化现象评析[J].西安交通大学学报(社会科学版),2013,33(1):65-70.

[35]焦德武.试论网络传播中的群体极化现象[J].安徽理工大学学报(社会科学版),2010,12(3):105-108.

[36]史波.网络舆情群体极化的动力机制与调控策略研究[J].情报杂志,2010,29(7):50-53.

[37]张桂霞.网络舆情主体的群体极化倾向分析[J].青岛科技大学(社会科学版),2005,21(4):104-107.

[38]刘青.网络群体极化现象研究综述[J].北京警察学院学报,2013,14(3):74-79.

[39]郭小平.信息的"协同过滤"与网民的"群体极化"倾向[J].东南传播,2006,34(12):43-44.

[40] ASCH S E. Effects of group pressure upon the modification and distortion of judgments[M]. Carnegie Press, 1951.

[41] ASCH S E. Studies of independence and conformity: i. a minority of one against a unanimous majority[J]. Psychological Monographs, 1956, 70(9):1-70.

[42] DEFFUANT G, NEAU D, AMBLARD F, et al. Mixing beliefs among interacting agents[J]. Advances in Complex Systems, 2000, 3(1-4):87-98.

[43] WEISBUCH G, DEFFUANT G, AMBLARD F, et al. Meet, discuss, and segregate![J]. Complexity, 2002, 7(3):55-63.

[44] JAGER W, AMBLARD F. Uniformity, bipolarization and pluriformity

captured as generic stylized behavior with an agent-based simulation model of attitude change[J]. Computational & Mathematical Organization Theory, 2005, 10 (4):295-303.

[45] CHAU H F, WONG C Y, CHOW F K, et al. Social judgment theory based model on opinion formation, polarization and evolution [J]. Physica A Statistical Mechanics & its Applications, 2014, 415:133-140.

[46] LI J, XIAO R. Agent-based modelling approach for multidimensional opinion polarization in collective behaviour [J]. Journal of Artificial Societies & Social Simulation, 2017, 20(2):14.

[47] YANAGIMOTO H, YOSHIOKA M. Relationship strength estimation for social media using folksonomy and network analysis [C]. IEEE International Conference on Fuzzy Systems. IEEE, 2012:1-8.

[48] 林芹, 郭东强. 优化SIS模型的社交网络舆情传播研究——基于用户心理特征[J]. 情报科学, 2017, 35(3):53-56.

[49] 陈波, 于泠, 刘君亭, 等. 泛在媒体环境下的网络舆情传播控制模型[J]. 系统工程理论与实践, 2011, 31(11):2140-2150.

[50] 彭慧洁, 朱君璇. 基于在线社交网络的D-SIR信息传播模型研究[J]. 电子科技, 2017, 30(5):172-175.

[51] 赵剑华, 万克文. 基于信息传播模型SIR传染病模型的社交网络舆情传播动力学模型研究[J]. 情报科学, 2017, 35(12):34-38.

[52] 朱恒民, 杨柳, 马静, 等. 基于耦合网络的线上线下互动舆情传播模型研究[J]. 情报杂志, 2016, 35(2):139-144.

[53] 黄微, 宋先智, 高俊峰. 网络舆情场中信息受众观点群落的连接鲁棒性测度及实证研究[J]. 情报学报, 2017, 36(5):503-510.

[54] HUANG C, HU B, JIANG G, et al. Modeling of agent-based complex network under cyber-violence [J]. Physica A: Statistical Mechanics and its Applications, 2016, 458:399-411.

[55] ZHU H, HU B. Impact of information on public opinion reversal—an agent based model[J]. Physica A: Statistical Mechanics and its Applications, 2018,

512：578-587.

［56］FLACHE A. About renegades and outgroup haters：modeling the link between social influence and intergroup attitudes ［J］. Advances in Complex Systems，2018，21(6-7)：1850017.

［57］DUNNE T C. Friend or foe？ a reversal of ingroup bias ［J］. Group Decision and Negotiation，2018，27(4)：593-610.

［58］DENG L，LIU Y，ZENG Q A. How information influences an individual opinion evolution［J］. Physica A：Statistical Mechanics and its Applications，2012，391(24)：6409-6417.

［59］LERMAN A E，MCCABE K T. Personal experience and public opinion：a theory and test of conditional policy feedback［J］. The Journal of Politics，2017，79(2)：624-641.

第 2 章

复杂网络基本原理

2.1 复杂网络的基础知识

网络是许多节点与节点之间的连边的集合。网络的基本特征涉及度与度分布、平均路径长度、聚类系数和介数等方面。

(1)度与度分布

在复杂网络中,任意节点 i 的度 p_i 都被定义为经过该节点的边的数目。在无向网络中,度的值等于该节点的邻居节点的数目,节点的度的大小可以用来衡量该节点在网络中所处的地位。通常情况下,如果某一个节点的度很大,那么说明该节点十分重要。网络中所有节点的度的平均值就是度分布,用公式表示如下:

$$\langle k \rangle = \frac{1}{N} \sum_{i=1}^{N} p_i \tag{2-1}$$

(2)平均路径长度

平均路径长度指网络中所有节点间距离之和的平均值,用公式表示如下:

$$L = \frac{2}{N(N-1)} \sum_{i=1}^{N-1} \sum_{j=i+1}^{N-1} l_{ij} \tag{2-2}$$

其中 l_{ij} 指节点 i 与节点 j 之间的路径长度。

(3)聚类系数

假设网络中的节点 i 有 k_i 个邻居节点,那么节点 i 与 k_i 这个邻居节点之间最多有 $k_i(k_i-1)/2$ 条边。因此,定义节点 i 与邻居节点 k_i 间的实际边数与最多的边数 $[k_i(k_i-1)/2]$ 之比为节点 i 的聚类系数,记为 C_i,用公式表示如下:

$$C_i = \frac{2N_i}{k_i(k_i - 1)} \tag{2-3}$$

因此,整个网络的聚类系数就定义为网络中所有节点的聚类系数的平均值,用公式表示如下:

$$C = \frac{1}{N} \sum_{i=1}^{N} C_i \tag{2-4}$$

(4)介　数

节点 i 的介数指整个网络的最短路径经过该节点的次数。通常情况下,节点的介数的大小反映了该节点在网络中的重要性。

介数用 B_i 表示,用公式表示如下:

$$B_i = \sum_{j,k} \frac{g_{min}}{g_{mn}} m, n \neq i, m \neq n \tag{2-5}$$

其中,分母中的 g_{mn} 表示节点 j 与节点 k 之间存在的最短路径的数目,分子中的 g_{min} 表示节点 j 与节点 k 之间的最短路径经过节点 i 的次数。

2.2　小世界网络

小世界网络模型由美国学者 Watts et al.[1] 提出,该模型的特征是平均路径长度较短而聚类系数较大。

其构造方法如下:

第一,从规则网络开始,假设网络中共有 N 个节点,且每个节点只会与左右相邻的 $k/2$ 个邻居节点相连,因此每个节点的度均为 k。

第二,随机化重连。以概率 p 对网络中的节点进行断边随机连接,也就是说,网络中每一条线的某一端点不发生变化,另一端点随机和网络中的其余节点相连。值得注意的是,当 $p=0$ 时,构造的网络就是规则网络;当 $p=1$ 时,则是完全随机连接的网络,如图 2-1 所示。

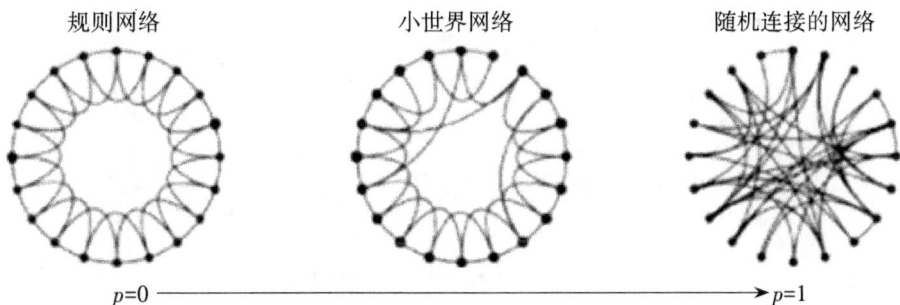

图 2-1　小世界网络构造示意图

2.3　无标度网络

目前已有研究证实,现实中大部分真实网络的分布规律都出现了幂律分布的特征:$P(k){\propto}k$,也就是说,绝大多数节点的度都比较小,极少数会比较大。这种呈现幂律分布特征的网络被称为无标度网络。基于这种现象,学者 Barabasi et al.[2]提出了一个符合幂律分布的无标度网络模型,简称 BA 无标度网络。BA 无标度网络构造的基础在于增长机制和择优连接机制。增长机制是指网络的规模会不断扩大,而择优连接机制则指新增加的节点会更加倾向于和网络中度比较高的节点进行相连。

BA 无标度网络构造方法如下:

第一,增长。随机构造出只有 m_0 个节点的初始网络,随后进行节点的增加,每增加一个节点就会与原有的模型连接,如图 2-2 所示。

第二,优先连接。新增加的节点与网络中原有节点相连的概率 Π_i 与原有节点的度 p_i 成正相关关系,用公式表示如下:

$$\Pi_i = \frac{p_i}{\sum_j p_i} \qquad (2\text{-}6)$$

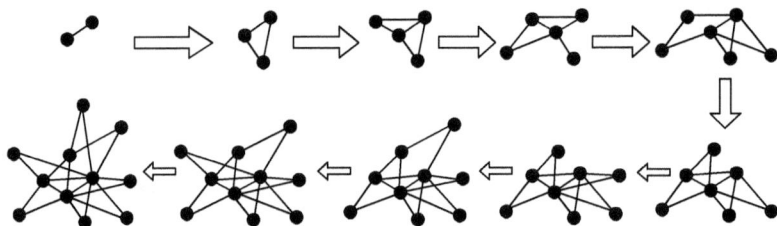

图2-2　BA无标度网络构造示意图

2.4　复杂网络上的传播动力学相关理论

目前,在复杂网络的研究领域中,一个较为重要的研究方向为传播动力学。它主要涉及自然界和社会中各种复杂网络的传播机理及其传播动力学行为,并进一步对这些行为提出高效可行的控制策略。目前应用较为广泛的代表性传播模型分别为SI模型、SIS模型、SIR模型和SIRS模型。

(1)SI模型

SI模型来源于被传染后不可治愈疾病的思想[3]。SI建模中,个体一旦被传染就会一直处于感染状态。SI模型的传播机制如以下公式所示:

$$S(i) + I(j) \xrightarrow{\lambda} I(i) + I(j) \tag{2-7}$$

将群体中 t 时刻处于S状态和I状态的个体密度分别标记为 $s(t)$ 和 $i(t)$,λ 为传染率,那么SI模型的动力学模型微分方程组可以表示如下:

$$\begin{cases} \dfrac{ds(t)}{dt} = \lambda i(t)s(t) \\ \dfrac{di(t)}{dt} = -\lambda i(t)s(t) \end{cases} \tag{2-8}$$

(2)SIS模型

SIS传播模型用来研究能够被治愈但不能获得免疫能力的传染疾病。在SIS模型中,个体只存在两种状态:一种是易感(S)状态,另一种是感染(I)状态。该疾病或病毒传播的起源是感染个体,它通过概率 α 将病毒传染给易感群体中的其他个体。同时,感染个体又以概率 β 被治愈[4],易感人群一旦被感染就又成为新的感染源。SIS 模型传染机制表示如下:

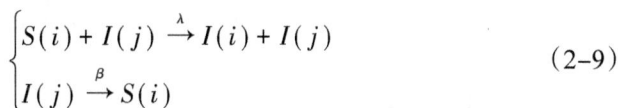

$$\begin{cases} S(i) + I(j) \xrightarrow{\lambda} I(i) + I(j) \\ I(j) \xrightarrow{\beta} S(i) \end{cases} \tag{2-9}$$

将群体中 t 时刻处于 S 状态和 I 状态的个体密度分别标记为 $s(t)$ 和 $i(t)$。当易感个体和感染个体融合时,SIS 模型的动力学模型微分方程组可以表示如下:

$$\begin{cases} \dfrac{\mathrm{d}s(t)}{\mathrm{d}t} = -\alpha i(t) s(t) + \beta i(t) \\ \dfrac{\mathrm{d}i(t)}{\mathrm{d}t} = \alpha i(t) s(t) - \beta i(t) \end{cases} \tag{2-10}$$

令感染率 $\lambda = \alpha/\beta$,该方程存在阈值 λ_c,当 $\lambda < \lambda_c$ 时,稳态解 $i(T) = 0$;当 $\lambda > \lambda_c$ 时,稳态解 $i(T) > 0$。其中 T 表示达到稳态需要的时间。

(3)SIR 模型

SIR 模型适用于以下两种情形:第一,个体在被治愈后可以获得终身免疫,同时确保不再被感染疾病;第二,被感染的节点最终走向消亡[5]。模型中,个体一般有 3 种状态,包括易感状态、感染状态和移除(R)状态。移除状态指终身免疫和消亡。SIR 模型传染机制表示如下:

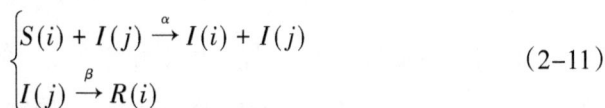

$$\begin{cases} S(i) + I(j) \xrightarrow{\alpha} I(i) + I(j) \\ I(j) \xrightarrow{\beta} R(i) \end{cases} \tag{2-11}$$

将群体中 t 时刻处于 S 状态、I 状态和 R 状态的个体密度分别标记为 $s(t)$、$i(t)$ 和 $r(t)$,那么 SIR 模型的动力学行为可以描述为如下微分方程组:

$$\begin{cases} \dfrac{\mathrm{d}s(t)}{\mathrm{d}t} = -\alpha i(t) s(t) \\ \dfrac{\mathrm{d}i(t)}{\mathrm{d}t} = \alpha i(t) s(t) - \beta i(t) \\ \dfrac{\mathrm{d}r(t)}{\mathrm{d}t} = \beta i(t) \end{cases} \tag{2-12}$$

随着个体间交互次数的增加,上述模型中被传染的节点个体也会随之增加,但是,当交互次数足够多时,整个网络感染个体数量会因易感个数锐减而逐渐下降,直到感染个体数量变为0,则感染过程演化结束。因此,SIR模型在稳态时刻 $t = T$ 的传染密度 $r(T)$ 可以用来计算病毒传染的有效率。

(4)SIRS 模型

SIRS模型适合于解决免疫期有限或免疫能力有限的信息传播问题。SIRS模型与SIR模型一样,包含易感、感染及移除3种状态。[6] SIRS模型传染机制表示如下:

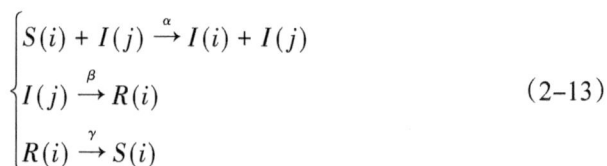

$$
\begin{cases}
S(i) + I(j) \xrightarrow{\alpha} I(i) + I(j) \\
I(j) \xrightarrow{\beta} R(i) \\
R(i) \xrightarrow{\gamma} S(i)
\end{cases}
\tag{2-13}
$$

将群体中 t 时刻处于S状态、I状态和R状态的个体密度分别标记为 $s(t)$, $i(t)$ 和 $r(t)$。当易感个体和感染个体融合时,SIRS模型的动力学行为可以描述为如下微分方程组:

$$
\begin{cases}
\dfrac{ds(t)}{dt} = \gamma s(t) - \alpha i(t) s(t) \\
\dfrac{di(t)}{dt} = \alpha i(t) s(t) - \beta i(t) \\
\dfrac{dr(t)}{dt} = \beta i(t) - \gamma s(t)
\end{cases}
\tag{2-14}
$$

在信息的传播扩散中,个体会由不知情者变为知情者、传播者,之后对这个消息失去兴趣并产生免疫,而当消息经过传播融入新元素后,个体又会由免疫状态重新恢复为消息的接收者,从而循环往复。因此,在上述传染病模型中,SIRS模型能够较好地诠释信息的传播扩散过程。

2.5　网络群体行为及其涌现计算模型概述

网络群体行为的爆发往往源于某一"导火索"事件,在事件信息传播过程中,参与群体规模由小到大,这一阶段就是群体行为的传播扩散阶段;随着事件信息的进一步传播,大规模的群体采取相同的行为方式或表现出对事件的相同态度,这个阶段为群体行为的产生阶段,涉及群体观点的初步交互;群体行为爆发之后,事件信息会在网络上普遍传播,个体通过观点的交互演化引起网络舆情演化,该阶段为集群行为的发展阶段,主要出现观点交互过程中的极化行为及同步行为。

(1)同步行为的涌现计算模型

对同步现象的发现最早可以追溯到 Huygens 发现钟摆的同步及荷兰旅行家 kaempfer 发现的萤火虫的同步闪烁。对同步问题进行开创性研究要归功于 Winfree,他在 1967 年利用耦合振子,把同步问题转化为系统相位变化问题并进行了研究。[7]在此基础上,Kuramoto 提出一个关于耦合振子同步振荡的简单模型。Kuramoto 模型将耦合振子系统中的振子状态 $x(t)$ 用如下的微分方程来描述:

$$\dot{x}_i(t) = c_i + \frac{K}{N} \sum_{j \in \Omega_i} \alpha_i \sin[x_j(t) - x_i(t)] \qquad (2-15)$$

其中,$x_i(t)(i=1,2,\cdots,N)$ 表示 N 个振子的相位,c_i 表示振子固有的振动频率,$K(>0)$ 为振子间的耦合强度。如果两个耦合振子的相位 $x_i(t)$ 和 $x_j(t)$ 之间以一定的比率 $m:n$(m 和 n 都是整数)锁定,即 $|mx_i(t) - nx_j(t)| <$ 常数,那么就称这两个耦合振子达到了相位同步。

(2)极化行为的涌现计算模型

在极化模型中最经典的是 D-W 模型和 J-A 模型,而 J-A 模型更好地优化了 D-W 模型,不但考虑了社会评价理论中的同化效应,而且考虑了相斥及中立的情况,和现实的极化现象更为贴切,对极化过程的解释更具有科学意义和现实意义。J-A模型的具体定义如下：

第一，同化规则。

如果随机选取的两个节点 a 和 b 之间的态度距离小于 d_1，即

$$\left| x_a - x_b \right| < d_1 \tag{2-16}$$

那么 a 和 b 两个节点的态度值相应发生改变，更新为：

$$x_{a'} = x_a + \mu(x_b - x_a)$$
$$x_{b'} = x_b + \mu(x_a - x_b) \tag{2-17}$$

其中，$i=1,2,3,\cdots,n$；$\mu \in (0,0.5]$，为影响参数。

第二，相斥规则。

如果随机选取的两个节点 a 和 b 之间的态度距离大于 d_2，即

$$\left| x_a - x_b \right| > d_2 \tag{2-18}$$

则 a 和 b 两节点的态度值更新为：

$$x_b{}' = \xi\left[x_b - \mu(x_a - x_b) \right]$$
$$x_a{}' = \xi\left[x_a - \mu(x_b - x_a) \right] \tag{2-19}$$

其中，$\mu \in (0,0.5]$，为影响参数，且有定义：

$$\xi(x) = \begin{cases} x, & 0 \leqslant x \leqslant 1 \\ 0, & x < 0 \\ 1, & x > 1 \end{cases} \tag{2-20}$$

第三：中立规则。

在其他情况下，a 和 b 两节点的态度值不发生改变。

上述两个模型分别为同步和极化研究领域的经典基础模型，但是模型较为简单，不能实现较为复杂条件下的网络群体事件的建模和仿真，因此，本章以上述两个经典模型为基础，引入社会群体的从众性、网络关系等因素，以求实现复杂网络视角下的网络群体行为建模和仿真。

2.6　网络舆情的形成、极化与反转机制研究进展

2.6.1　针对个体异质性方面的研究

Urrutia-Mosquera et al.[8]在对种族隔离现象进行研究时发现,人们普遍倾向于和那些与自身阶级相近的人成为邻居和朋友,但这种倾向在不同人群中是不同的;Dhar et al.[9]通过社区调查发现,具有不同性别、年龄和出生地的群体对健康的看法各不相同;Abelesat et al.[10]提出,虽然人们通常都会认为自己的观点与社会主流观点是一致的,但是知名人士在发现自己的观点与主流观点有所偏差时会更多地选择隐藏自身的观点;Zhang[11]发现,个体可以通过交互行为改变自身观点,但倾向不同的个体改变观点的程度会有所差异;Qiu et al.[12]采用模拟退火算法将网络中的节点划分为支持者、反对者和中立群体3个派别,从而研究隐藏在用户评论背后的观点分布情况。李峰等[13]研究了基于性格划分的异质性传播网络,建立了基于异质节点的SIS复杂网络模型,研究了群体行为在异质节点下的小世界网络传播特性。Lu et al.[14]提出了一个以扩大意见群体为特征的证据意见动力学模型,引入新的意见群体(中立者)来代表现实中人们对某个话题的意见决策的争论及决策信息的不确定性,仿真证明中立派在意见形成中起着重要作用。Qian et al.[15]在经典的SIR谣言传播模型中引入独立传播者的概念,研究发现,独立传播者通过将谣言传播到远离当前谣言感染的区域,有效地增强了谣言传播程度。Wu et al.[16]提出了一种中立模型,分析了中立因素对意见传播和演变的影响。

2.6.2　针对观点动态演化方面的研究

Lewandowsky et al.[17]通过构建代理模型来模拟科学发现与政治冲突下公众舆论的实际演变情况,发现即使科学界对于气候变化提出更多有力证据,公众却仍然会受到政治家观点的影响,从而对气候变化的现实持矛盾态

度；Bode et al.[18]研究了从众性不同的个体在接收到错误信息后被人纠正的情况；Chan et al.[19]从个体改变观点的概率来分析个体接受有效信息背后的因素；Hamilton et al.[20]通过论坛的真实数据及4个实验发现，在网络中先表达自身观点的个体会对后来者产生影响；Colliander[21]指出，个体在网络中交互观点的意愿是可变的，并且这种交互意愿会在遭受他人批评之后降低；Chen et al.[22]建立了可用于描述网络同步行为的模型，利用人工免疫算法对网络结构进行优化，提升了网络同步效果；Kleiner[23]提出，在两极分化的环境中，公民会有威胁感，从而变得比过往情况下更加积极参与政治决策。黄庆花等[24]通过融入节点的优先选择机制，建立了一种新的观点动力学模型，发现优先选择策略促进了观点的收敛。Chen et al.[25]对政治民意演变情况进行实验分析，发现网络中的观点收敛情况与有限置信度等模型参数有关。Zhang et al.[26]提出了一种广义的D-W模型，并对与观点收敛有关的因素进行分析。

2.6.3　基于粒子交互分析方法的研究

这部分研究主要利用模拟物理学中的粒子交互分析方法，通过构造出适合的网络及代表交互个体的节点，运用物理学公式模拟不同个体之间的交互行为，并多次迭代这种交互行为，从而构建个体间交互模型，并仿真分析个体之间观点的交互方式与整个社会舆论的演化过程，进而在整体上模拟宏观系统的复杂行为。当前，学术界对群体演化过程的仿真主要采用离散型模型和连续型模型进行。离散型模型主要有模拟政治选取行为的投票者模型[27]和模拟磁铁自旋规则的Sznajd模型。[28]连续型模型则主要有：将交互个体的态度引入信任阈值，并定义交互个体的意见差值，在信任阈值内则取意见差值更新自身观点的D模型[29]；假定个体会根据处于自己阈值范围内的所有邻居节点，取平均值更新自己观点的HK模型[30-31]；假定在两个个体交互时，个体间的意见差值会直接影响交互强度的W-D模型[32]；Deffuant et al.[32]则在W-D模型的基础上进行改进，提出了增加意见差值内的同化效应和意见差值外的相斥效应的J-A模型。马永军等[33]基于经典的Deffuant模型，通过设定个体观点接受度μ服从正态分布、考虑群体中的平均节点度以拓扑结构中边的权重作为个体间的信任程度,构建了改进的模型,并通过软件仿真分析了群体中的平均节点度、个体间的信任程度对舆情演化过程的影响。Alizadeh et al.[34]通过构建有界信任模型来研究网络中出现舆论极化现象的内在驱动力,分析了个体对于群体内成员的偏袒行为对宏观层面的舆论研究的影响;Fu[35]构建了新的有限信任模型,在仿真中将个体分为开放型、适度型和封闭型3类,发现开放型的个体在网络中比例的增加有助于减少极化现象;Banisch et al.[36]认为,个体会根据对他们观点表达的社会反馈来评估他们的意见价值,并提出了考虑社会反馈机制的新的舆论极化模型;杜蓉等[37]通过构建网络谣言、政府和网民共同参与的舆论演化模型,发现政府公信力越高、发布信息的可信度越高,网民对真实信息的反应和接纳速度就会越快;张伟等[38]提出,网络中个体观点交互行为的实质是一种个体对于他人观点的参照行为;强韶华等[39]通过构建涉及网民、舆情信息、政府3种主体的交互规则,发现当接受者与传播者之间的分歧较小时,接受者会更容易受到传播者的影响。Huo et al.[40]通过在网络事件中引入"时间延迟"概念构建出新的观点交互演化模型,提出政府干预的"黄金时间"原则。

2.6.4　基于博弈论的研究

基于经典博弈模型,吴文静等[41]通过对从众效应进行量化,结合收益矩阵构建了从众心理影响下的行人过街的演化模型,将行人划分为冒险、折中、保守3类,并设计了行人群体行为演化的仿真实验。张立凡等[42]将考虑公平因素的效用函数引入博弈矩阵中,建立了针对媒体与政府、网民与意见领袖的两类博弈模型。Chen et al.[43]将网络民意分为5个阶段,运用博弈论的方法分析了网络舆情萌芽阶段的形成机制。丁绒等[44]将企业间竞争与合作的微观个体行为与集群联盟的宏观群体行为特征联系起来,通过企业间竞争与合作的重复囚徒博弈试验,深入研究了企业个体间的竞争与合作行为是如何动态演化出联盟群体合作行为的。Guo et al.[45]研究了网络中的个体对民意的认知的演变过程,利用非理性因素的协调博弈构建了邻里互动模型,分析了个体的认知过程受风险因素和初始偏好的影响情况。

基于演化博弈模型,宋彪等[46]应用群集动力学和演化博弈论的方法,在研究网络舆情群体流动过程和个体流动过程的基础上构建了网络舆情疏导模型,在分析群体集聚时,通过对比内力(个人的期望)和外力(政府的管控),将群体的聚集过程分为5个过程,并且引入引力和阻力来影响群体现象的扩大和缩小。刘锦德等[47]以两人对称博弈矩阵为主要模型研究了分析策略的交互收益、成本系数及记忆长度对羊群行为的影响情况。郭艳燕等[48]建立了符合网络信息传播特性的演化博弈模型,对网络信息传播群体有限理性的交互行为进行研究。王杨等[49]提出了一种基于传统博弈论规则的舆情传播模型,并通过4组仿真实验评估了模型的性能。Bu et al.[50]提出了一种基于博弈理论的情绪演化预测算法,运用博弈论对网络用户之间的情感互动进行建模,并定义一组效用函数来衡量互动用户的"幸福"程度。

2.7 小 结

本章主要阐述了复杂网络基本知识、复杂网络上的传播动力学和网络群体行为及其涌现计算模型的基础知识内容。由于本书的主要研究内容为网络群体行为的涌现原理及舆情演化机制,二者都涉及复杂网络的内容和信息的传播扩散,本章较为详尽地分析了复杂网络中的度、度分布、聚类系数、平均路径长度等统计特征量;同时,对各种传染病模型进行了深入的研究,并初步介绍了相关的基础模型,为后续同步行为、极化行为及舆情的演化研究提供了坚实的理论基础。

参 考 文 献

[1] WATTS D J, STROGATZ S H. Colleetwe dynamics of "smell-world" hetworks[J]Nature, 1998, 393, 440.

[2] BARABASI A L, ALBENT R. Emergence of scaling in ramdom network[J].Science, 1999, 286, 509.

[3]伊质斌,赵爱民.基于媒体报道的SI传染病动力学模型分析[J].贵州

大学学报(自然版),2016,33(1):16-22.

[4]邓春林,何振,杨柳.基于SIS模型的网络群体性事件传播及防控研究[J].情报杂志,2016,35(5):79-84.

[5]王长峰,庄文英,于长钺.基于改进SIR模型的群体意见竞争演化研究[J].情报杂志,2017,36(10):97-103.

[6]王杏,贾建文.一类具有脉冲作用与饱和治愈率的SIRS模型的分析[J].西南师范大学学报(自然科学版),2017,42(9):20-26.

[7] WINFREE A T. Biological rhythms and the behavior of populations of coupled oscillators[J]. Journal of Theoretical Biology, 1967, 16(1):15-42.

[8] URRUTIA-MOSQUERA J, LOPEZ-OSPINA H, SABATINI F, et al. Tolerance to diversity and residential segregation: an adaptation of the schelling segregation model with three social groups [J]. Eure-revista latinoamericana deestudios urbano regionales, 2017, 43(130):5-24.

[9] DHAR S, GOR B, BANERJEE D, et al. Differences in nativity, age and gender may impact health behavior and perspectives among Asian Indians [J]. Ethnicity & Health, 2019, 24(5): 484-494.

[10] ABELES A T, HOWE L C, KROSNICK J A, et al. Perception of public opinion on global warming and the role of opinion deviance [J]. Journal of Environmental Psychology, 2019, 63:118-129.

[11] ZHANG K P. Encountering dissimilar views in deliberation: political knowledge, attitude strength, and opinion change[J]. Political Psychology, 2019, 40(2):315-333.

[12] QIU J T, LIN Z X, SHUAI Q H. Investigating the opinions distribution in the controversy on social media[J]. Information Sciences, 2019, 489:274-288.

[13]李峰,沈惠璋,李莉.群体行为的异质节点复杂网络传播[J].数学的实践与认识,2013,43(1):97-107.

[14] LU X, MO H, DENG Y. An evidential opinion dynamics model based on heterogeneous social influential power[J]. Chaos, Solitons & Fractals, 2015,

73:98-107.

［15］QIAN Z, TANG S, ZHANG X, et al. The independent spreaders involved SIR Rumor model in complex networks［J］. Physica A：Statistical Mechanics and its Applications, 2015, 429:95-102.

［16］WU Y, XIONG X, ZHANG Y. Effects of convincing power and neutrality on minority opinion spreading［J］. Modern Physics Letters B, 2017, 31 (06):1750058.

［17］LEWANDOWSKY S, PILDITCH T D, MADSEN J K, et al. Influence and seepage：an evidence-resistant minority can affect public opinion and scientific belief formation［J］.Cognition, 2019, 188: 124-139.

［18］BODE L, VRAGA E K. see something, say something：correction of global health misinformation on social media［J］. Health Communication, 2018, 33 (9)：1131-1140.

［19］CHAN M, JONES C R, JAMIESON K H, et al. Debunking：a meta-analysis of the psychological efficacy of messages countering misinformation［J］. Psychological science, 2017, 28(11): 1531-1546.

［20］HAMILTON R W, SCHLOSSER A, CHEN Y J. Who's driving this conversation？ systematic biases in the content of online consumer discussions［J］. Journal of Marketing Research, 2017, 54(4):540-555.

［21］COLLIANDER J. This is fake news：investigating the role of conformity to other users' views when commentingon and spreading disinformation in social media［J］. Computers in Human Behavior, 2019, 97:202-215.

［22］CHEN T, SHI J, YANG J, et al. Enhancing network cluster synchronization capability based on artificial immune algorithm［J］. Human-centric Computing and Information Sciences, 2019, 9(3).

［23］KLEINER T M. Public opinion polarisation and protest behaviour［J］. European Journal of Political Research , 2018 , 57(2): 941-962.

［24］黄庆花,宋玉蓉.基于优先选择和记忆效应的观点动力学研究[J].计算机工程,2014,40(11):36-41.

［25］CHEN X, ZHANG X, WU Z. Opinion evolution in different social acquaintance networks［J］. Chaos, 2017, 27(11):113111.

［26］ZHANG J, HONG Y. Opinion evolution analysis for short-range and long-range deffuant-weisbuch models［J］. Physica A: Statistical Mechanics and its Applications, 2013, 392(21):5289-5297.

［27］SOOD V, REDNER S. Voter model on heterogeneous graphs［J］. Physical Review Letters, 2005, 94(17):178701.

［28］RODRIGUES F A, DA F C L. Surviving opinions in sznajd models on complex networks［J］. International Journal of Modern Physics C, 2005, 16(11): 1785-1792.

［29］SHANG Y. Deffuant model with general opinion distributions: first impression and critical confidence bound［J］. Complexity, 2013, 19(2): 38-49.

［30］CHAZELLE B, WANG C. Inertial Hegselmann-Krause systems［J］. IEEE Transactions on Automatic Control, 2016, 62(8):3905-3913.

［31］YANG Y, DIMAROGONAS D V, HU X. Opinion consensus of modified Hegselmann-Krause models［J］. Automatica, 2014, 50(2): 622-627.

［32］DEFFUANT G, WEISBUCH G, AMBLARD F, et al. The results of meadows and cliff are wrong because they compute indicatory before model convergence［J］. Journal of Artificial Societies and Social Simulation, 2013, 16(1):1-6.

［33］马永军,杜禹阳.基于复杂网络Deffuant模型的舆情演化规律研究［J］.情报杂志,2018,37(06):95-99,163.

［34］ALIZADEH M, CIOFFI-REVILLA C, CROOKS A. The effect of in-group favoritism on the collective behavior of individuals' opinions［J］. Advances in Complex Systems, 2015, 18(1-2):1550002.

［35］FU G. Erratum to "Opinion dynamics of modified Hegselmann-Krause model in a group-based population with heterogeneous bounded confidence"［J］.

Physica A：Statistical Mechanics and its Applications，2015，419：558-565.

[36] BANISCH S，OLBRICH E. Opinion polarization by learning from social feedback[J].The Journal of Mathematical Sociology，2019，43（2）：76-103.

[37] 杜蓉,梁红霞.公共危机事件中政府对网络舆论的引导仿真[J].情报杂志,2011,30(11):61-66.

[38] 张伟,何明升,白淑英.基于 Weisbuch-Deffuant 模型的网络舆论演化模式研究[J].情报杂志,2013(7):43-48.

[39] 强韶华,吴鹏.突发事件网络舆情演变过程中网民群体行为仿真研究[J].现代图书情报技术,2014(06):71-78.

[40] HUO L，MA C. The interaction evolution model of mass incidents with delay in a social network[J].Physica A：Statistical Mechanics & Its Applications，2017，484.

[41] 吴文静,王占中,马芳武.从众心理影响下的行人群体行为演化博弈的仿真分析——以行人过街为例[J].吉林大学学报（工学版）,2017,47(01):92-96.

[42] 张立凡,程楠,朱恒民.基于动态博弈的媒体参与下网络舆情机制分析[J].情报科学,2017,35(1):144-147,152.

[43] CHEN C，LIU H，GUAN X. A Game theory based model for internet public opinion's embryonic stage[M].Walter de Gruyter GmbH，2016.

[44] 丁绒,孙延明.企业竞合行为的演化博弈试验与集群联盟群体行为研究[J].工业技术经济,2013,32(4):68-77.

[45] GUO D，SHEN M，HAO Y，et al. Public opinion spreading based on coordination game with herd instinct[C].Sixth International Conference on Intelligent Human-machine Systems & Cybernetics. IEEE，2014.

[46] 宋彪,朱建明,黄启发.基于群集动力学和演化博弈论的网络舆情疏导模型[J].系统工程理论与实践,2014,34(11):2984-2994.

[47] 刘锦德,刘咏梅.基于不完全信息演化博弈模型的网络舆情传播羊群行为[J].国防科技大学学报,2013,35(5):96-101.

[48] 郭艳燕,童向荣,张楠,等.基于演化博弈论的网络信息传播群体行

为分析[J].智能系统学报,2016,11(4):487-495.

[49]王杨,尤科本,王梦瑶,等.基于博弈论的网络社区舆情传播模型[J].计算机应用研究,2013,30(8):2480-2482.

[50] BU Z, LI H, CAO J, et al. Game theory based emotional evolution analysis for chinese online reviews [J]. Knowledge-Based Systems, 2016, 103: 60-72.

第 3 章

网络群体同步行为的涌现机理研究
及其智能优化

3.1　问题描述

随着对复杂网络研究的不断深入,基于复杂网络的同步现象研究也越来越受到重视,在现实社会中,同步现象或者群体同步行为时常发生,有的同步行为甚至会产生较大的社会性负面影响——如"镉大米事件",有的却能为社会带来显著的经济效益——如"黑色星期五"的宣传和最终购买力的同步性。基于此,探究群体同步现象具有较大的理论意义与社会应用价值。

但是,目前对群体同步行为的研究主要集中在同步阈值的求解、同步现象的分析等方面,而用优化方法提升同步演化效果,同时以演化效果验证优化方法正确性的研究还鲜见于文献。本章针对当前研究的不足,探究在网络规模恒定的情况下,通过人工免疫算法优化网络结构,最终实现同步演化效果的提升,然后对网络结构进行分析,得到这类网络结构的特征,并将研究结果应用于实际,针对创造价值的同步行为,构造同步性能较好的网络结构,达到促成同步的目的;反之,则破坏网络中的点和边的连接,避免同步行为的发生。

研究方法如图 3-1 所示。

3.2　网络群体行为同步模型构建及演化分析

本节主要对集群行为的同步演化进行探究:首先,通过参量可调的小世界网络模型来生成初始网络结构作为个体之间交互的连接基础;其次,将Kuramoto 模型隐喻到社会群体性事件的同步行为研究中,通过演化结果来判断群体是否达到同步;最后,通过小、中、大网络规模下的演化仿真实验,观察同步演化的效果,并分析不同的网络结构对同步演化效果的影响情况。

```
┌────────────────────────────────────┐
│   网络群体性事件同步现象优化演化过程    │
└────────────────────────────────────┘
```

复杂网络建模   同步演化模型   优化模型

```
┌──────────┐      ┌────────────┐      ┌──────────────────────┐
│采用参量可调的│    │ Kuramoto模型 │      │      人工免疫算法       │
│小世界网络模型│    └────────────┘      │   ┌──────────────┐   │
│生成基于群体态│          │            │   │   抗原识别     │   │
│度演化的社交网│    ┌────────────┐      │   └──────────────┘   │
│络模型     │    │将Kuramoto模型│      │   ┌──────────────┐   │
└──────────┘    │隐喻到社会系统 │      │   │   抗体产生     │   │
                │中，对同步行为 │      │   └──────────────┘   │
                │进行演化    │      │   ┌──────────────┐   │
                └────────────┘      │   │   亲和力计算    │   │
                                    │   └──────────────┘   │
          网络为基础                  │   ┌──────────────┐   │
                                    │   │  记忆细胞更新   │   │
                                    │   └──────────────┘   │
                                    │   ┌──────────────┐   │
                                    │   │ 促进或抑制抗体  │   │
                                    │   └──────────────┘   │
                                    │  ┌────────────────┐  │
                                    │  │抗体的选择、交叉、变异│  │
                                    │  └────────────────┘  │
                                    │   ┌──────────────┐   │
                                    │   │   终止迭代     │   │
                                    │   └──────────────┘   │
                                    └──────────────────────┘
                  ◇演化结果是◇  否
                   是否达到设定
                     阈值
                      │是
          优化网络结构，改善演化结果
```

```
┌──────────────────────────────────────────┐
│               网络结构分析                   │
│ ┌──────────┐  ┌──────────┐  ┌──────────┐ │
│ │ 最短平均距离 │  │  聚类系数  │  │  度分布方差 │ │
│ └──────────┘  └──────────┘  └──────────┘ │
└──────────────────────────────────────────┘
```

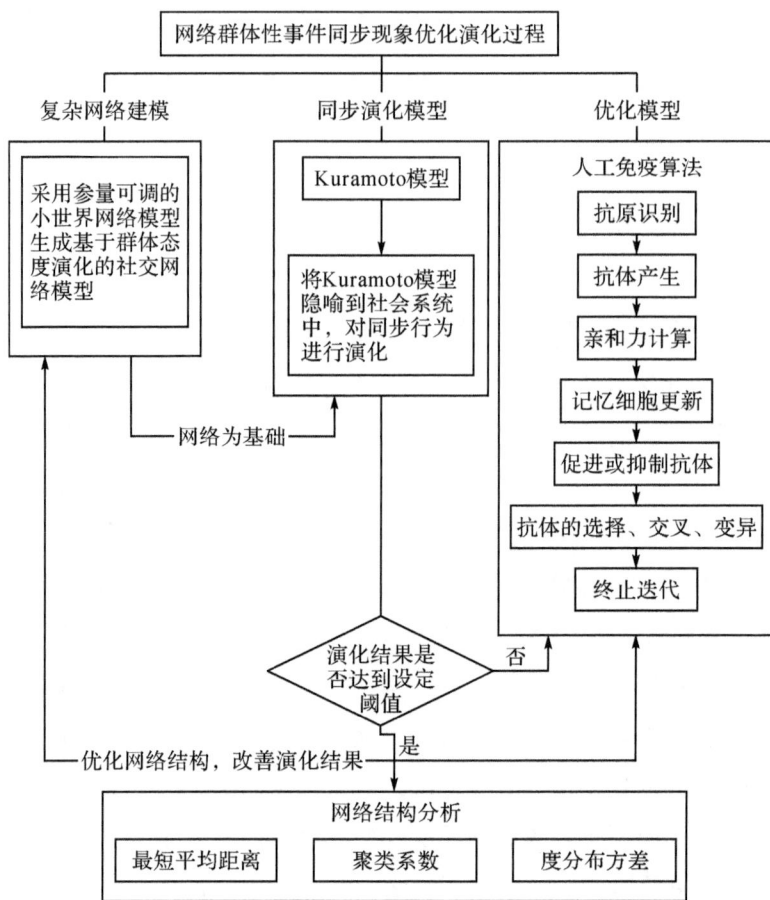

图 3-1 研究方法框图

3.2.1 复杂网络建模

无论是掌声的同步[1]、"抢盐事件"中抢盐行为的同步,还是"石首事件"中民众极端言论的同步等,同步现象或者行为的发生都存在着较为复杂的人际社会网络。信息的传递、个体间观点的博弈都通过个体与个体间存在的联系进行,因此本章讲述网络结构优化的第一阶段,即通过建模模拟现实的复杂网络。

现实的社会关系网络极其复杂,个体之间存在的差异性导致每个网络都不尽相同,因此在构造初始网络结构时,采用的是构造小世界网络的方法:首先,生成最近邻耦合网络,含有 N 个节点及连边,其中每个节点与它左右相邻的 $K/2$ 个节点相连,K 值取偶数;其次,以随机数 $p[\,p\in(0,1)]$ 为概率,重连网络中原有的每一条边,但在重连的过程中禁止两个节点之间有多条边连接及一个节点的自连接。

采用这种方法来生成初始网络的主要原因是:①已有研究表明,小世界网络的特性和现实人际网络较为相似,以这种方式产生的网络结构和现实更为贴近;②通过重连概率 p 可以实现网络结构从规则网络到随机网络的演变,使初始网络的多样性和科学性得到保障,同时也保证网络优化初始抗体的多样性,有利于算法较快地收敛。

图 3-2 为不同重连概率 p 对应的网络结构图。

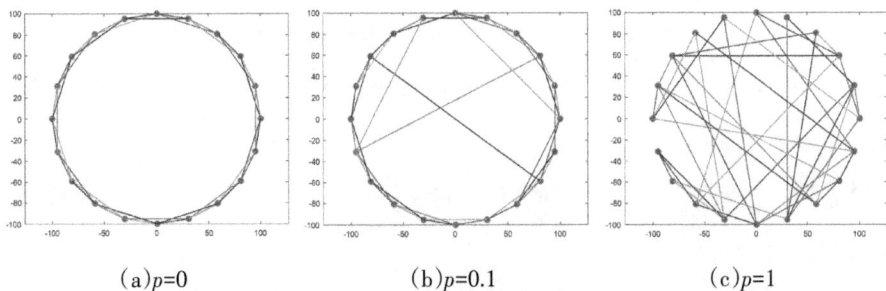

(a)$p=0$ 　　　　(b)$p=0.1$ 　　　　(c)$p=1$

图 3-2　规则网络向随机网络演变图

3.2.2　基于复杂网络的同步 Kuramoto 基本模型

对同步问题的研究一直是物理学界的研究热点,特别是复杂网络被提出后,其同步成为物理学领域的一个热门研究方向。其中 Kuramoto 模型以其简单的形式、极强的拓展性,成为同步研究领域的经典模型。本章将该模型隐喻到舆情传播中,从社会物理学视角将 Kuramoto 模型隐喻为观点演化模型。

社会事件往往比较复杂,参与群体规模较大,每个个体只能与群体中的部分个体进行信息交互,同时由参与的个体组成的人群较为复杂,因此本章将参与群体简化为局部耦合异质群体,引入以下微分方程来描述集群行为系统中的第 $i(i=1,2,\cdots,N)$ 个个体的状态:

$$\dot{x}_i(t) = c_i + w_i \cdot \frac{1}{n_i} \sum_{j \in \Omega_i} \alpha_i \sin[x_j(t) - x_i(t)] \qquad (3-1)$$

其中,$x_i(t)$,$x_j(t)$分别表示个体i,j在t时刻对事件所持的态度值,$\dot{x}_i(t)$表示t时刻个体i的态度变化值,n_i表示第i个个体的邻近个体数量;同时,因每一个个体对他人的影响能力具有差异性,以α_i表示个体i的影响能力,用来描述不同个体由于表达能力的不同,致使其他个体态度转变能力不同;w_i用来描述个体的接受能力,反映了个体在理解力等方面的差异;此外,由于每个个体在受到外界影响时都对自己的信仰有不同的坚持,因此用c_i表示个体i的从众性,用来反映个体的态度改变率的差异。同时,引入同步判断依据:

$$r(t) = 1 - \sqrt{\frac{1}{N} \sum_{i=1}^{N}[\dot{x}_i(t) - \dot{X}_i(t)]^2} \qquad (3-2)$$

其中,$\dot{X}_i(t)$为$\dot{x}_i(t)$的平均值,$0 \leqslant r(t) \leqslant 1$,而最终判断群体行为是否达到同步的依据为$r(t)$值是否等于1,即对于任意$x_i(t)$和$\varepsilon > 0$,当$t \rightarrow \infty$时,根据大数定律,如果存在:

$$P\{|1 - r| \geqslant \varepsilon\} = 0 \qquad (3-3)$$

则称集群行为达到同步。

本章采用的涌现计算方法为蒙特卡罗方法,在计算过程中,每一个个体都是一个 Agent,而 Agent 的运算规则参照式(3-1)进行。

3.2.3　同步演化分析

本章通过不同规模的网络结构对同步行为进行演化分析,得到不同网络结构下的同步演化结果,并从演化结果出发,分析网络结构的差异和同步演化效果之间的关系。而对网络结构的描述涉及的参数有很多,例如网络的最短平均距离、聚类系数、网络节点的度分布、介数等等。本章主要探究的是促进同步能力的网络结构参数,主要选取最短平均距离、聚类系数、网络节点的度分布3个参数,主要原因是这3个参数基本能够描绘出一个网络结构。其中,最短平均距离的大小能够影响节点之间通信的速度,进而影响同步状态的形成;聚类系数表示网络的聚集程度,它能够反映节点之间联系的紧密程度,通常情况下,聚类系数越大,节点之间的关系越密切;而度分布反映的是网络中与一个节点相连的其他节点的数目。现有研究显示,在网络规模、最短平均距离一定的情况下,节点的度分布越均匀,同步效果越好。[2]

本章着重研究在网络规模一定(即节点和连边保持不变)的前提下,通过比较不同网络结构下同步演化的结果,来确定最优演化结果的网络结构,即在满足式(3-3),即最终能够达到同步的前提下,率先满足式(3-2)中同步判断依据阈值的网络为较优的网络结构。然后通过得到的最优网络结构,分析网络的最短平均距离、聚类系数、网络节点的度分布等网络结构参数,最终找到这些网络的共性。

(1)小规模网络下的同步演化探究

基于初始小规模网络,其中网络节点为30、连边为60,采用隐喻后的Kuramoto模型进行同步演化仿真实验,结果如图3-3和表3-1所示。图3-3中每个数值点都是经过10次仿真实验的平均值,图3-3(b)为网络结构,图3-3(c)和图3-3(d)分别为图(b)中节点度的概率分布直方图和节点度的大小分布直方图。

从图3-3(a)中可发现,同步判断依据r非常不稳定,在0.88—1之间波动,并且在设定的演化次数内未满足式(3-3)的要求。显然,在该网络结构下,整个群体的同步最终无法达到平衡状态。从图3-3(b)呈现的网路结构中可以发现,该网络各节点的消息只能通过周边的邻居节点一层层地扩散,传递速度较慢,效率较低,无法快速地将各自的观点态度传递给其他节点,导致信息传递较为滞后,无法在一定时间内形成同步。

（a）同步判断依据 r 随时间的演化结果

（b）网络结构图

（c）节点度的概率分布直方图

（d）节点度的大小分布直方图

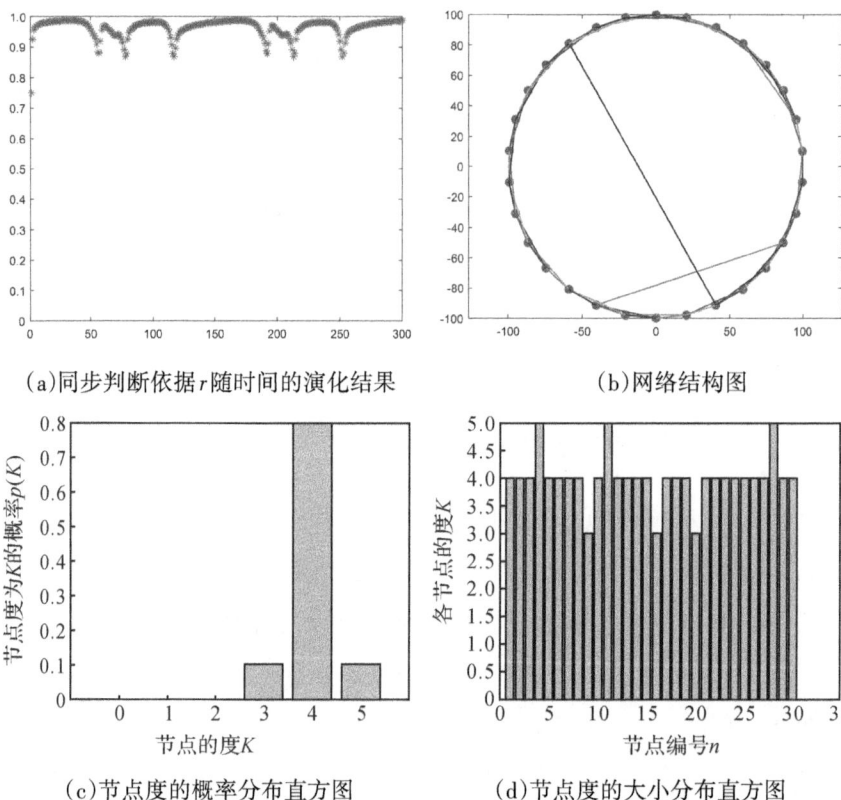

图 3-3　小规模网络上局部耦合异质群体的演化结果及网络参数分布图

表 3-1　图 3-3(b) 呈现的网络结构的参数统计表

度	节点数	占比(%)
3	3	10
4	24	80
5	3	10
平均最短路径长度	3.475 9	
聚类系数	0.492 22	
度方差	0.04	

　　由表 3-1 的数据可知，阻碍这个小系统达到同步的主要因素是网络的平均最短路径长度过长，聚类系数过高，导致系统中个体和近邻个体关系紧密，缺乏对整个系统中其他个体对事件态度的交互意见的认同。

(2)中等规模网络下的同步演化探究

基于初始中等规模网络(网络节点为300、连边为900)进行实验仿真探究,同步演化结果如图3-4和表3-2所示。

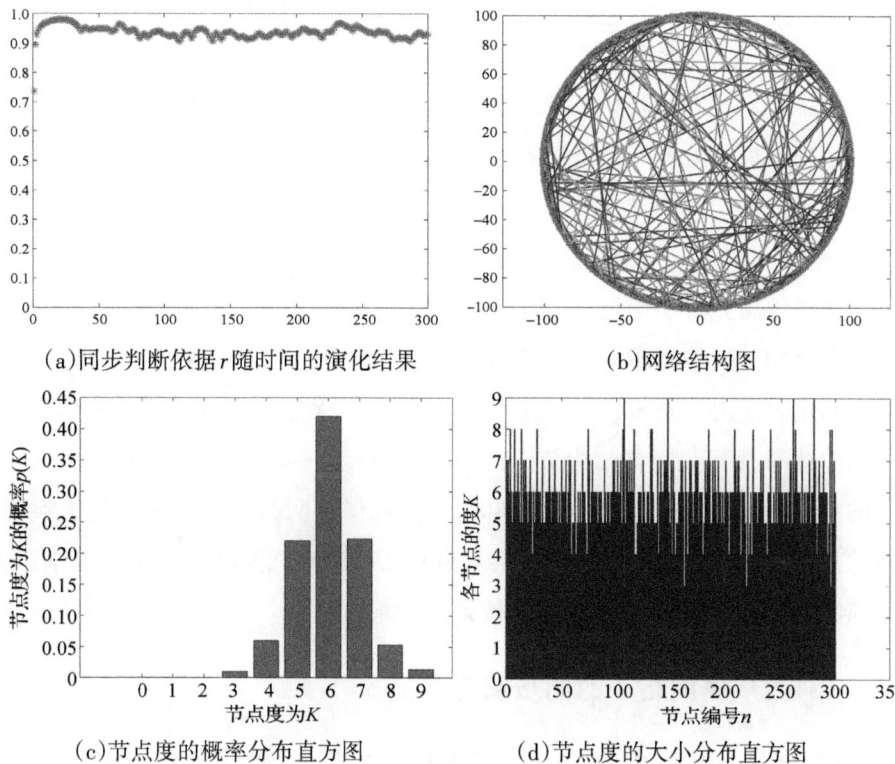

(a)同步判断依据r随时间的演化结果

(b)网络结构图

(c)节点度的概率分布直方图

(d)节点度的大小分布直方图

图3-4 中等规模网络上局部耦合异质群体的演化结果及网络参数分布图

表3-2 图3-4(b)呈现的网络结构的参数统计表

度	节点数	占比(%)
3	3	1
4	18	6
5	66	22
6	126	42
7	67	22.30
8	16	5.30

度	节点数	占比(%)
9	4	1.40
平均最短路径长度	4.1269	
聚类系数	0.341 63	
度方差	1.2248	

图3-4(a)显示,同步判断依据 r 处在0.9—0.95之间,并且最终也没有达到同步的趋势。由于网络规模的扩大,从图3-4(b)呈现的网络结构已经无法直观地看出不同网络结构之间的差异。从表3-2可以发现,节点度的分布基本服从正态分布,但平均最短路径长度较长,网络中节点之间的距离较长,且平均最短距离分布不均匀,严重制约了系统的同步性,这是由于距离长,信息在节点之间的通信受阻。相比小规模网络见[图3-3(a)]能够在一定演化阶段达到短时间内的同步状态,中等规模网络甚至无法达到短时间内整体观点的同步状态,因此,网络结构节点间的平均最短路径长度是保证同步演化效果的重要指标,其必须在限定范围内,才能确保该网络上的同步演化达到较好的效果。同时,聚类系数过高,会导致局部的节点之间联系过于紧密,陷入局部的同步状态,而和整体的同步效果产生差异。

(3)大规模网络下的同步演化探究

在现实社会网络中,人与人的关系复杂交错,整个社会网络所包含的个体数目庞大。在有较大影响力的事件发生时,个体对事件的认识及主观态度,会随事件的进程不断产生变化,并且和周围个体产生复杂的交互,相互影响。

基于初始大规模网络(网络节点为1000、连边为4000)进行实验仿真探究,同步演化结果如图3-5和表3-3所示。

（a）同步判断依据r随时间的演化结果

（b）网络结构图

（c）节点度的概率分布直方图

（d）节点度的大小分布直方图

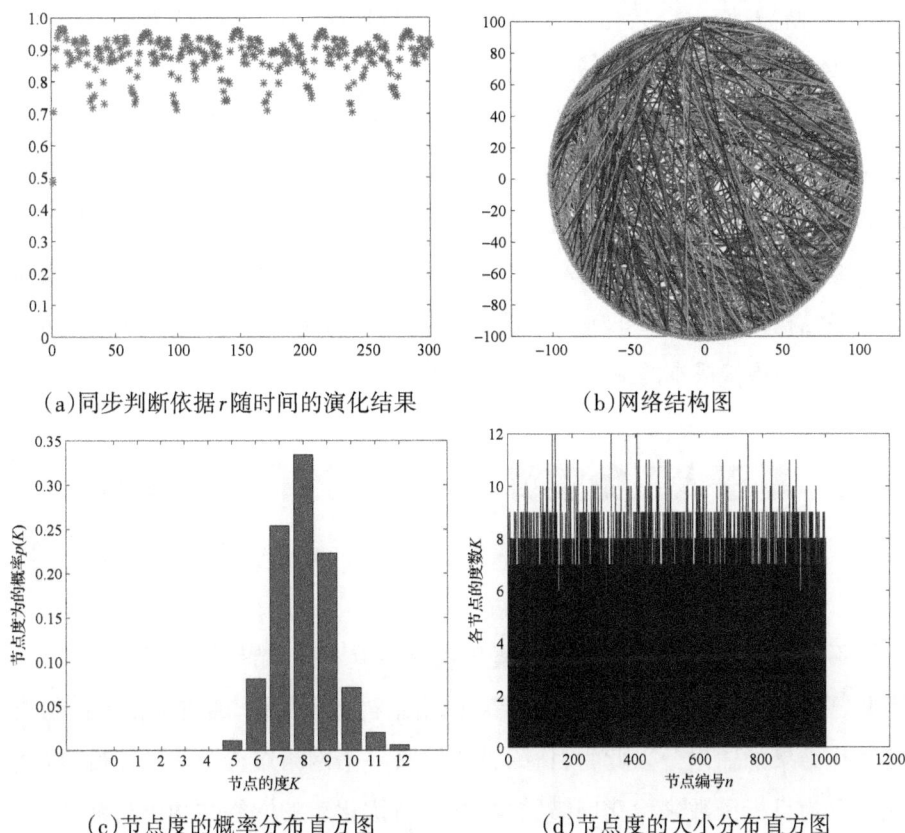

图3-5　在大规模优化网络上局部耦合异质群体的演化结果及网络参数分布图

表3-3　图3-5呈现的网络结构的参数统计表

平均最短路径长度	聚类系数	度方差
4.3273	0.3378	2.1316

　　大规模的网络，无论是点或边的数量都较大，因此在实验仿真模拟的过程中，无论是达到同步所需的时间，还是最终同步稳定状态的持续都相对于中小规模网络来说更困难。图3-5（a）显示的是同步判断依据r随着交互次数增加而变动的情况。在本次仿真实验中，由于网络规模较大，个体间的交互更为复杂，整个系统的同步性较差，而同步判断依据r值一直处于较大幅度的波动中，则是网络个体数量太大导致其接收其他个体对事件看法的消息过多，时刻要对周围的形势做出判断和调整，致使整体同步不稳定，从而表现为

r值的不断波动。显然,在表3-3中的平均最短路径长度、聚类系数、度方差下,网络中的个体也不能完全达到同步。

总体而言,在随机生成的网络中,同步演化的最终效果并没有达到预期,不是最终无法达到同步效果,就是同步持续的时间不够。这也是本章需要在同步演化分析的基础上引入优化思想的原因。很多研究在这种情况下会选择改变参与个体的参数,或者加强网络的耦合程度以达到同步的目标。而优化网络结构是促成同步的有效方法,并且可以在不改变参与个体的属性和不增加网络的连接成本的情况下,达到目的。

3.3　基于人工免疫算法的同步演化网络优化方法

不同的网络结构致使同步的演化效果参差不齐,结果的不确定性过大,因此,要得到较好的演化结果,需要对网络结构进行优化,通过优化来控制最终演化结果的输出。以此为目标,首先定义一个网络结构优化的问题,以演化结果为目标函数来优化网络结构,同时对优化后的网络结构进行演化,以检验优化效果。本章通过人工免疫算法,将优化与演化相结合,最终寻求最优演化结果下的网络结构。

目前的优化算法较多,诸如遗传算法[3]、粒子群算法[4]、蚁群算法[5]、人工蜂群算法[6]等,它们都能实现对目标函数的优化[7],并广泛应用于个性化推荐[8-9]、隐私保护[10-11]、物流配送[12-13]、物联网[14-15]、产品设计与开发[16-17]等领域。而本章采用的是人工免疫算法,能够较好地实现对网络结构的优化,并指导演化效果进一步提升。

3.3.1　基本人工免疫算法原理

人工免疫算法的主要思想来自生物的免疫系统,通过对生物免疫系统进行记忆、学习等功能的模仿,来实现模式识别和寻优搜索等。人工免疫算法中的抗原和抗体与优化问题中的目标函数和可行解相对应。把抗体和抗原之间的亲和力作为目标函数与可行解的匹配程度,同时通过计算抗体期望生存率来促进较优抗体的遗传和变异,利用记忆细胞保存筛选较优的可行解,从而抑制相似可行解的继续产生,保证算法能够继续搜索全局最优解;同时,当再次遇到相似问题时,可以较快地生成适应该问题的较优解甚至是最优解。

基本人工免疫算法的基本步骤如下:

第一,抗原识别:确定目标函数和各种约束作为免疫算法的抗原。

第二,初始抗体的产生:在解空间中用随机方法产生抗体。

第三,计算亲和力:分别计算抗原和抗体之间的亲和力及抗体和抗体之间的亲和力。

第四,记忆单元的更新:将与抗原亲和力高的抗体加入记忆单元,并用新加入的抗体取代具有最高亲和力的原始抗体,抗体亲和力越高,其变异率越低。

第五,促进和抑制抗体产生:计算每个抗体的期望值,抑制期望值低于阈值的抗体。

第六,抗体的产生:通过交叉和变异产生进入下一代的抗体。

第七,终止记忆细胞的迭代:在达到指定阈值时终止记忆细胞的生成和选取。

3.3.2 融合AIS算法的同步优化过程

利用人工免疫算法实现对网络结构的优化,以达到同步演化效果提升的目的。

第一,由于本章优化的对象为网络结构,优化结果的优劣需要通过同步性能的高低来呈现,因而,本部分以Kuramoto模型中同步程度的判断函数作为抗原,以演化结果来评判网络结构,即:

$$r(t) = 1 - \sqrt{\frac{1}{N}\sum_{i=1}^{N}[\dot{x}_i(t) - \dot{X}_i(t)]^2} \tag{3-4}$$

其中,r值为t次演化后的同步程度值;产生初始抗体种群,即初始网络结构。以3.2.1节所述的方法来生成初始网络作为抗原,种群大小为20。

对抗体按点与点之间的连接情况进行编码,如一条边的两个节点分别为1和3,则如表3-4所示,用(1,3)代表连接节点1和3的连边,以此方法来对整个网络(见图3-6)进行描述。

表3-4　网络结构编码

节点	1	1	1	1	2	2	2	2	3	…	23	24	25	25	25	26	27	28	28
编码	2	3	29	30	3	4	13	30	4	…	25	25	26	26	27	28	28	29	30

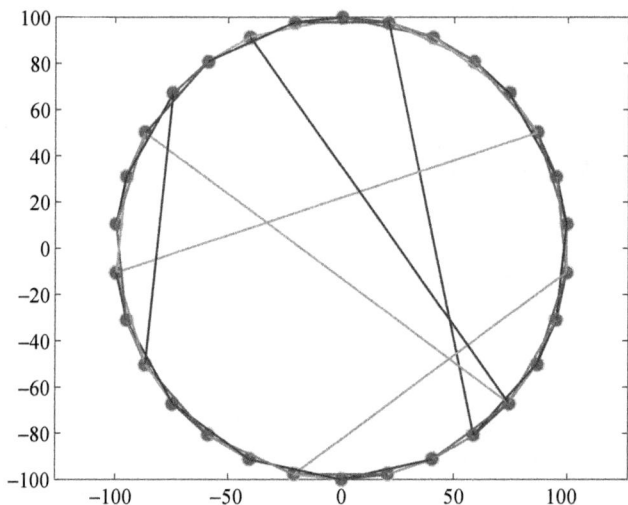

图3-6　网络结构图

第二,计算亲和力。分别计算抗原和抗体 i 之间的亲和力 $(S_g)_i$ 及抗体 i 和抗体 j 之间的亲和力 $(S_b)_{ij}$。抗原和抗体之间的亲和力以 t 时刻的同步判断依据 r 值来衡量,即:

$$(S_g)_i = r_i \tag{3-5}$$

其中,r 值越大,亲和力越高。抗体和抗体之间的亲和力以网络节点间平均最短距离、聚类系数和度分布方差的相似性来衡量,即:

$$(S_b)_{ij} = \frac{|i_d - j_d|}{i_d} + \frac{|i_c - j_c|}{i_c} + \frac{|i_e - j_e|}{i_e} \tag{3-6}$$

其中,i_d,j_d 为网络 i 和网络 j 节点之间的平均最短距离,i_c,j_c 为网络 i 和网络 j 的聚类系数，i_e，j_e为网络i和网络j的度分布方差。

第三，记忆细胞更新。将与抗原亲和力高的抗体加入记忆细胞中，由于记忆细胞的数目有限，在记忆细胞中新添加的抗体将取代具有最高亲和力的原始抗体。

第四，促进或抑制抗体的产生。计算抗体的期望值，期望值低的将受到抑制，抗体在种群中的浓度为：

$$C_i = \frac{1}{n} \sum_{j=1}^{n} ac_{ij} \tag{3-7}$$

式中，$ac_{ij} = \begin{cases} 1 , (S_b)_{ij} < 0.5 \\ 0 , 其他 \end{cases}$。抗体$i$的期望值公式为：

$$S_i = \frac{(S_g)_i}{C_i} \tag{3-8}$$

由式（3-8）可知，与抗原亲和力较高的抗体和低浓度的抗体会有较高的生存率，而和抗原亲和力较低的抗体及浓度较高的抗体会得到抑制，从而保证免疫控制的多样性。

第五，产生新的抗体。如图3-7—图3-10所示为抗体交叉变异过程及网络结构在交叉变异后的结果。首先，随机挑选两个抗体，利用随机函数选择需要交叉操作的节点和连线的编号；其次，为了使新抗体更具多样性，同时保持上一代抗体具有的优势，交叉节点及连边数量的选取需要在一定的范围内，本章经过多次仿真实验，发现选取交叉节点及连边的数量在接近整个网络的1/5时，无论是仿真实验的最终效果还是算法的收敛速度都相对较好，因此本实验选取交叉节点和连边的数量为整个网络的1/5；最后，检查交叉操作后的两抗体是否存在重连边，若存在，则对其中一个节点进行变异操作，保证整个网络不存在重连边，并利用新生成的抗体去替代上一代中亲和力较低的抗体，形成新一代的抗体。重复执行上述步骤，直到抗原与抗体的亲和力的值稳定在1附近。本章设定的抗原和抗体的亲和力的阈值为0.97，同时为了确保同步的稳定性，需要保持同步值的稳定，本章设定连续50次超过阈值为同步稳定的依据。基于多次的实验仿真，当连续50次都超过设定的阈值时，该网络基本可以确定达到同步，从而停止迭代，结束本次优化过程。

1	2
1	4
1	29
1	30
2	3
2	4
2	30
3	4
3	5
⋮	⋮
24	25
24	26
25	26
25	27
26	27
26	28
27	28
27	29
28	29

1	2
1	3
1	30
2	53
2	
2	30
3	4
3	5
3	18
⋮	⋮
23	25
24	26
25	26
25	27
26	27
26	28
27	28
27	29
28	29

1	2
1	3
1	29
1	30
2	3
2	30
2	28
3	4
3	5
⋮	⋮
24	25
24	26
25	26
25	27
26	27
26	28
27	28
27	29
28	29

1	2
1	4
1	30
2	3
2	5
2	4
3	4
3	5
3	18
⋮	⋮
23	25
24	26
25	26
25	27
26	27
26	28
27	28
27	29
28	29

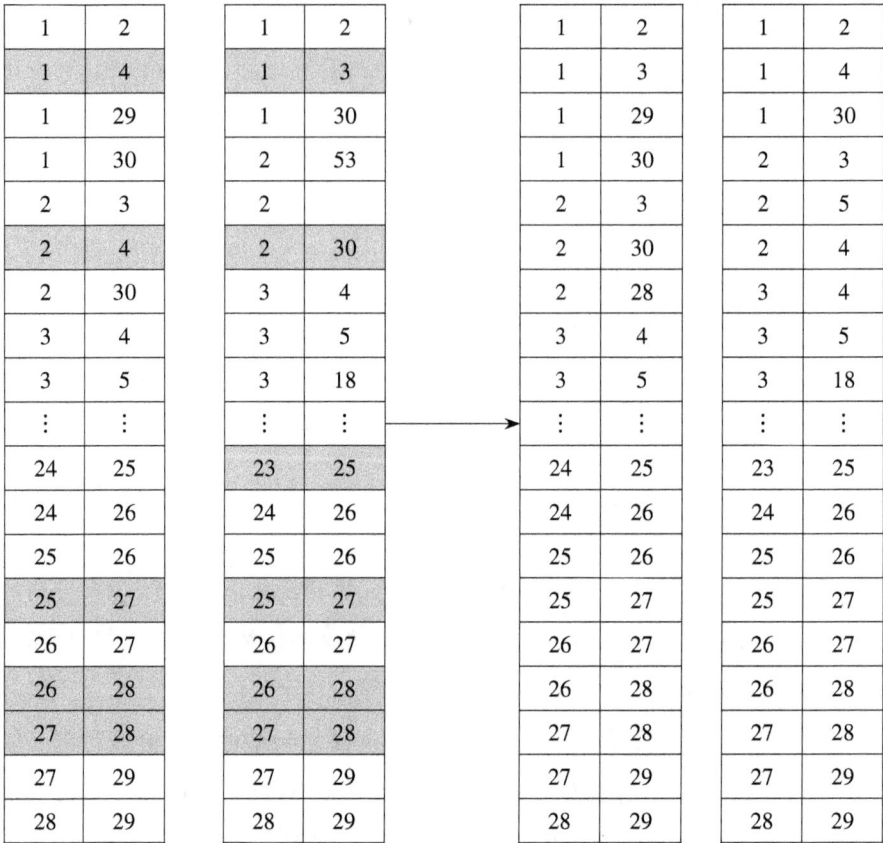

交叉前的网络结构编码　　　　　　交叉后的网络结构编码

图3-7　抗体的交叉操作示意图

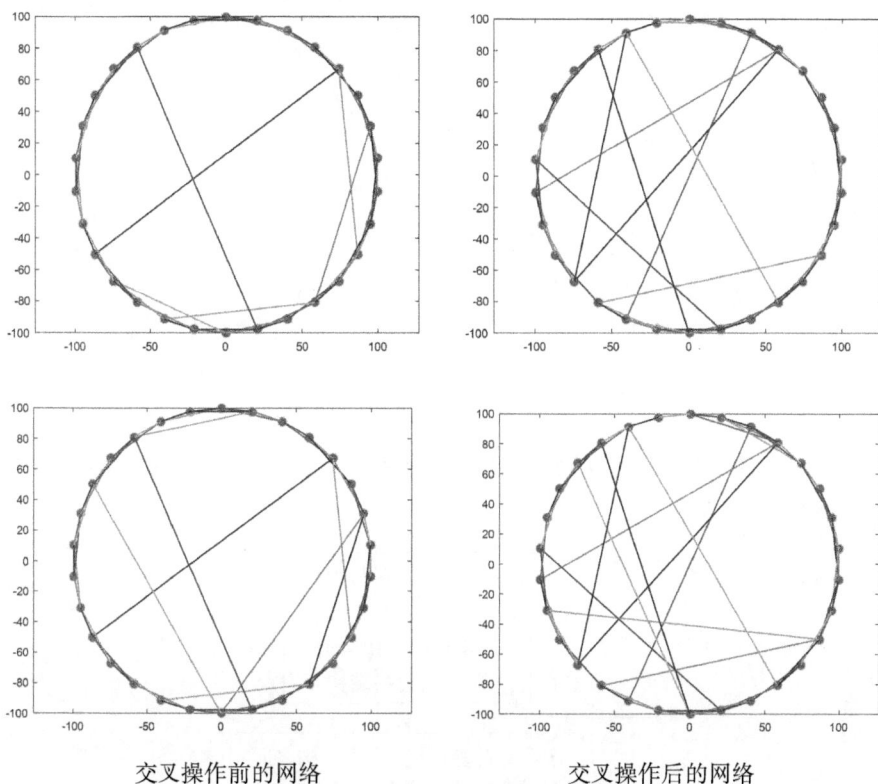

交叉操作前的网络　　　　　　　　交叉操作后的网络

图3-8 交叉操作后网络结构示意图

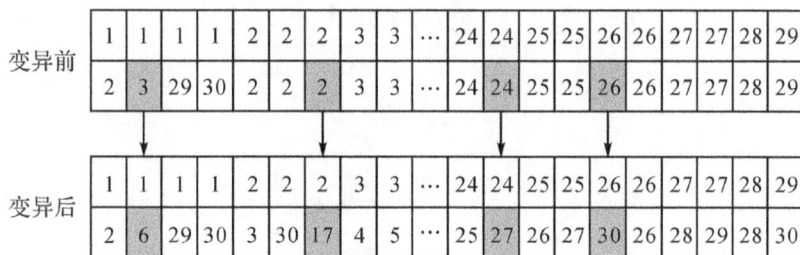

图3-9 抗体的变异操作示意图

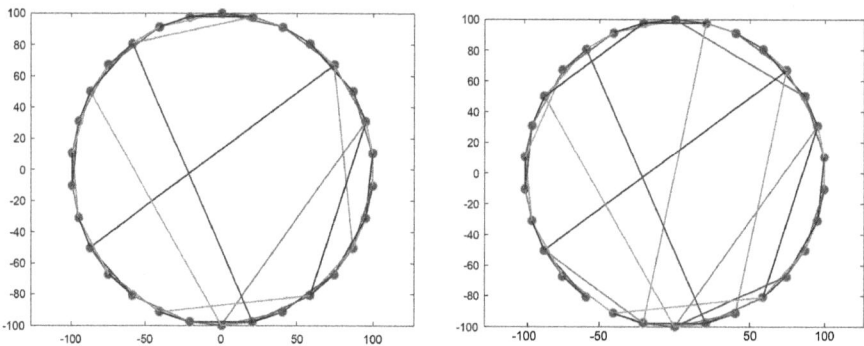

图3-10　变异操作后网络结构示意图

第六,将编码还原为规则,最终得到网络结构。融合AIS算法的同步优化流程如图3-11所示。

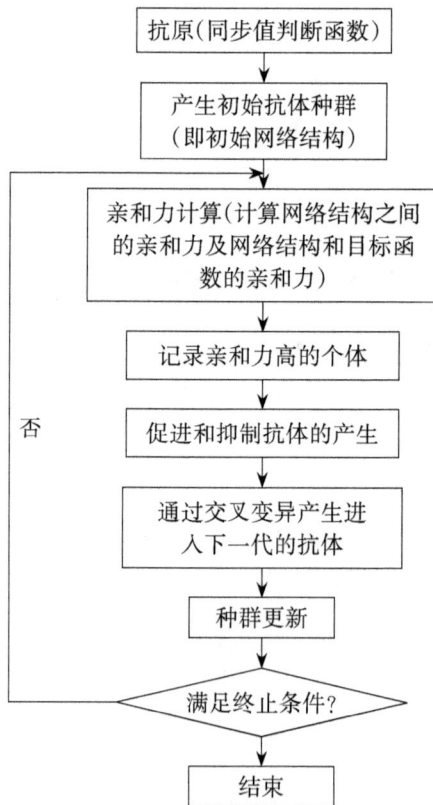

图3-11　人工免疫算法实现网络结构优化的流程

3.3.3 优化后的同步演化网络分析

利用人工免疫算法对初始随机网络进行优化,得到优化后的同步演化效果图、网络结构分析图及网络结构参数统计表,具体分析结果如下。

(1)小规模网络经人工免疫算法优化后的演化效果

图 3-12 和表 3-5 显示的是小规模网络经过人工免疫算法优化之后得到的仿真结果。优化后得到的网络结构能够使处于该网络上的个体,根据与之相连个体对事件的观点值,不断调整自身对事件的态度,从而使整个系统中的个体迅速达到稳定的同步状态。图 3-12(a)中的同步值 r 无限逼近于 1。从图 3-12(b)网络结构的客观呈现可以发现,整个网络的分布较为均衡,没有出现较为集中的小团体,同时,产生较多"远距离"节点之间的连线,即信息交流、传递不再只局限于周边的个体,从而大幅降低了个体平均最短路径长度值,加快了信息在个体之间的传递,同时聚类系数减小为 0.286 67,使得个体之间的局部聚集程度降低。在该规模网络中(30 个节点、60 条连边),平均最短路径长度为 2.8299、聚类系数为 0.286 67、度方差为 0.2178 的网络结构有较好的同步性。对小规模网络来说,首先要保证网络平均最短路径长度尽可能小;其次,聚类系数体现的是个体间联系的紧密程度,介于规则网络和随机网络之间,既可以避免节点间交互过于紧密造成同步后的不稳定,也可以避免由于节点之间过于疏散而达不到同步;最后,保持度方差尽可能小,因为度分布越均匀,整体的同步性越不容易受到极端个体的影响。

(a)同步判断依据r随时间的演化结果

(b)网络结构图

(c)节点度的概率分布直方图

(d)节点度的大小分布直方图

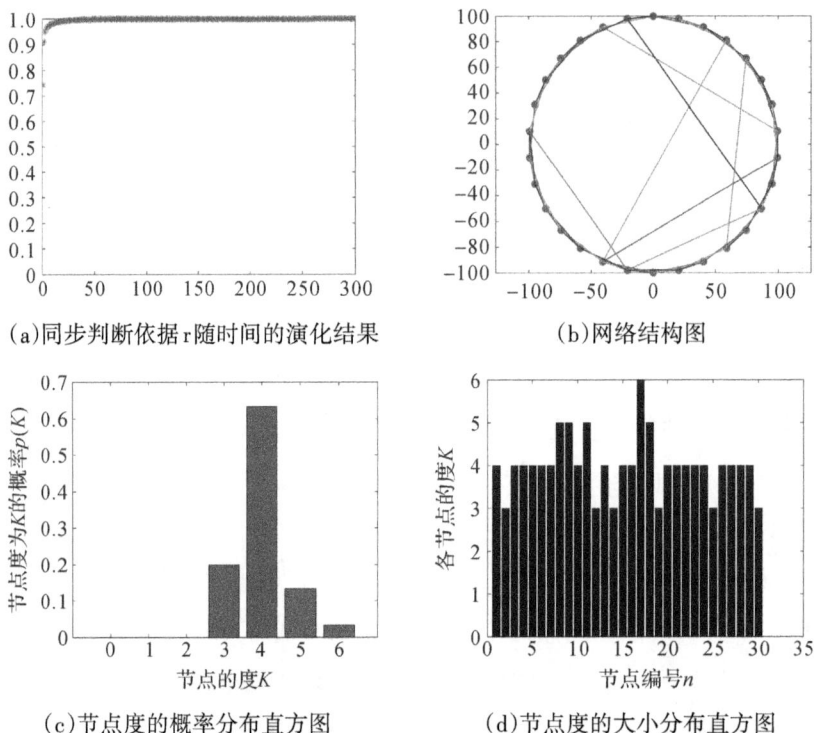

图3-12　在小规模优化网络上局部耦合异质群体的演化结果及网络参数分布图

表3-5　图3-12(b)呈现的网络结构的参数统计表

度	节点数	占比(%)
3	6	20
4	19	63
5	4	13
6	1	3
平均最短路径长度	2.8299	
聚类系数	0.286 67	
度方差	0.2178	

(2)中等规模网络经人工免疫算法优化后的演化效果

图3-13显示的是中等规模网络经过人工免疫算法优化之后得到的仿真

结果。图3-13(a)说明,优化后得到的网络结构能够使处于该网络上的个体,根据与之相连个体对事件的观点值,不断调整自身对事件的态度,从而使得整个网络的个体迅速达到稳定的同步状态,同步值r无限逼近于1。

相比没有经过优化的网络结构,优化后的网络结构的平均最短路径长度明显缩短,聚类系数也随之减小[见图3-13(c)、图3-13(d)及表3-6]。在现实的人际网络中,六度分隔理论已经揭示了任何两个个体之间的平均间隔距离都不会超过6个人,而那些"身份越高的个体"往往是拉近平均距离的重要节点。显然,优化后的网络结构中增加了较多的"高身份个体",使得节点之间的信息流通距离减小,同时使个体能够接收到距离较远的一些个体对某一事件的观点及态度,使得整个网络中的个体更有全局观,能有效避免由于局部个体抱团致使全局不同步问题的产生。

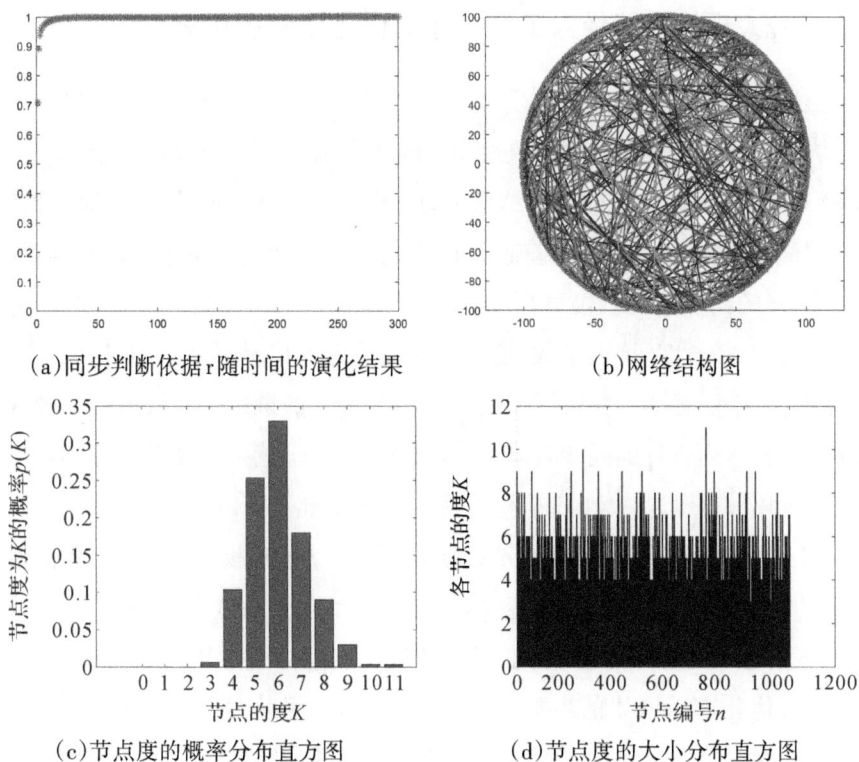

(a)同步判断依据r随时间的演化结果

(b)网络结构图

(c)节点度的概率分布直方图

(d)节点度的大小分布直方图

图3-13 在中等规模优化网络上局部耦合异质群体的演化结果及网络参数分布图

表3-6　图3-3(b)呈现的网络结构的参数统计表

度	节点数	占比(%)
3	2	0.7
4	31	10.3
5	76	25.3
6	99	33.7
7	54	18.0
8	27	9.0
9	9	3.0
平均最短路径长度	3.5869	
聚类系数	0.128 93	
度方差	0.028	

(3)大规模网络经人工免疫算法优化后的演化效果。

图3-14显示了优化后的模拟仿真结果。在大规模网络,同等参数条件下,整个网络中的所有个体很快达到了同步状态,而从图3-14(c)、图3-14(d)及表3-7对该网络结构的分析结果来看,优化前后,两个网络结构的统计参数变动很小,即在原始网络的基础上,网络的连接无须发生微小的改变,就能够影响最终的同步情况。经分析发现,在大规模的网络结构中,当两个网络在平均最短路径长度、聚类系数、度方差比较接近的情况下,同步演化效果会较为接近,处于能否达到完全同步的临界值附近。如果这些参数条件的契合度较好,则会达到较好的同步效果;如果契合度稍差,就会直接反映为同步持续性的不稳定,表现为一段时间同步之后的波动,如图3-14(a)所示。

总体而言,本节通过将网络划为小、中、大3个规模,来探究什么特征条件下的网络结构有利于整体同步演化结果的呈现。通过小规模网络,可以直观地观察总体的网络结构,更加明确地反映出整体的连接情况;基于中等规模网络,优化前后网络的参数的区别较为明显,平均最短路径长度、聚类系数、度方差在数值上都有较大的变化,时常对网络做出调整,使得参数符合同步的要求;大规模网络较为复杂,其结构的各参数统计值较为接近,因此,在对其进行设计时,必须不断对网络做出调整,才能判断网络的同步性及其同步效果。

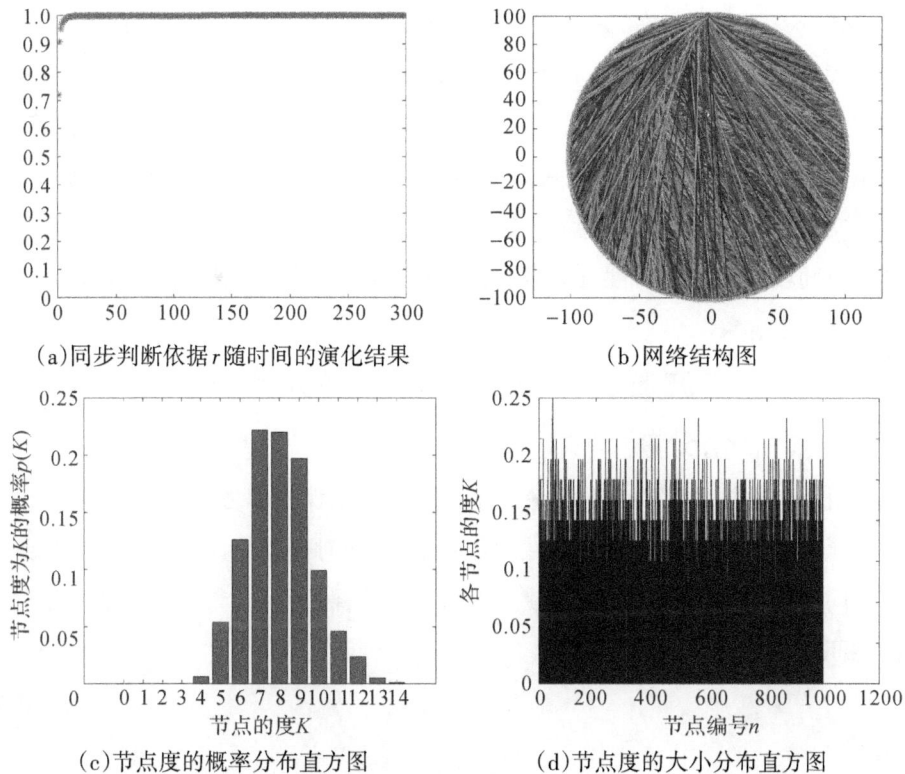

(a)同步判断依据 r 随时间的演化结果

(b)网络结构图

(c)节点度的概率分布直方图

(d)节点度的大小分布直方图

图3-14 在大规模优化网络上局部耦合异质群体的演化结果及网络参数分布图

表3-7 图3-14(b)呈现的网络结构的参数统计表

平均最短路径长度	聚类系数	度方差
3.7022	0.0892	8.1796

3.4 案例分析

社会热点事件的特点是它往往会引发社会个体的广泛关注,通过个体间产生的共鸣使得事件不断被传播扩散,而在扩散过程中,往往包含着同步、极化等一系列现象。本章的案例为宁波雅戈尔动物园老虎伤人事件。2017年1月29日下午2点半左右，一名逃票者闯入动物园，不慎被老虎咬伤致死，引起了极大的舆情关注，直接登上微博热搜第一。而民众的态度随着对事件调查的深入、事态的发展呈现出较为明显的同步趋势，无论是从微博的讨论热度，还是从百度的搜索指数来看，民众对事件的态度一直在同步地演变。通过对在社交平台爬取的网民评论词汇进行分析，发现参与个体的评论词的情感程度和时间段演变的同步性较为契合，因而本章选取该事件来分析消息扩散过程中的同步现象。

3.4.1 宁波雅戈尔动物园老虎伤人事件舆情同步演化分析

由于老虎伤人事件涉及生命安全、监管、动物保护等方面，并且人和老虎双双死亡极易引发民众对此事件的持续跟进，同时引发热议。"人与虎之死到底该同情谁"等问题层出不穷，使这一事件在传播过程中，得到人们的高度关注，百度指数统计如图3-15所示。

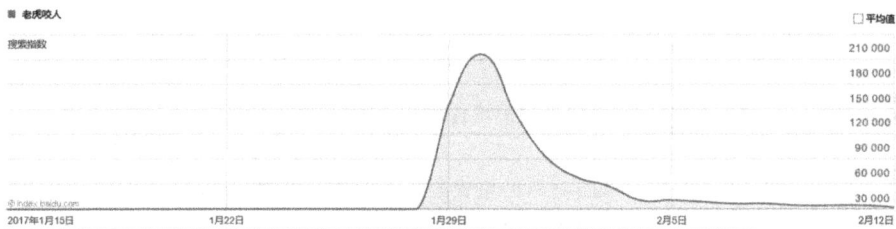

图3-15　宁波雅戈尔动物园老虎伤人事件百度指数曲线

事件发生在2017年1月29日，至30日舆情达到高潮，网友的搜索指数达到峰值。在整体环境的感染下，个体的从众性非常强，这种情况下，只要有其中一方的声音较强，整个网络就会开始向那一方倾斜。例如，在事件发生后，"受害者不遵守规则闯入园区，最终致使老虎被杀害"这一观点很快被多数人认可并不断产生影响，致使持有这一观点的个体越来越多，从而周围个体逐渐受到呼应，调整自己的态度倾向，朝着同情老虎、指责死者行为的方向偏移。而这与事件最终的走向如出一辙。根据新浪微博评论随时间的演化情况分析,事件由初期发展到高潮阶段,舆情基本偏向对老虎之死的同情及对死者翻墙入园行为的不认同。在新浪微博发起的话题讨论中,网友站老

虎一方和死者一方的比例为8∶1,站老虎一方的网友给出的理由是:①死者逃票入园,违反动物园的规定,无视警示,在明知道有风险的情况下冒险,就该为自己的行为负责;②老虎将死者视为自己的猎物,追捕猎物为它的天性,最后被射杀更显无辜。站死者一方的主要观点是:死者虽然有错,但是从人性上来讲,罪不至死。

本章对该事件同步演化过程进行模拟仿真。首先,从众性参数c_i为服从正态分布$N(0.6,0.3)$的正数,其中均值取0.6是为了反映该事件中民众从众性的整体情况,方差取0.3是为了表现在老虎伤人事件中,参与个体有不同的年龄跨度、职业、背景等,异质性相对较高。另外,在老虎伤人事件的群体舆情中,个体传播的影响力和接受他人影响的能力都得到了放大,并且和个人的影响力相比,在群体的舆情中,个体的态度受他人情绪感染而接受影响的能力更强,因此取参数$\alpha_i \sim N(1.2,\ 0.3)$,$w_i \sim N(1.5,\ 0.3)$。

对该事件的仿真模拟,基于节点数量为1000的复杂网络,即大规模网络。同时,采用优化后得到的同步演化较好的网络结构作为该事件模拟仿真的基础网络,利用同步涌现计算模型作为同步演化效果的判断标准。经计算,结果如图3-16所示,可以发现,在事件发展一段时间后,网络开始涌现出集群同步现象,舆情在经过激烈的交互之后,逐渐趋向稳定,这说明绝大部分参与个体在老虎伤人事件中的态度基本趋于一致,在一段时间后达成共识,这和该事件舆情的最终走向一致。

对该网络结构进行统计,得到该网络的平均最短路径长度为3.89、平均聚类系数为0.097、度分布的方差为8.88。

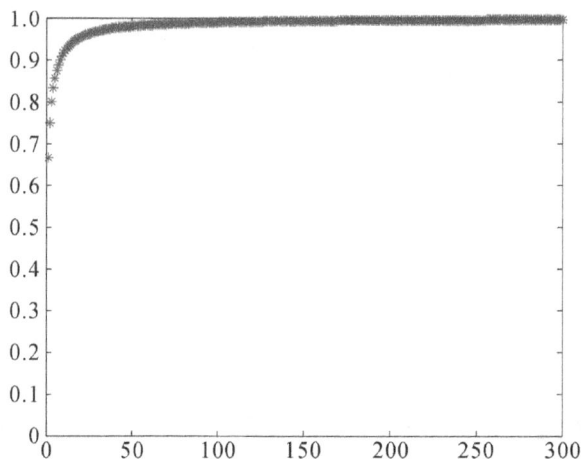

图3-16　态度值同步演化图

3.4.2　老虎伤人事件舆情在优化网络下的同步演化分析

根据3.2节对同步演化网络结构的研究,本部分对初始化网络进行优化,以优化后的网络结构对老虎伤人事件进行仿真模拟,除网络结构不同外,其余所有参数都相同。结果如图3-17所示,可以发现,老虎伤人事件在同步达成上的效率有较为明显的提升。对该网络结构进行分析,得到该网络的平均最短路径长度为3.708、平均聚类系数为0.0889、度分布的方差为8.07。在调

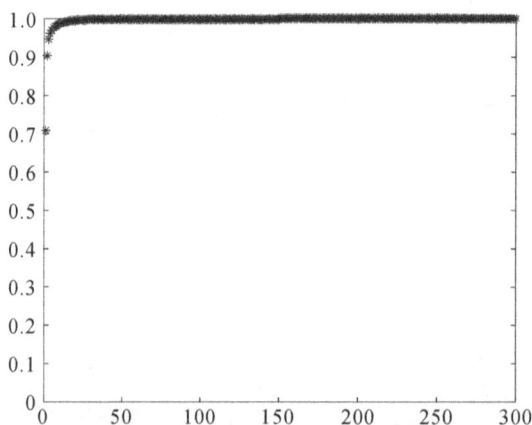

图3-17　优化后态度值同步演化图

整网络结构之后,整个系统达到同步的速度明显加快,这说明网络结构的变动直接影响同步演化的效果。而通过优化前后的数据对比发现,网络结构优化前后都达到了同步效果,但是显然优化后的网络达到同步的时间更短,优化后平均最短路径长度、平均聚类系数及度分布的方差数值都有所减少,这表示该网络在缩短距离的同时,分布更加均匀,从而利于网络同步的达成。

上述通过优化网络结构提高同步程度和效率的研究普遍适用于诸如市场销售和广告投入的同步、产品推广和消费者接受程度的同步等。

而很多情况下舆情同步发酵易造成社会不安定因素的产生,例如当年的抢盐事件、抢蜡烛事件,都对整个社会、市场经济造成了很大的影响,甚至一度使民众产生恐慌,造成社会的不安定。因而面对此类事件,相关部门的措施都是对同步行为进行干预,从而防止同步行为的产生对社会造成不利影响。本章针对老虎伤人事件,通过调整网络结构,创建不易于形成同步的网络结构,使得网络平均距离较大的同时,分布也不均匀。本章的做法是通过计算找出网络中使网络平均距离变短的关键连接,并切断连线,将其中一个节点以不同的概率连接到不同度的节点上(节点的度越高,被连接的概率越大),以此来增加网络的平均最短距离,同时控制聚类系数和度分布的方差,从而阻止同步现象的产生,或延迟同步到达的时间和缩短同步持续的时间,结果如图3-18所示。显然调整网络结构之后,网络的同步性能急速下降,完

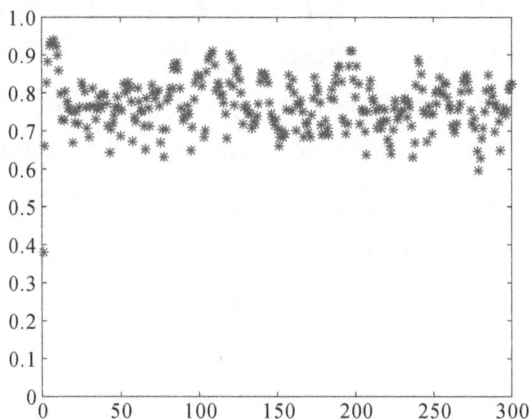

图3-18 态度值同步演化图

全没有达到同步的趋势。该网络结构的参数,即平均最短路径长度为4.93、聚类系数为0.352、度分布的方差为2.85。

综上所述,在不同规模的网络下,一定存在利于同步现象产生的网络结构,以这个网络结构对应的平均最短路径长度、聚类系数及度分布的方差为基准,在积极事件产生时,可以对初始网络进行模拟仿真,预测事件最终的同步效果,再通过优化网络结构使同步程度增强及同步持续时间延长。而本章最主要的贡献是:通过同步演化的效果来决定是否采取优化手段,同时以优化手段来不断提升演化效果,即可以在某一事件发生之后,通过搜集事件涉及的网络分布、群体初始态度等信息,进行同步演化,实现事前预测。根据演化的效果,更为精确地找出关键节点,进行更有目的性的操作,从而控制事件发展的同步性。例如:在"双十一"购物节时,商家完全可以根据前期已有的消费网络关系、广告的投入及消费者前期的举措,实现对同步效果的演化和网络结构的优化。而后期商家可以根据演化结果有针对性地进行投入和规划。在现实中,积极构建最短路径已成为商家在构建营销网络时的主要目标。"双十一"平台方在造势期就以组群瓜分红包的形式将"双十一"消费网络中个体之间的距离拉近,使原本没有直接关联的消费个体,通过各自的朋友以群的形式产生了关联,极其有效地使"双十一"的宣传和关注度达到了同步效果,使营销资金的投入和"双十一"当天的销售额达到同步,这是非常有效的通过缩短个体间距离促使群体同步的手段。不仅在中国如此,在美国等西方国家,以FaceBook为首的社交网站,以及一些专门的"社交+购物"的网站和工具,比如Buzzillion,Crowdstorm,JustBoughtIt!,Kaboodle,OSOYOU,MyDeco等也大大拉近了消费者之间的距离。消费者可以通过这类网站共享他们的经验,无论是好的还是坏的,也可以寻求更多的帮助和建议,以及如何处理一些特殊情况。例如:每年感恩节之后的"黑色星期五"是西方最大的购物盛宴,自社交网络开始流行以来,每年的"黑色星期五"前夕,这些网络平台都会利用一些方式聚合消费终端,延长同步时间,比如商家在社交网络的Banner发布简介广告,消费者通过群和好友的方式分享购物信息,商家利用名人和粉丝提高消费者对产品的关注程度,以及利用虚拟市场让消费者推广市场信息,等等。

而针对某些极端事件,监管部门往往希望抑制群体同步行为的发生,同样可以在初期孕育过程中对事件做一个演化分析,再在仿真分析的基础上对网络中已有的节点进行攻击,显然,在一般情况下,越早进入的节点具有的影响力越大。这里所说的攻击节点和较多论文中所说的不同点在于:本章经过仿真实验模拟,在结果的输出上更具科学性和目的性。

3.5 小 结

以往关于集群同步行为的研究主要集中于同步演化模型、对同步行为触发的阈值的探讨等,对融合同步演化和优化来控制演化结果输出的研究较少。本章的创新之处是从社会物理学角度出发,构建 Kuramoto 隐喻模型,通过人工免疫算法对网络结构进行优化,从而得到较好的演化结果,并且将网络规模分为小、中、大3种来进行实验分析。主要结论归纳总结如下:

第一,对初始网络的模拟仿真,采用参数可调的小世界网络生成算法构建了更接近真实社会人际网的网络模型,在此基础上构建了同步行为的隐喻模型,进行了同步演化实验及优化分析,并考虑了网络规模不变的前提下,网络的连接方案对同步性能的影响,研究结果具有较大的现实意义和参考价值。

第二,网络平均最短距离的缩短,有利于网络同步性能的增强,但是在规模恒定的网络中,距离不会无限缩短,当平均最短距离缩小到一定值后,网络的聚类系数及度分布的方差这两个参数对网络的同步性能会产生较大影响。具体表现为:如果两个网络的平均最短距离一定,度分布的方差越小,同步性能越强;聚类系数在由大到小的变化过程中,会产生一个中间值,其使同步性能达到最强。

第三,引入 AIS 优化算法,将演化和优化结合,最终通过优化函数引导演化的方向,得到同步效果较优的网络结构。

参 考 文 献

［1］WINFREE A T. Biological rhythms and the behavior of populations of coupled oscillators［J］. Journal of Theoretical Biology，1967，16(1)：15-42.

［2］朱日剑,赵明.网络中节点间距离对同步能力影响的分析[J].广西物理,2015,36(4):1-5.

［3］吴刚,邱煜晶,王国仁.基于隐马尔可夫模型和遗传算法的地图匹配算法[J].东北大学学报(自然科学版),2017,38(4):472-475.

［4］李珂,邰能灵,张沈习.基于改进粒子群算法的配电网综合运行优化[J].上海交通大学学报,2017,51(8):897-902.

［5］董凌艳,徐红丽.基于改进型蚁群算法的AUV路径规划[J].自动化与仪表,2017,32(3): 1-4.

［6］CHEN T，XIAO R. Enhancing artificial bee colony algorithm with self-adaptive searching strategy and artificial immune network operators for global optimization［J］. The Scientific World Journal，2014，2014，Article ID：438260，22 pages.

［7］XIAO R，CHEN W，CHEN T. Modeling of ant colony's labor division for the multi-project scheduling problem and its solution by PSO［J］. Journal of Computational and Theoretical Nanoscience，2012，9(2)：223-232.

［8］YI K，CHEN T，CONG G. Library personalized recommendation service method based on improved association rules［J］. Library Hi Tech，2018，36(3)：443-457.

［9］CHEN T，SHI J，YANG J，et al. Enhancing network cluster synchronization capability based on artificial immune algorithm［J］. Human-centric Computing and Information Sciences.

［10］HASSAN M，REHMANI M，CHEN J. Differential privacy techniques for cyber physical systems：a survey［J］. IEEE Communications Surveys and Tutorials，2020，22(1)：746-789.

［11］CUI Z，SUN B，WANG G，et al. A novel oriented cuckoo search algorithm to improve DV-Hop performance for Cyber-Physical systems [J]. Journal of Parallel and Distributed Computing, 2017, 103: 42-52.

[12] JU C, ZHOU G, CHEN T. Disruption management for vehicle routing problem with time-window changes [J]. International Journal of Shipping and Transport Logistics, 2017, 9(1): 4-28.

[13] QI L, ZHANG X, DOU W, et al. A two-stage locality-sensitive hashing based approach for privacy-preserving mobile service recommendation in cross-platform edge environment [J]. Future Generation Computer Systems, 2018, 88: 636-643.

[14] CUI Z, CAO Y, CAI X, et al. Optimal LEACH protocol with modified bat algorithm for big data sensing systems in internet of things [J]. Journal of Parallel and Distributed Computing, 2019, 132: 217-229.

[15] CAI X, WANG P, DU L, et al. Multi-objective 3-dimensional DV-Hop localization algorithm with NSGA-II [J]. IEEE Sensors Journal, 2019, 19(21): 10003-10015.

[16] CHEN T, XIAO R. Modeling design iteration in product design and development and its solution by a novel artificial bee colony algorithm [J]. Computational Intelligence and Neuroscience.

[17] ZHANG M, WANG H, CUI Z, et al. Hybrid multi-objective cuckoo search with dynamical local search [J]. Memetic Computing, 2018, 10 (2): 199-208.

第 4 章

网络群体极化行为涌现机理

4.1　问题描述

当前,我国正处于社会转型时期,群体行为时有发生。其中,群体极化行为作为一种具有代表性的社会群体性行为,由于会严重扰乱公众的日常生活,引起越来越多学者的关注。而对群体极化行为的研究能够为相关部门预防、应对此类群体性事件提供一定的参考意义和指导价值。现有研究多基于经典的J-A/D-W模型进行仿真,但得到的结果与实际结果相差较大,且较少考虑参与群体的心理、网络关系等因素的影响。基于此,本章在J-A模型的基础上,将个体具有的从众性、网络关系强度等参数融入极化模型,并使用更接近真实社交网络结构的BA网络模型作为Agent邻接模型,用多Agent蒙特卡罗方法进行实验仿真。实验仿真结果显示:不同的信息交互方式会对群体态度极化产生较大的影响;此外,同化效应与排斥效应带的参数值d_1,d_2的不同,致使从众性参数和关系强度的强弱分布对极化有显著的促进或减缓的双重作用。

当前学术界对网络极化行为做了大量研究,其中具有代表性的成果如下:李振鹏等[1]通过引入效用和心理阈值理论构建了改进的阈值模型,但其不足之处在于采用的是类似经典元胞自动机的空间格子邻域结构,这与社会网络中个体的连接结构存在一定差异;Gulati[2]基于Agent建模方法构建了选民政治选举投票模型——VODYS,其可以有效和细致地评估选民的社交行为、社会环境和选举活动对选民投票的影响;Li et al.[3]则构建了一个多维态度极化模型,并对群体极化动态性进行研究,发现全连接网络与BA网络在演化中表现出明显差异,而极化过程则对网络平均度参数敏感,但文中缺乏对实际案例的应用与检验,因此还有待进一步研究。以上对网络社会群体行为的同步、极化与扩散等方面的研究虽在模型改进与实际应用上取得了一些成果,但由于网络群体行为的高复杂性与强动态性,往往使某一现象的产生通常伴随着多种群体行为的涌现,仅用某一种模型与方法进行分析与处理很难反映真实的情况,且均不够完善,从而限制了其进一步的深入推广与应用。

4.2 模型构建

在现有的 D-W 模型和 J-A 模型[4]中,个体之间态度值的交互演变纯粹通过距离来表示,即只要两个个体的态度值之差落入某一定义的阈值内,态度值就发生相应的转变,这显然和实际情况有所偏差,个体之间态度的相互影响和转变涉及很多因素,诸如周围个体营造的整体氛围、个体间关系的远近、个体自身的从众性等等。基于此,本章提出改进的态度极化模型,主要改进思想如图 4-1 所示,具体措施如下:①图 4-1(a)表示经典模型的个体交互方式,即从网络中随机取出两个相连个体进行交互;图 4-1(b)表示改进后模型的交互方式,网络中每个个体需要综合周围所有个体的态度值,即一个参与个体需要尽可能地搜集和他相连的所有个体的态度观点,以此来对周围的整体态度倾向做出判断。②融入关系强度强弱分布指标,以此来描述现实中个体之间具有的不同亲疏关系,很显然,在每个个体做出决策时,对个体影响最大的就是关系较近的个体,即关系强度较大的连接个体所产生的影响也越大,其中图 4-1(a)中个体间关系强度指标都为 1,即默认所有个体间的亲疏关系是一样的,而在改进后的模型中,每两个个体间的关系强度通过随机函数进行赋值,用来体现个体间关系的差别。③融入个体从众性,并将其作为决定个体是否改变态度值的一项参数,在改进后的模型中,赋予每个参与个体不同的从众值,由从众性结合周围个体的态度值共同决定最终该个体是否调整态度值。当条件达到设定的阈值时,个体会综合周围所有其他个体的态度值得到最终的均值,并乘上从众性系数及接受能力系数,作为个体态度值的改变量。

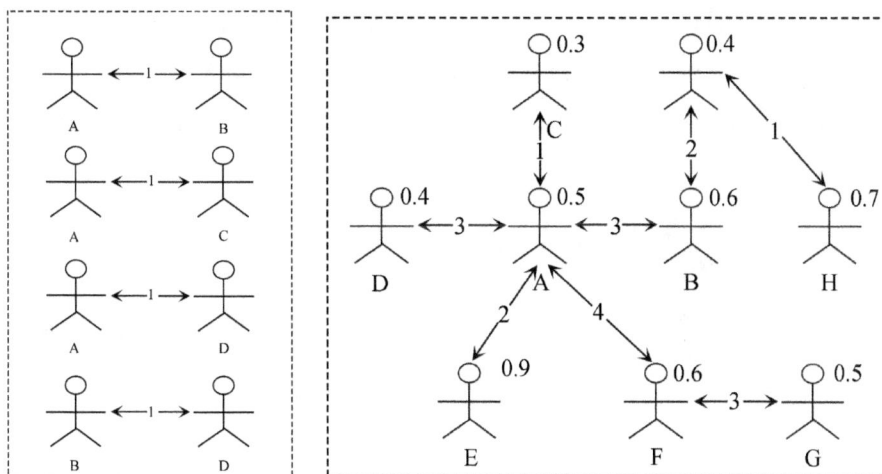

(a)原始模型一对一交互方式　　　（b)改进后模型一对多交互方式及参数设置

图4-1　模型改进前后个体间交互示意图

模型中涉及的参数定义如表4-1所示。

表4-1　参数定义

参数	具体定义
R_i	作为个体是否改变态度值的阈值,当R_i大于1时,态度值发生改变,否则,态度值不变
z_{ij}	表示个体i与j之间的关系强度
$X_j(t)$	表示t时刻个体j的态度值
$X^+_j(t)$	表示$X_j(t)$中持正面观点的态度值
$X^-_j(t)$	表示$X_j(t)$中持负面观点的态度值
α	表示调节参数
C_i	表示个体i的从众性参数
β	表示同化程度系数
γ	表示相斥程度系数
d_1	表示同化效应带距离
d_2	表示排斥效应带距离
$\dot{x}_i(t)$	表示t时刻i周围个体的综合平均态度值

通过以上分析,模型具体构建过程如下:

第一,随机选取一个个体,权衡周围所有个体的综合信息,做出是否改变态度值的决策。首先需要判断与所选个体相连的所有个体的综合态度趋势,即判断关系强度乘上相应的态度值是正值还是负值,再依据正负情况代入公式求解,即:

$$R_i = \begin{cases} C_i + \alpha \dfrac{\left|\sum_{j=1}^{n} z_{ij}X_j^+(t)\right|}{\left|\sum_{j=1}^{n} z_{ij}X_j(t)\right|}, & \sum_{j=1}^{n} z_{ij}X_j(t) > 0 \\ C_i + \alpha \dfrac{\left|\sum_{j=1}^{n} z_{ij}X_j^-(t)\right|}{\left|\sum_{j=1}^{n} z_{ij}X_j(t)\right|}, & \sum_{j=1}^{n} z_{ij}X_j(t) < 0 \end{cases} \tag{4-1}$$

本模型中的关系强度分为4个等级,由数字1至4表示关系依次增强,本部分采用随机函数对个体间的关系强度赋值,其中$X_j(t)$表示t时刻个体j的态度值,$X_j^+(t)$表示$X_j(t)$中持正面观点的态度值。用态度值$X_j^-(t)$表示$X_j(t)$中持负面观点的态度值,并将其作为调节参数,以此来控制极化发生的趋势。R_i的值决定个体是否做出改变,如果$R_i>1$,则进行下一步操作,否则不进行任何操作。[5]也就是一个个体是否改变自己原有的态度值,取决于它的从众性及周围个体对其施加的影响力,主要分为3种情况:第一种,个体的从众性极强,完全受周围环境的影响,哪一方稍微占据主动就会偏向哪一方,那么该个体一定会时刻跟随环境调节自己的态度;第二种,个体所处的周围环境处于不平衡状态,与个体相连接的多数个体形成一致的观点,如某一方的观点已经占据主导地位,该个体也会偏向强势的一方;第三种,个体的自身从众性结合周围环境因素,促使个体朝着某一方的阵营移动。

第二,当$R_i>1$时,个体的演化规则如下。

其一,同化规则。当个体所持观点和周围个体的综合观点差距小于d_1时,个体i的态度值更新为:

$$X_i(t+1) = X_i(t) + \beta[\dot{x}_i(t) - X_i(t)], \left|\dot{x}_i(t) - X_i(t)\right| < d_1 \tag{4-2}$$

其中,$X_i(t+1)$表示$t+1$时刻的态度值;$\dot{x}_i(t)$表示t时刻i周围个体的综合平均态度值,可用公式(4-3)表示,其中z_{ij}表示关系强度;β表示态度改变的同化程度,系数范围在$(0,1)$。

$$\dot{x}_i(t) = \frac{\sum_{j=1}^{n} z_{ij} X_j(t)}{\sum_{j=1}^{n} z_{ij}} \tag{4-3}$$

其二,相斥规则。当个体所持观点和周围个体的综合观点差距大于 d_2 时,个体 i 的态度值更新为:

$$X_i(t+1) = X_i(t) - \gamma [x_i(t) - X_i(t)], |x_i(t) - X_i(t)| > d_2 \tag{4-4}$$

其三,中立规则。其他情况下,个体 i 不改变态度值。

第三,当 R_i<1 时,个体不做任何改变。

本部分沿用 J-A 模型中的社会评价理论,应用同化效应和排斥效应。上述 $d_1 \le d_2$,但本模型中,个体间信息的交互为一对多模式,信息的搜集相对较为全面,因此个体和总体环境之间的差值相比一对一模式较小,因而,d_1、d_2 的取值有所不同。群体态度极化流程如图 4-2 所示。

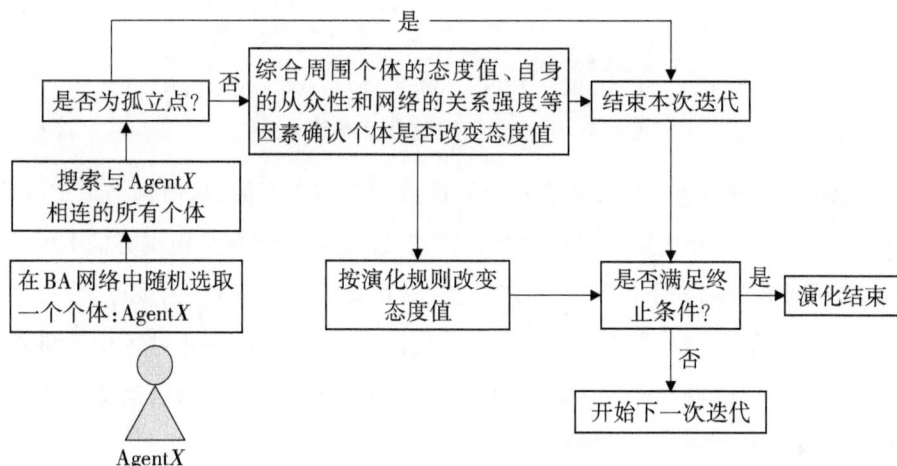

图 4-2 群体态度极化流程图

4.3 实验仿真

本章通过设置不同的参数值来深入研究整个演化过程。首先,由于 BA 网络能够更好地描述真实的社交网络[6-7],本部分确定演化的网络基础为 BA 网络,网络节点规模设置为 100,d_1=0.3,d_2=0.7,β=0.1,γ=0.2;个体经过 400 次的交互之后,态度倾向随周围环境发生极化,其中一些个体仍然会保持原有态度,一部分个体会发生极化现象,还有一部分个体会调整自己的态度和周围环境相适应,从而达到平衡状态。个体态度值随交互次数演化的结果如图4-3所示。

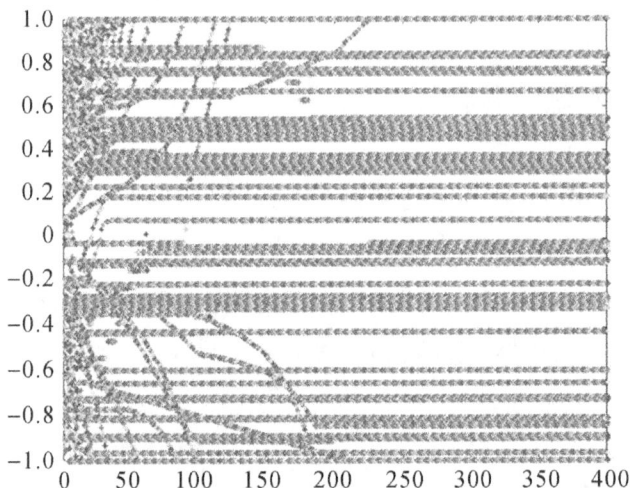

图4-3 个体态度值随交互次数演化图

图4-3中横、纵坐标分别表示交互次数和个体态度值,从仿真结果来看,个体在激烈的交互之后逐渐产生极化趋势,态度开始向两个极端方向1和-1偏移,同时有少部分个体不受周围其他个体的影响,坚持自己的观点,代表这些个体态度值的点分散在-1—1之间,但由于个体态度值演化过程中的重叠部分无法在图中直观体现,本章给出不同交互次数下与图4-3所对应的不同态度值的个体数量,具体如图4-4所示。

初始状态 $Time=0$ 时,个体态度分布的直方图如图4-4(a)所示,图中横坐标和纵坐标分别表示个体的态度值和相应态度值区间内个体的数量。由仿真结果可知,在初始阶段,个体的态度值较为分散,分布也相对均匀,可见群体中每个个体对事件的看法都有各自的认识,没有明确的主流意见或者较为统一的共识,每个个体纯粹通过自身对事件的判断做出评判并给出态度值,所以在初期,群体对某个事件的态度不会产生显著的极端化情况。[8-9]随着交互次数的增加,当 $Time$ 分别为 $50,100,400$ 次时,个体的态度值分布逐渐开始分化,具体实验结果如图4-4(b)、图4-4(c)、图4-4(d)所示,处于中间的个体

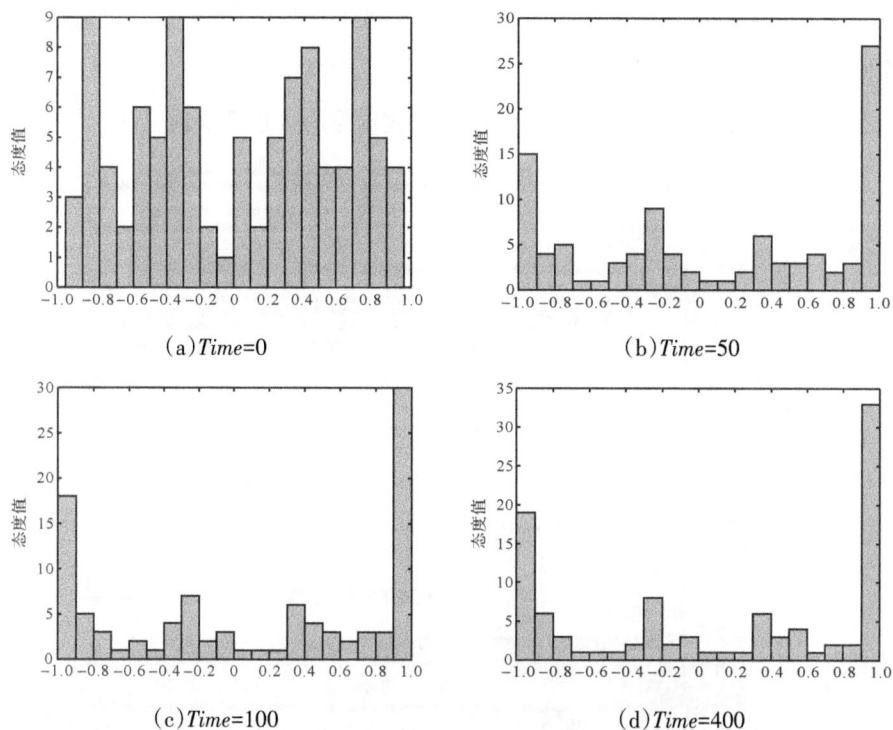

（a）*Time*=0

（b）*Time*=50

（c）*Time*=100

（d）*Time*=400

图4-4 不同交互次数下个体态度分布直方图

数量越来越少,而态度值靠近1和-1的个体在不断积聚,呈现出明显的极化现象。随着交互次数的不断增加,不难发现,图4-4(d)呈现的态度分布直方图已经较为稳定,其中有少数个体从始至终保持着初始的态度值,原因有两点:①个体的从众性很低,使得个体一直未达到本模型设定的$R>1$阈值,因此其始终没有受到周边个体的态度值影响,保持了自身对事件初始的态度值;②网络结构造成个体所在的整体环境正反两方势均力敌,使得个体难以衡量究竟该选择相信哪一方,最终造成这些个体保持中立,不改变态度值。

在实际场景中,任何一个事件在走向极化之后,总有部分个体会保持自己的观点,以自我的判断力对事件下一个定义来表明态度。同样会有个体因为无法揣测事件背后的真相而选择观望,保持原有的态度。就如实验结果所示,大部分个体会在从众性心理的驱使下,选择一个极端方向站队,这表明了多数个体在面对群体事件时会呈现一种不愿被孤立的心理,从而选择融入强大的一方,寻求安全。

本章还在另一经典社会网络——小世界网络中进行了极化仿真实验。[10-11] 实验结果如图4-5和图4-6所示,极化效果较为明显,同时中立个体及持有初始态度的个体的分布较为均匀,体现了该极化模型的合理性及适用性。

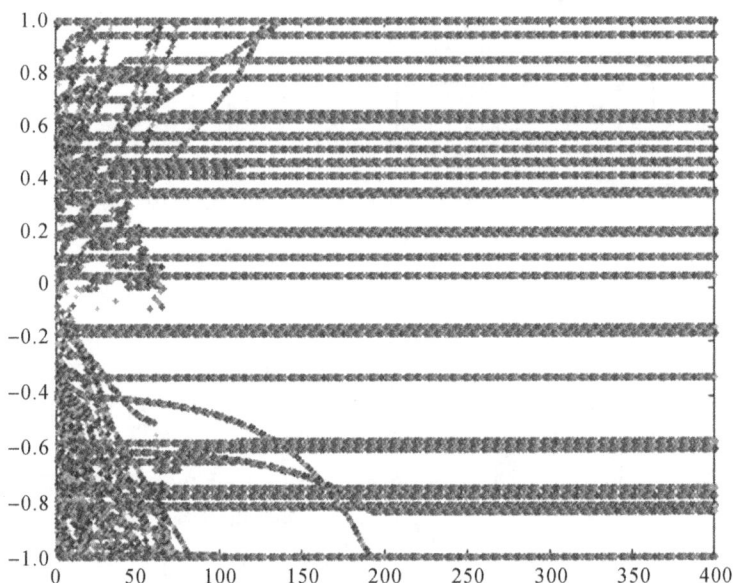

图4-5　个体态度随交互次数演化图

仿真实验结果归纳如下:①图中有少数个体在整个极化过程中始终保持初始态度值,是因为这些个体的从众性属性较小,可以理解为现实中有少数的固执者或者极度理智者,不受周围个体所影响,始终保持一贯的态度,不做改变;②有部分个体从开始的态度为正转变为最后的态度为负,也有个体从开始的态度为负转变为最终的态度为正,这是由于个体在交互后,被周围群体成员说服而放弃原有立场,体现在现实场景中,即群体性事件往往掺杂着较多的谣言,身处舆情场的个体也常常因为事件消息的改变而转变立场;③有极少数个体的态度在经过一定的波动之后,逐渐趋向于某一边,内在原因是个体所在群体正、负两方实力相当,在经过多次激烈的观点碰撞后,有一方最终胜出。

同时,由于在上述两种网络结构下,群体极化的程度有所不同,本章通过大量仿真实验对比了两种网络结构下群体的极化情况,结果发现,不同的网络结构对极化进程的影响并没有呈现出显著的规律性,相同节点和连边构成

（a）*Time*=0　　　　　　　　　　　（b）*Time*=50

（c）*Time*=100　　　　　　　　　　（d）*Time*=400

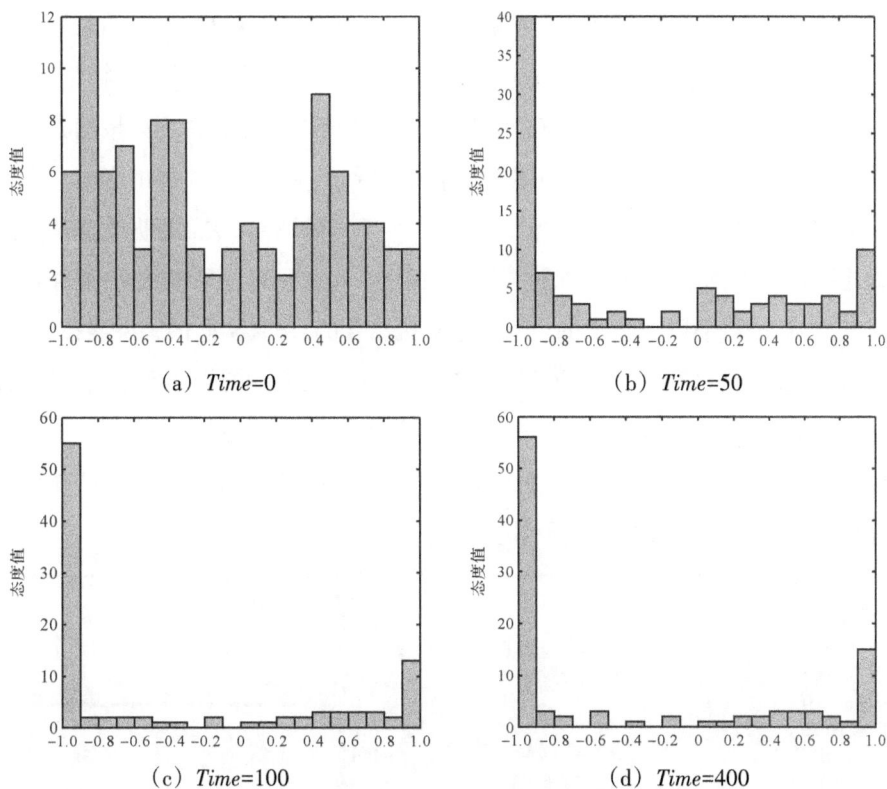

图4-6　不同交互次数下个体态度分布直方图

的不同网络,其极化进程也不尽相同。因此,接下来,本章将重点探讨影响群体极化进程的因素。

4.4　结果分析与讨论

本节主要根据实验仿真结果,分析信息交互方式、从众性、关系强度分布3个因素对群体极化进程的影响。

4.4.1　信息交互方式对极化进程的影响

本节主要比较经典模型中两两随机交互模式和本模型中一对多交互模式对极化进程的影响。其中,两两随机交互适合传统的face-to-face社交模式(即

点对点交互模式),而一对多交互更适合类似网络论坛、社区等交互模式。[12-13]
随着网络的发展,个体在面对信息、接受信息时,不再局限于某一个特定时刻,
只和某一特定的个体进行交互;相反,每个个体可以同时观察到大量的其他个
体的态度,因此其态度的改变可以认为同时受到了多个邻域个体的影响。由于
一对多的交互模式能够使个体同时获取多个节点的信息,从而根据掌握的信息
做出更准确的判断,实验仿真的结果更加稳定,和实际情况更加贴切;而在点对
点的两两交互模式中,每次的交互都是随机结合的,仿真实验的结果存在波动,
并且和实际有所偏差。下面通过实验对不同交互模型上的极化现象进行比较,
取节点数为100,分别用两两随机交互模式和一对多交互模式进行400次迭代
计算,然后记录极化个体所占的比例,取10次计算结果的平均值。两两随机交
互模式下演化结果如图4-7所示。

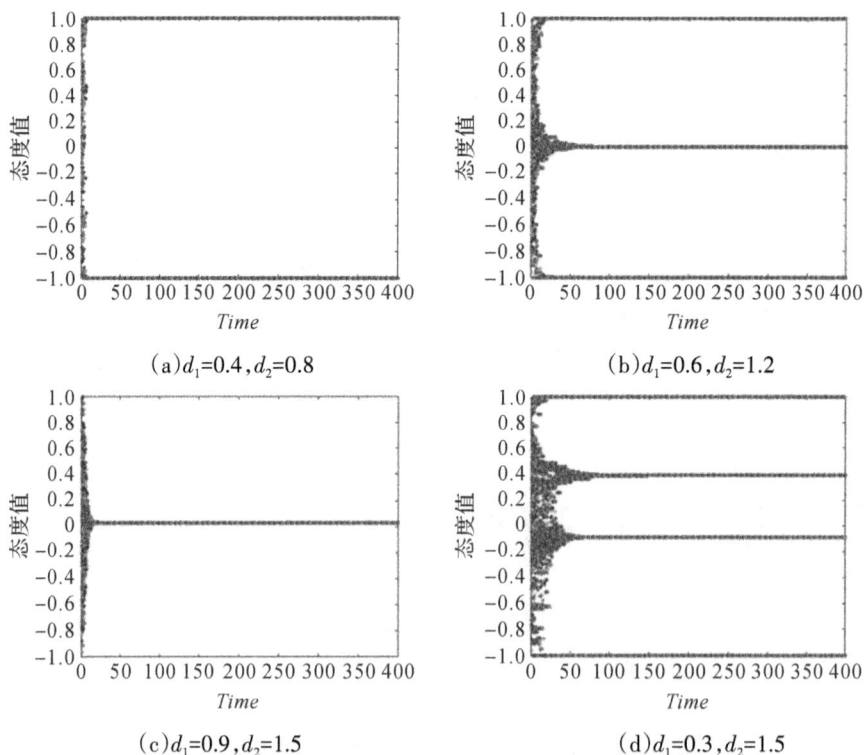

(a)$d_1=0.4, d_2=0.8$

(b)$d_1=0.6, d_2=1.2$

(c)$d_1=0.9, d_2=1.5$

(d)$d_1=0.3, d_2=1.5$

图4-7 两两随机交互模式下个体态度随交互次数演化图

在两两随机交互模式下,群体的态度极化情况会随着距离参数d_1, d_2的变

化而变化,但最终的个体态度值的聚集主要分为3种情况:①如图4-7(a)所示的绝对极化现象,即所有个体的态度呈现出两个极端分布状态,完全极化的原因是模型中同化距离范围过小,相斥距离范围过大,在个体交互过程中,相斥作用明显大于同化作用,对应现实场景就是个体之间稍有分歧,极易激化矛盾,意见相左的个体间相互包容度太小,在这种情况下就极易爆发极化现象;②如图4-7(b)和图4-7(d)所示的极端和中立状态并存的现象,从参数角度来看,同化范围和相斥范围基本持平,两种作用力相互牵制,导致部分个体趋向极端,部分个体保持中间状态;③在如图4-7(c)所示的完全中立的非极化状态中,同化范围明显大过相斥范围,在这种场景下,个体较为保守,并不轻易和他人就观点产生冲突,更趋向于和交互个体的观点相融合,可见,当个体之间愿意相互调整看法,求同存异时,极化现象很难发生。

在一对多交互模式下,本实验设置了4组态度距离参数(d_1, d_2),得到图4-8中4个不同的演化结果,而图4-9—图4-12为对应的不同演化时刻的态度分布直方图,得到的结果和两两随机交互模式下的类似,由一对多交互模式决定的个体和周围总体环境的平均态度值的差距显然会小于一对一交互模式下的态度值之差,所以对d_1, d_2的取值范围和一对一交互模式下的有所不同。[14-15]①基于图4-8(a)和图4-9(d_1=0.3,d_2=0.7),最终的态度值演化结果中有极端态度者,同时分布有各类不同态度的个体,表现为部分个体处于态度极化状态;②基于图4-8(b)和图4-10(d_1=0.3,d_2=1.3),最终的演化结果和初始阶段差异不大,说明群体处于一种平衡状态,同化和相斥效应都比较弱,结合实际场景可以理解为,人们对发生的事件都有自己的认识或者对该事件的关注度和兴趣都较小;③基于图4-8(c)和图4-11(d_1=0.6,d_2=1.3),此时同化效应极其强势,致使绝大多数个体听从总体环境的意见,保持中立意见;④基于图4-8(d)和图4-12(d_1=0.2,d_2=0.4),最终的结果为完全极化状态,由于相斥距离参数范围远远超过同化距离参数范围,个体极易倾向和观点相悖的个体针锋相对,并极端化自己的观点。

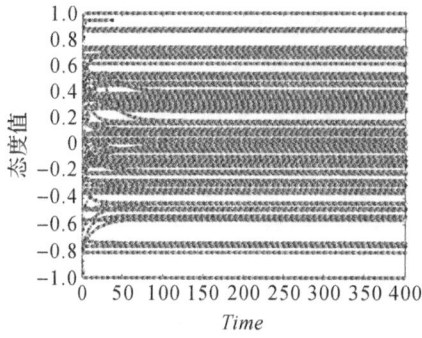

（a）$d_1=0.3$，$d_2=0.7$

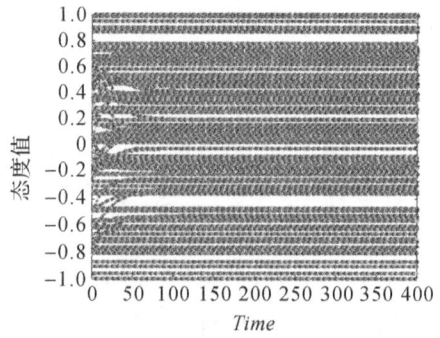

（b）$d_1=0.3$，$d_2=1.3$

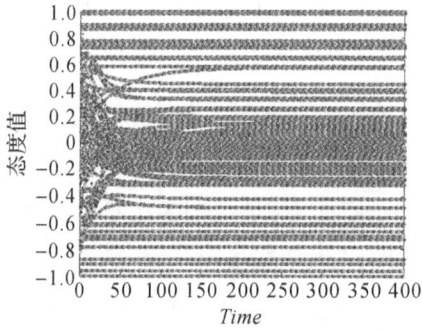

（c）$d_1=0.6$，$d_2=1.3$

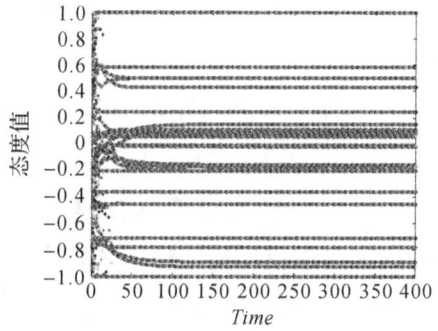

（d）$d_1=0.2$，$d_2=0.4$

图4-8　一对多交互模式下个体态度随交互次数演化图

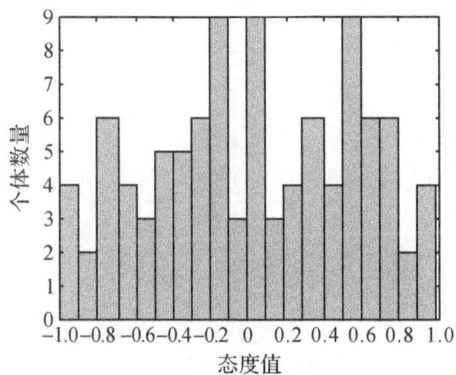

（a）*Time*=0

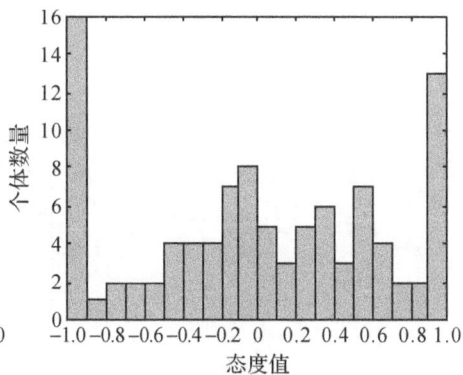

（b）*Time*=50

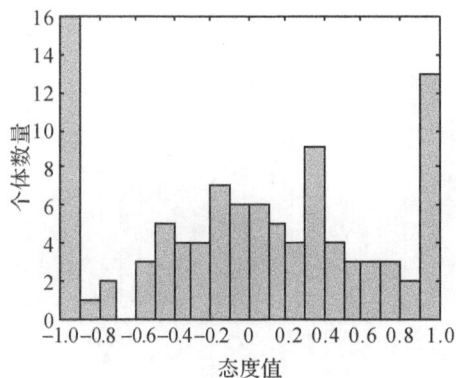

（c）*Time*=100

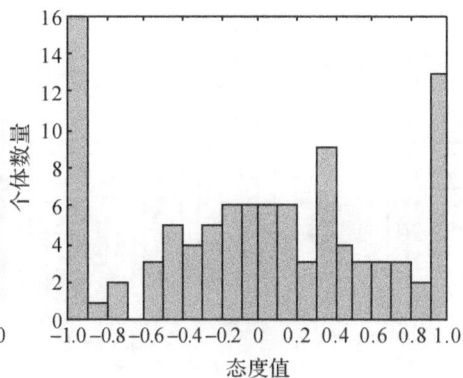

（d）*Time*=400

图4-9 不同交互次数下个体态度分布直方图（d_1=0.3, d_2=0.7）

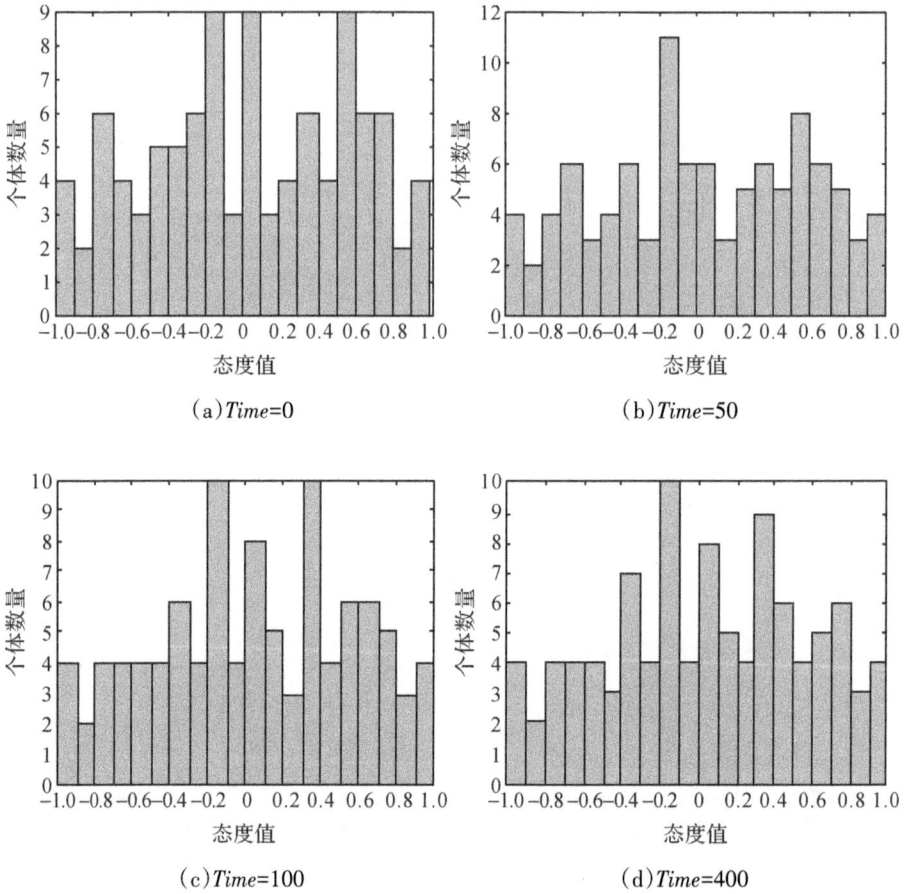

（a）Time=0

（b）Time=50

（c）Time=100

（d）Time=400

图4-10　不同交互次数下个体态度分布直方图（d_1=0.3，d_2=1.3）

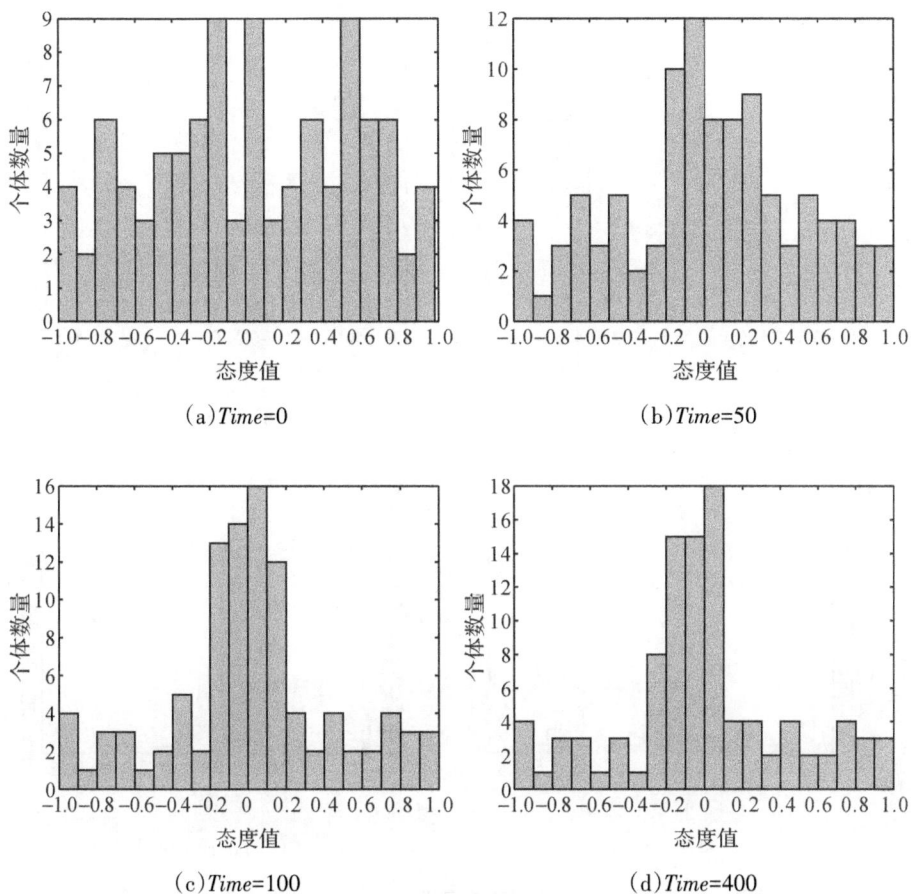

（a）Time=0

（b）Time=50

（c）Time=100

（d）Time=400

图4-11　不同交互次数下个体态度分布直方图（d_1=0.6, d_2=1.3）

(a) *Time*=0

(b) *Time*=50

(c) *Time*=100

(d) *Time*=400

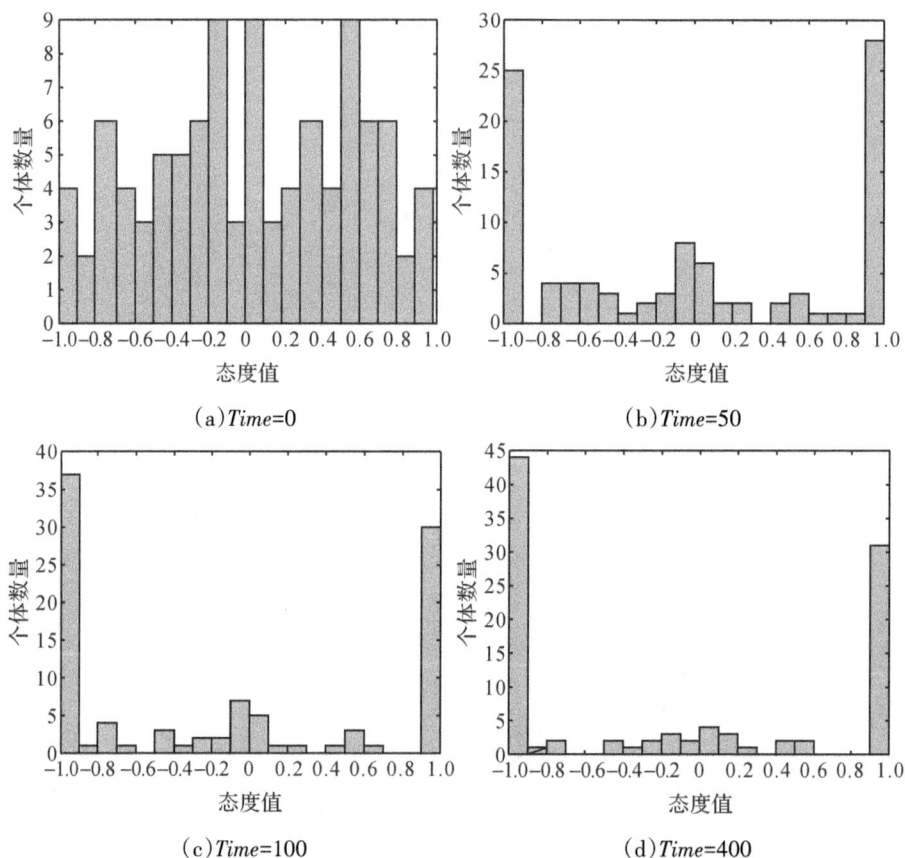

图4-12 不同交互次数下个体态度分布直方图(d_1=0.2, d_2=0.4)

上述两种不同信息交互方式下的实验仿真,其相同之处是随着d_1,d_2的调整变化,演化结果的总体趋势相同;不同之处在于后者更贴近现实,能够考虑到群体对一个事件发表观点态度时,态度和观点在抱团的同时,必然有个体发表自己的观点,并且由于每个个体的独特性,个体在态度值的各个维度上一定会存在分散的观点,因此前者仿真结果中所有个体交互过后在几个态度维度上抱团,缺乏分散的观点,所以,本章提出的模型及信息交互方式与现实更为契合。同时,根据实验结果,不难发现,相较于face-to-face的社交模式,网络论坛等信息交互模式有利于减小极化现象的发生概率,且在同等条件下,点对点的交互方式更易于极端态度的产生,而在掌握信息更加全面的一对多信息交互模式下,个体在态度的倾向选择上会相对理性。

4.4.2　从众性对极化进程的影响

在群体极化行为研究中,从众性作为重要的影响参数,对极化行为的产生、发展意义重大。[16-17]每个人或多或少都会有一定的从众心理,进而转化为从众行为,而个体从众性倾向的大小,主要取决于他与生俱来的性格及个体对某一事件的认知程度。

本仿真实验基于 BA 网络,比较不同从众性参数下的群体极化进程,直观地展示个体从众性的高低对群体极化程度的影响。考虑到实验个体选取的随机性,群体整体的从众性心理服从正态分布更具科学性,同时,由不同个体组成的群体的从众性高低不同,例如:由受过高等教育的个体组成的群体的从众性相对较低;教育程度较低的群体的从众性相对较高。因此选取 4 个不同的参数值,使从众性参数分别服从 0~1.3,0~1.1,0~1.0 及 0~0.9 的正态分布以表示不同的从众性群体。[18-19]在实验过程中,我们发现,在不同的同化效应和排斥效应带参数 d_1,d_2 下,从众性参数对极化的进程有不同的影响效果:当整体环境有利于极端化现象产生时,从众性参数起着催化剂的作用,促使极化现象发生;当整体的环境趋于保守,处于中立状态时,从众性参数会抑制极化现象的发生。因此,分别设置 d_1=0.3,d_2=0.5 和 d_1=0.45,d_2=1.0,观察从众性参数对态度极化进程的影响,仿真实验结果如图 4-13 和图 4-14 所示。

图 4-13 和图 4-14 显示的 4 条折线分别表示不同从众性参数下的态度极化演化进程,其中横、纵坐标分别表示交互次数及态度极端化个体占全部个体的比值。该实验中,以态度极端化个体所占比值的大小来衡量群体的极化程度,以达到稳定状态的时间来衡量群体极化的速度。[20-21]实验表明,在群体整体的极化倾向较高(即同化效应作用范围较小,排斥效应作用范围较大)时,如图 4-13 所示,群体极化程度的高低和群体整体的从众性高低成正相关关系,即在一定范围内,随着群体整体从众性的提高,群体极化比例相应提升。另外,根据 4 条折线的整体走势,在前期的交互中,群体态度朝极端化发展的速度基本一致,在一段时间后从众性较低的群体整体率先达到稳定的极化状态,因此,极化的速度和群体整体的从众性呈负相关关系。从模型角度来看,从众性参数越大,态度被周围个体影响的概率越大,达到极化稳定状态

需要交互的次数越多,最终的极化程度越高,达到极化的速度越慢;从心理学角度来说,在从众性较高的群体中,个体极易受到外界环境的影响,显然,随着交互次数的增加,极端化个体越来越多,从众性心理发挥作用,形成了较高程度的群体极化,同时,在极化形成过程中,个体的观点极易出现反复,那么从众性越高的群体越需要更多的交互次数才能够达到稳定状态。

在群体整体的极化倾向较低(即同化效应作用范围较大,排斥效应作用范围较小)时,如图4-14所示,群体极化程度的高低和群体整体的从众性高低成负相关关系,即在一定范围内,随着群体整体从众性的提高,群体极化比例相应下降。[22-23]在群体整体的氛围趋向于求同存异时,个体会倾向于大范围汲取可以共存的观点,小范围排斥对立观点,群体的整体观点偏向于中立,那么显然从众性越高的群体,极化的程度反而越低。

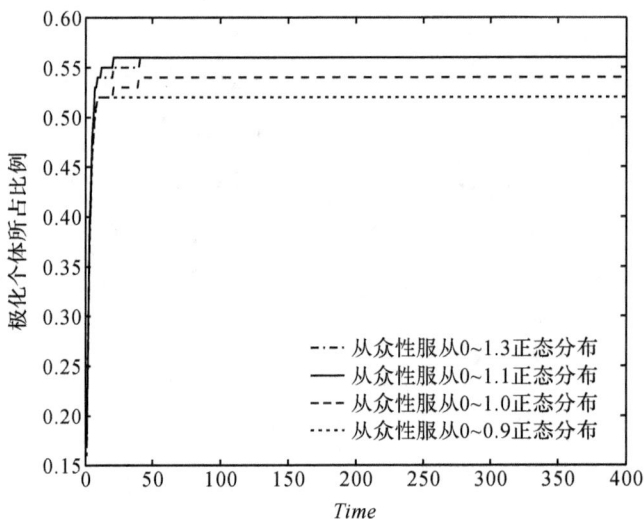

图4-13 从众性参数促进态度极化的进程

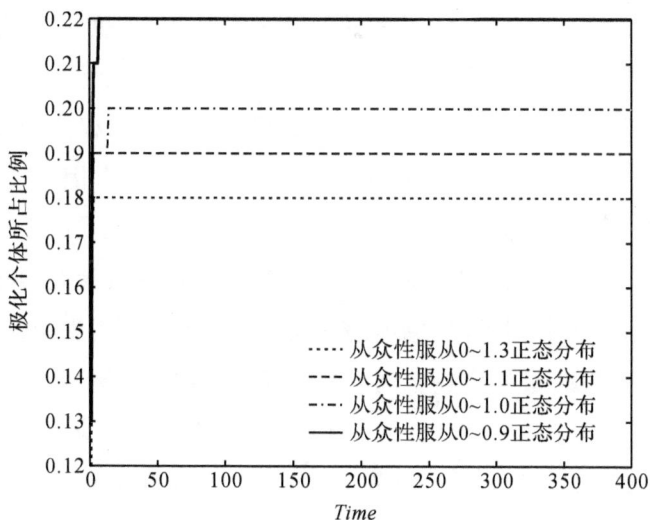

图4-14 从众性参数抑制态度极化的进程

回顾2011年抢盐事件,该事件就是典型的群体性事件,包含了同步行为和极化行为。从抢盐事件的背后来剖析抢盐的主体人群及心理,我们可以发现:首先,抢盐的主力军多为40岁以上的女性人群,她们抢盐的主要动机是怕核辐射造成海水污染导致供盐不足,这些个体由于社会认知的局限和信息途径的缺乏,成了抢盐和囤盐的主力军;其次,她们如此盲目抢盐的主要原因在于周围人群都在抢盐,从众心理驱使了未抢盐的个体加入抢盐大军。以抢盐群体为例,该事件具有很强的极化倾向,同时组成群体的个体具有极高的从众性,在抢盐过程中受到周围个体和环境的影响而极其盲目地加入抢盐大军,同时持续了较长的一段时间,直至政府出面澄清才解除抢盐危机。

4.4.3 关系强度分布对极化进程的影响

在对社会网络的研究中,关系本身就作为至关重要的因素存在于网络中,个体之间依靠亲情、友情、爱情等情感来维系。个体之间的联系有亲疏之分,往往通过两个个体之间情感的深浅来衡量,反映到社会网络模型中,表示两个连接节点之间关系亲疏的指标为关系强度。[24-25]同样以2011年抢盐事件为例,据数据统计,在抢盐的人群中有超过60%的人是通过周围亲友的传播而加入抢盐大军的,即在一个个体转变对某一事件的认知或判断时,往往对周围关系强度较高的个体存在依赖感并倾注较高的信任度,从而在做出决策时对亲近个体的建议附加较高的权值。

比较关系强度分布不同的网络模型,从直观上来说,权值(即关系强度)均为1的网络结构无法体现现实个体在决策时受到的人际因素影响,在加入不同权值(即融入了不同的关系强度分布)后,态度值会因受到亲密个体的较大的影响而改变,同时忽略亲密度较低个体的影响,这将大大影响极化的进程。[26]因此,本实验探讨不同关系强度的分布对极化进程的影响,这里将关系强度分为4个等级,量化为1—4间的整数,即将网络权值赋上$[1,4]$的整数,和网络权值(即关系强度)均为1的群体对比。设置同化效应相斥效应带参数$d_1=0.3$,$d_2=0.5$和$d_1=0.4$,$d_2=1.1$,取节点数$n=100$,分别在不同权值的网络上进行$Time=400$次的迭代计算,记录极化个体比例,取10次计算结果的平均值,得到的曲线如图4-15和图4-16所示。

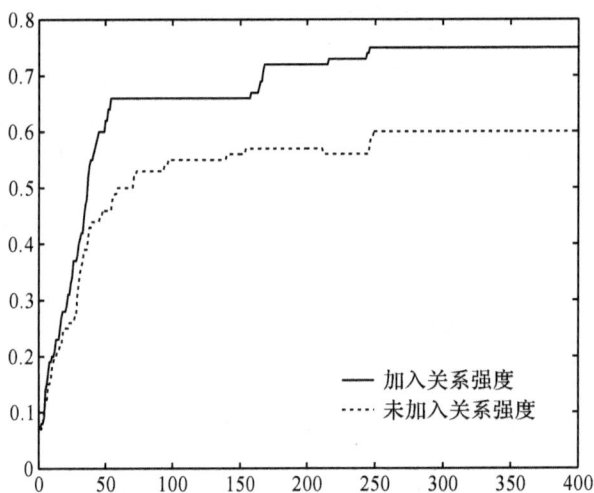

图4-15　加入关系强度前后态度极化进程的对比1

由图4-15可知,在同化效应带较小、排斥效应范围较大的情况下,融入不同的关系强度分布,群体极化程度明显加深,极端化个体所占比例大幅提高,说明周围亲密个体的态度值直接影响到整个群体最终的极化程度。显然,关系强度的作用就是强化亲近个体的影响力,弱化非亲近个体的影响力,在鼓励差异化、抑制观点同化的环境下,关系强度很容易强化极化的程度[27]。与之对应,在同化效应带较大、排斥效应范围较小的情况下,加入关系强度会对极化结果产生相反的影响。

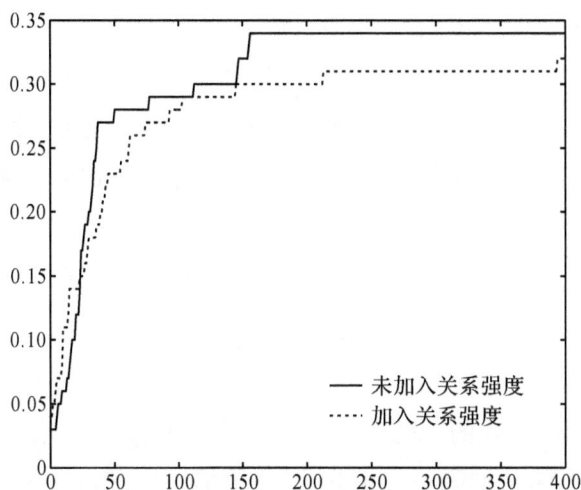

图4-16　加入关系强度前后态度极化进程的对比2

由图4-16可知,当参数d_1=0.4,d_2=1.1时,融入不同的关系强度分布后,极化现象减弱,极化个体所占比例有所降低。原因在于,群体中的个体对该事件的评价普遍没有那么极端,在两种意见不一致时,选择相互同化策略的个体多于选择相互排斥策略的个体,因此整体的极化比例较低;而融入不同的关系强度分布之后,周围的亲近个体(关系强度较大的连接个体)的保守观点会较大地影响决策个体,使得决策个体的观点趋向于非极端的方向。

因此,该极化模型的关系强度较好地描述了现实社会中群体性事件发生后,事件在极化过程中受个体间的亲疏关系的最终影响情况。[28]

4.5　小　结

针对群体性事件中的极化现象,本章通过创新原有的经典极化模型及多Agent蒙特卡洛方法实现了对群体态度的演化过程仿真,同时通过对模型参数的分析,剖析了造成极化现象的主要因素,对解决现实中发生的极化现象具有一定的参考价值。本章的主要研究工作如下:

第一，以经典J-A模型为基础，建立了多因素极化模型。融入个体从众性心理因素，改变个体间关系强度强弱分布及信息的交互模式，使得构建的极化模型和现实更加贴近，演化结果更有意义。

第二，研究了不同信息交互模式下，群体态度极化演变的进程，发现本章采用的一对多交互模式更有利于降低极化现象的发生概率，并且解决了原有模型中存在的形成极化状态后个体态度值分布的不合理性问题，使得个体在态度值的各个维度上均存在分散的观点。

第三，探讨了个体从众性因素对群体态度极化的影响。实验结果表明，根据群体性事件的不同，从众性参数具有不同的影响，当个体之间对事件有较为激烈的争辩，且交流后的相互包容度较低，观点相斥范围较大时，群体的整体从众性越大，极化的程度越高（即极化个体所占的比例越高），极化从起始到稳定所持续的时间越长。基于此，在面临这种个体从众性较高的群体极化事件时，政府需要主动发声，电视媒体需要主动进行舆情"中和"，以达到削弱极化的目的；反之，则不易形成极化现象，且较高的从众性能够抑制极化趋势的产生。

基于现实社会中存在的个体间的亲疏关系，本章为群体中的个体间联系赋予不同的关系强度，以反映个体在做出决策时亲密个体意见的影响力；同时，探究了在同等条件下，改变关系强度对极化进程的影响情况。

参 考 文 献

[1]李振鹏，唐锡晋.集体行动的阈值模型[J].系统科学与数学，2014，34(5)：550-564.

[2] GULATI G J, HADLOCK C R, GAINSBOROUGH J F. VODYS: An agent-based model for exploring campaign dynamics[J]. Social Science Computer Review, 2011, 29(2): 250-272.

[3] LI J, XIAO R, Agent-based modelling approach for multidimensional opinion polarization in collective behaviour[J]. Journal of Artificial Societies and Social Simulation, 2017, 20(2): 4.

［4］韩志明.利益表达、资源动员与议程设置——对于"闹大"现象的描述性分析［J］.公共管理学报,2012,9(2):52-66.

［5］SUNSTEIN C R. The law of group polarization［J］. Journal of Political Philosophy, 2002, 10(2):175-195.

［6］LAMM H, MYERS D G. Group-induced polarization of attitudes and behavior［J］. Advances in Experimental Social Psychology, 1978, 11(1):145-195.

［7］GYGIS P, RIST B, GERBER S A, et al. Quantitative analysis of complex protein mixtures using isotope-coded affinity tags［J］. Nature Biotechnology, 1999, 17(10):994.

［8］DEFFUANT G, NEAU D, AMBLARD F. Mixing beliefs among interacting agents［J］. Advances in Complex Systems, 2000, 3(1-4):87-98.

［9］WEISBUCH G, DEFFUANT G, AMBLARD F, et al. Meet, discuss, and segregate!［J］. Complexity, 2010, 7(3):55-63.

［10］JAGER W, AMBLARD F. Uniformity, bipolarization and pluriformity captured as generic stylized behavior with an agent-based simulation bodel of attitude change［J］. Computational & Mathematical Organization Theory, 2005, 10(4):295-303.

［11］CHAU H F, WONG C Y, CHOW F K, et al. Social judgment theory based model on opinion formation, polarization and evolution［J］. Physica A: Statistical Mechanics & Its Applications, 2014, 415:133-140.

［12］文明,乐国安,文军.对从众行为的社会心理学研究［J］.社会科学研究,1990,7(2):46-52.

［13］XIANG R, ROGATI M, ROGATI M. Modeling relationship strength in online social networks［C］. International Conference on World Wide Web. ACM, 2010:981-990.

［14］ADAMIC L A, HUBERMAN B A, BARABÁSI A L, et al. Power-law distribution of the World Wide Web［J］. Science, 2000, 287(5461):2115.

［15］WANG H B, XUE-QIN W U. Comments on phenomenon of public opinion polarization in the group events［J］. Journal of Xi'an Jiaotong University,

2013，33（1）：65-70.

　　［16］JIAO D W. On the phenomenon of group polarization in network communication［J］. Journal of Anhui University of Science & Technology，2010，12（3）：105-108.

　　［17］史波．网络舆情群体极化的动力机制与调控策略研究［J］.情报杂志，2010，29（7）：50-53.

　　［18］张桂霞.网络舆论主体的群体极化倾向分析［J］.青岛科技大学（社会科学版），2005，21（4）：104-107.

　　［19］LIU Q. A research on the phenomenon of internet group polarization［J］. Journal of Beijing Police College，2013（3）：56-59.

　　［20］郭小平.信息的"协同过滤"与网民的"群体极化"倾向［J］.东南传播，2006（12）：43-44.

　　［21］ASCH S Pittsburgh，USA：e. effects of group pressure upon the modification and distortion of judgments［M］. Pittsburgh，USA：Carnegie Press，1951.

　　［22］ASCH S E. Studies of independence and conformity：i. a minority of one against a unanimous majority［J］. Psychological Monographs，1956，70（9）：1-70.

　　［23］LI J，XIAO R. Agent-based modelling approach for multidimensional opinion polarization in collective behaviour［J］. Journal of Artificial Societies & Social Simulation，2017，20（2）.

　　［24］SEAGREN C W. A Replication and analysis of tiebout competition using an agent-based computational model［J］. Social Science Computer Review，2014，33（2）：198-216.

　　［25］JOSEPH K，MORGAN G P，MARTIN M K，et al. On the coevolution of stereotype，culture，and social relationships：an agent-based model［J］. Social Science Computer Review，2014，32（3）：295-311.

　　［26］GULATI G J，HADLOCK C R，GAINSBOROUGH J F. VODYS：an agent-based model for exploring campaign dynamics［M］. New York，USA：Sage Publications，Inc，2011.

［27］YANAGIMOTO H，YOSHIOKA M. Relationship strength estimation for social media using folksonomy and network analysis ［C］// IEEE International Conference on Fuzzy Systems. IEEE，2012：1-8.

［28］CLARK D. Face-to-face with peer-to-peer networking ［J］. Computer IEEE，2001，34（1）：18-21.

第 5 章

融入 SIRS 模型的群体极化过程中扩散
行为分析

5.1　问题描述

　　群体极化行为发展、演化的过程,往往伴随着信息的进一步传播扩散。[1]将信息扩散的过程和极化行为的发展过程相融合,体现出群体极化过程中的信息传递能够更好地契合群体观点在交互过程中的极化原理。[2]而融入传染病动力学模型 SIRS 能够较好地探究在不同的信息传播扩散程度下,极化行为的整体进程。因此,本章采用多 Agent 蒙特卡罗方法进行实验仿真,从 3 个方面对仿真结果展开分析:①对比融入 SIRS 传染病模型前后的极化进程;②调整免疫恢复参数 γ,探究极化过程中 γ 参数的作用;③对比不同网络结构下极化的效果。最后,基于仿真结果,提出相应的预防措施,以降低群体极化行为的发生概率。

5.2　模型构建

　　本节主要阐述群体极化行为的建模过程,即引入 SIRS 传染病模型,将 SIRS 传染病模型中的角色迁移到信息的扩散传播场景中[3-4],使得极化模型和传染病模型相结合,同时融入关系强度等影响群体极化的因素改善模型的实际应用价值。

5.2.1　SIRS 传染病模型

(1)模型假设

　　第一,将网络中的全部个体(N)分为 3 类,分别为:在舆情场中,未受到环境影响的个体,即健康者(S);因受到舆情信息的感染而选择改变态度并传播信息的个体，即感染者（I）；在多次接收信息后产生免疫的个体，即免疫者（R）。

第二，当某一群体性事件发生时，个体对事件的态度会由初始的不知情（S）到因受周围感染个体的影响而产生态度上的动摇，成为舆情传播者，健康个体会以感染率α成为感染者；但处于感染状态的个体在多次接收信息后会产生一种免疫力，也因此，感染者以β的概率成为免疫者；同时，部分免疫个体在受到外界新信息的刺激后，会重新以γ的概率转变为易感个体（S）。三者的转化关系如图5-1所示。

第三，健康者、感染者、免疫者三者的个体数量在t时刻占全部个体的比例分别为：$S(t),I(t),R(t)$，显然$S(t)+I(t)+R(t)=1$；假设$S(t)$、$I(t)$、$R(t)$是关于事件t的连续的、可微的函数，且健康者、潜在者、感染者三者的初始比例分别记为S_0,I_0,R_0。

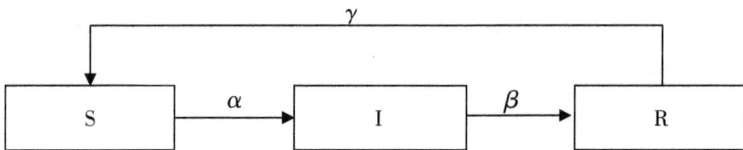

图5-1 健康者、感染者、免疫者三者的关系转化图

（2）建立SIRS模型

通过上述假设，建立相应的SIRS模型，得到的微分方程如式（5-1）所示。

$$\begin{cases} \dfrac{dS}{dt} = \gamma RS - \alpha SI \\ \dfrac{dI}{dt} = \alpha SI - \beta IR \\ \dfrac{dR}{dt} = \beta IR - \gamma RS \\ N = S + I + R \end{cases} \quad (5\text{-}1)$$

其中，α表示感染率，个体感染的过程表示为SI；β表示免疫率，由感染者转化为免疫者的过程表示为IR；γ表示恢复率，由免疫者转为易感者的过程表示为RS。

5.2.2 改进态度极化模型

本部分的改进思路主要是将SIRS传染病模型和J-A模型相融合[5],以传染病的传染原理体现群体极化过程中信息的传播、扩散过程;同时,扩充原有J-A模型,弥补模型中的不足,例如:通过在节点间采用不同程度的关系强度,反映现实个体之间的亲疏差别;而由于网络舆情的特点,每个节点能够获取与之相连节点的观点态度,需将原有模型中个体间两两随机交互方式改为相连节点之间一对多交互模式,以大大降低信息的不对称性,使得个体在拥有周边充分信息的支持下,进行"站队"选择。

模型中涉及的参数定义如表5-1所示。

表5-1 参数定义

变量	定义
$X_i^I(t+1)$	表示个体i在t+1时刻为感染状态的态度值
$X_i^S(t)$	表示个体i在t时刻为健康状态的态度值
$X_i^I(t)$	表示t时刻与个体i相连接的感染状态的个体综合态度值
$X_j^I(t)$	表示个体j在t时刻为感染状态的态度值
z_{ij}	表示网络的关系强度
α	表示同化参数
β	表示相斥参数

基于以上分析,模型具体构建过程如下。

第一,利用SIRS模型、公式(5-1)仿真个体之间信息的传播过程。

第二,选取t时刻为健康状态,而t+1时刻为感染状态的节点,即由健康状态转变为感染状态的个体。在本模型中,这些个体在信息的传播过程中发生了态度的改变。

第三,该个体的态度值演化规则为:

其一,同化规则。当个体i所持有的观点和周围个体的综合观点差距小于d_1时,个体i的态度值更新为:

$$X_i^I(t+1) = X_i^S(t) + \alpha[x_i^I(t) - X_i^S(t)], [x_i^I(t) - X_i^S(t)] < d_1 \quad (5\text{-}2)$$

其中，$x_i^I(t)$如公式（5-3）所示；α表示态度改变的同化程度系数，范围在（0，1）。

$$x_i^I(t) = \frac{\sum_{j=1}^{n} z_{ij} X_j^I(t)}{\sum_{j=1}^{n} z_{ij}} \quad (5\text{-}3)$$

其二，相斥规则。当个体所持有的观点和周围个体的综合观点差距大于d_2时，个体i的态度值更新为：

$$X_i^I(t+1) = X_i^S(t) - \alpha\left\{[x_i^I(t) - X_i^S(t)], [x_i^I(t) - X_i^S(t)] > d_2\right\} \quad (5\text{-}4)$$

其三，中立规则。其他情况下，个体i不改变态度值。

本部分沿用J-A模型中的社会评价理论，应用同化效应和排斥效应。上述$d_1 \leq d_2$。本模型融入SIRS传染病模型，更好地模拟群体极化过程中的信息扩散传播过程，同时将个体间信息的交互改变为一对多模式，使得信息的搜集相对全面。

群体态度极化流程如图5-2所示，具体过程如下：①按照不同的比例将BA网络中的个体分为健康者（S）、感染者（I）和免疫者（R）；②随机选择一个个体X，根据周围个体的角色、不同角色的数量及感染率α、免疫率β、恢复率γ来综合确定个体X是否转变角色，并对所有个体进行遍历；③搜索角色由S变为I的个体，他们由健康者变成感染者，表现在本模型中即是态度受到影响而发生改变；④通过改进的极化模型计算态度的转变量；⑤重复上述②—④步骤多次。

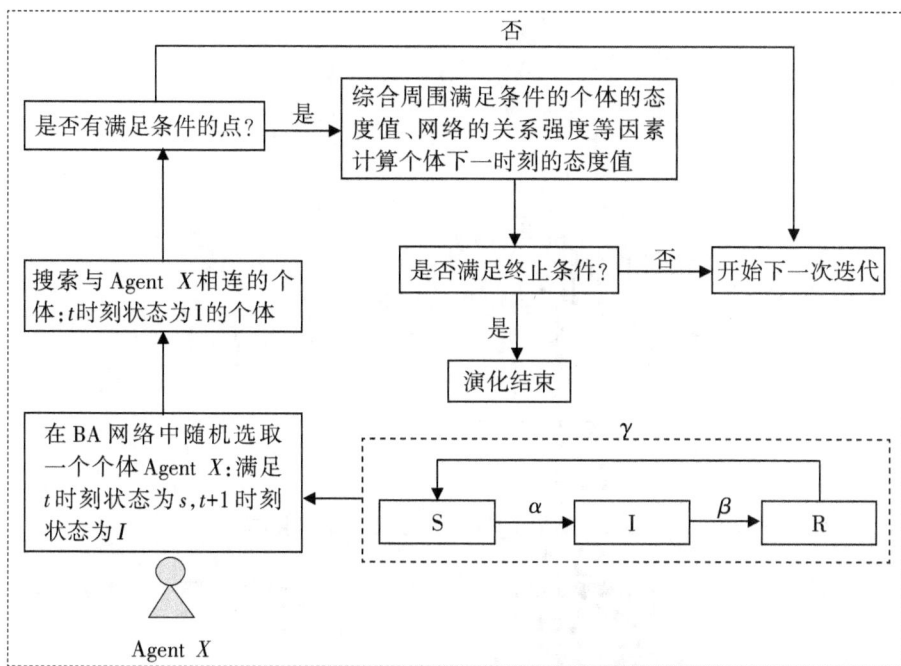

图5-2　群体态度极化模型流程图

5.3　实验仿真

为了更直观地展现群体性事件极化的过程,本章通过仿真实验考察群体中不同个体的态度演变过程。首先,根据上述模型确定仿真的网络基础为BA网络[6-7],由于社交网络的节点服从幂律分布,具备极少数个体拥有大量受众的特点,以BA网络来还原真实的社交网络。网络的节点规模设置为300,d_1=0.3,d_2=1.1;个体经过400次交互后,态度倾向随周围环境发生极化,其中一些个体仍会保持原有态度,一些会发生极化,剩下的个体会调整自己的态度与周围环境相适应,从而达到平衡状态。SIRS模型中感染个体占比和个体态度值随交互次数演化的结果如图5-3和图5-4所示。

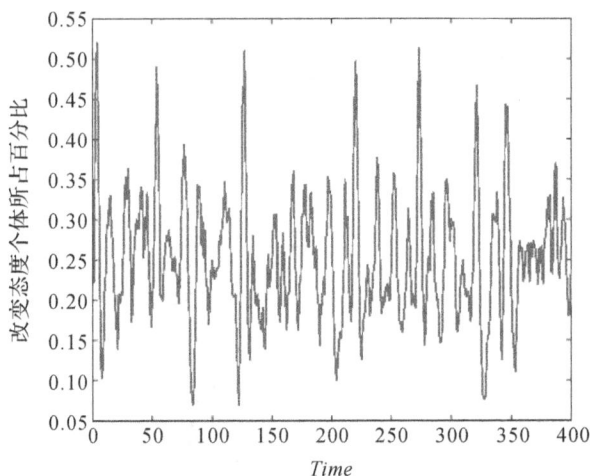

图5-3　感染个体占比随交互次数演化图

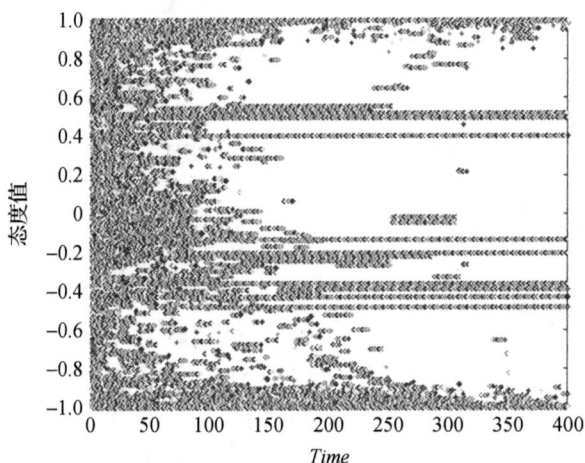

图5-4　个体态度值随交互次数演化图

图5-3中的横坐标表示交互次数,纵坐标代表在信息交互过程中,参与群体中极化并改变态度的个体所占的比例。从中不难发现,感染个体占比在0—0.5之间波动。图5-4中的横、纵坐标分别表示交互次数和个体态度值,从仿真结果看,个体在激烈的交互之后逐渐产生极化趋势,态度开始向两个极端方向1和-1偏移,同时有少量个体不受周围环境影响而坚持自己的观点,代表其态度值的点分处于-1—1之间,但由于个体态度值演化过程中的重叠部分无法在图中直观体现,本章给出了不同交互次数下(用时间衡量交互的次

数)个体的态度分布,具体如图5-5所示。

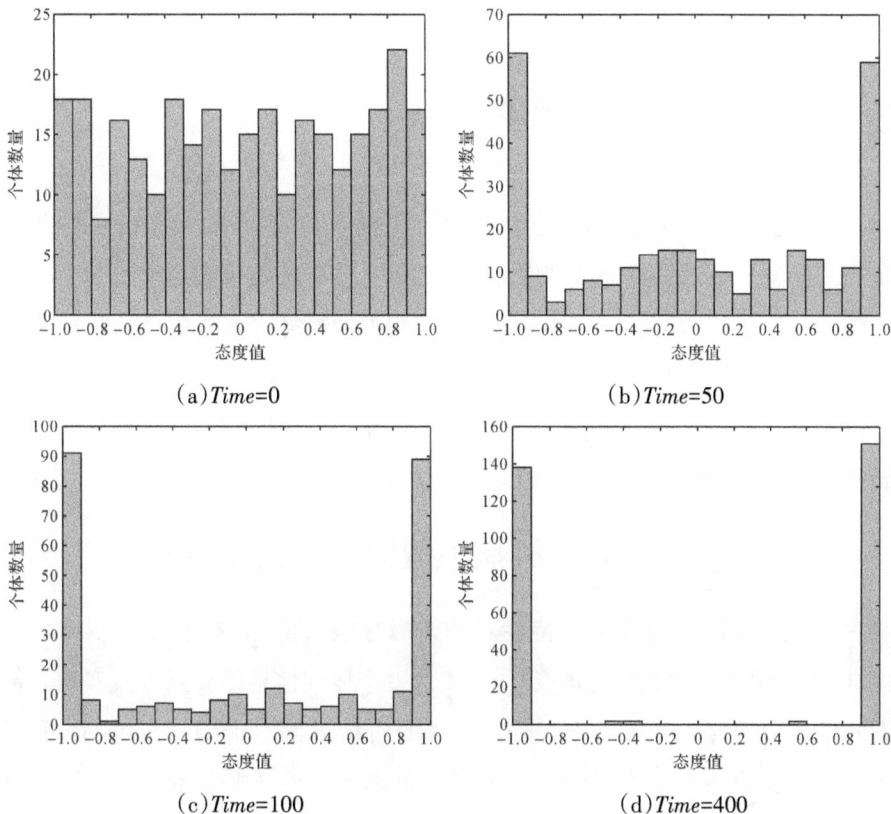

（a）Time=0

（b）Time=50

（c）Time=100

（d）Time=400

图5-5　不同交互次数下个体态度分布直方图

初始状态Time=0的个体分布直方图如图5-5（a）所示,图中横坐标表示个体的态度值,纵坐标表示个体数量。起始阶段,个体的态度值分布较为均匀,对事件的认识和看法相对分散,而随着个体间交流的进一步深入,由Time从0到400的演化过程可以发现,整个群体逐步呈现出两极分化的现象,集团优势每一极由多个个体组成,故是集团优势逐渐显现,但也有极少数个体脱离群体主流意见,持不同的见解。[8-9]上述现象形成的原因主要有:①群体事件暴露的矛盾较为尖锐,影响面较大,致使个体间极易意见相斥,同化作用较弱,造成两个极端观点占据主导地位;②少数个体有较强的自我主见,外界施加的影响对其作用微弱,其始终保持固有的态度;③部分个体对外界消息干扰的免疫力极强,极少接受外界的消息,对群体事件的参与度较低,而就仿真结果而言,极化效果较为明显。

5.4　结果分析与讨论

　　本节主要根据实验仿真结果对以下几个方面进行讨论:①分析SIRS传染病式的信息扩散对群体态度极化进程的影响,验证融入传染病模型前后极化效果的显著性;②通过调整SIRS传染病模型中的恢复率参数γ,探究群体极化和个体对信息免疫程度之间的关系;③研究不同的网络结构对极化的作用。通过对以上3个方面的探索分析,我们可以进一步剖析影响群体极化行为发展、扩散的重要因素,从而提出相应的方法和措施消除其带来的社会危害。

5.4.1　对比融入传染病模型前后的极化效果

　　本节探究传染病的传播特性对群体极化效果的影响,通过控制网络结构、初始态度值等参数保持不变[10-11],仅改变个体间信息的交互方式实现。传染病模型采用传染病传播方式进行个体的信息交互,如图5-6(a)所示,利用传染病模型筛选处于不同状态的节点。观测下一时刻由健康状态转变为感染状态的个体受周围个体的影响,若其由易感者变为感染者,显然他们态度和观点受到了影响且发生了改变。再通过搜索上一时刻和其相连接的为感染状态的个体,综合这些个体的态度值,计量其改变量。一对多的信息交互方式如图5-6(b)所示,中间个体A需要和周围所有个体交换信息后再判断是否改变自己的观点值,同时综合周围所有个体的意见,确定是否改变态度值。融入传染病模型和未融入传染病模型的极化情况分别如图5-7和图5-8所示。

　　从图5-7和图5-8可以发现,两种模型均有较为明显的极化趋势,极化效果较为显著。对比图5-7(A)和图5-7(B),在相同的交互次数下,融入传染病模型的极化效果更好。其效果有差异的原因在于:个体间信息交互模式的不同在很大程度上影响最终的极化效果。联系生活实际,当个体在面对一个舆情话题时,尽可能地汲取周围所有个体的意见,这会导致中和过后的观点往往偏于理智,极端化趋势会有所减缓,除非周围个体一开始就已经形成较为明显的一个极化观点,但这种情况的可能性较低,所以最终的极化过程较慢[12-13]。而通过传染病模型筛选的由健康状态转为感染状态的个体,将个体态度的转变看作传染病的感染,传播者通过消息传递,以一定的概率感染周围的非传播者,进而影响非传播者的观点,并使他们成为传播者继续传播消息。[14]这种方式使得个体态度的改变仅受周围传播者的影响,这极易形成强弱两方的观点,而个体的从众性促使其向强势一方妥协、屈服,最终做出的决策往往会偏向强势的一方,促使极化现象的发生,所以本模型的极化效果相对较好。

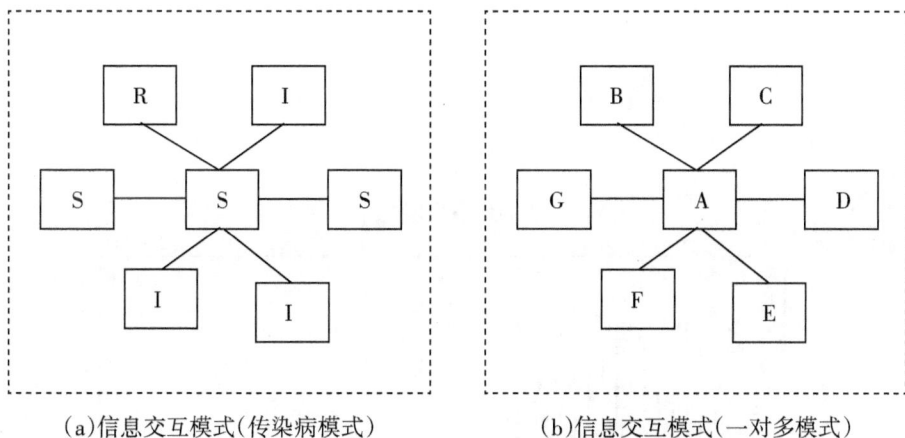

(a)信息交互模式(传染病模式)　　(b)信息交互模式(一对多模式)

图5-6　极化模型中个体的信息交互模式

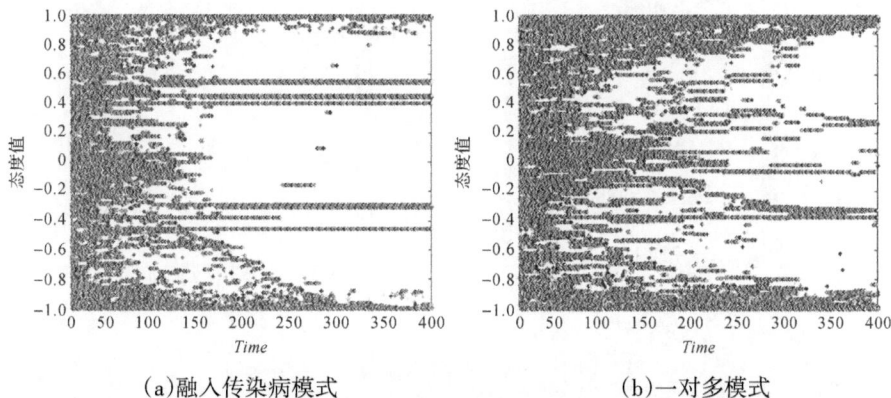

(a)融入传染病模式　　　　　　(b)一对多模式

图5-7　不同交互模式下个体态度值随交互次数演化图

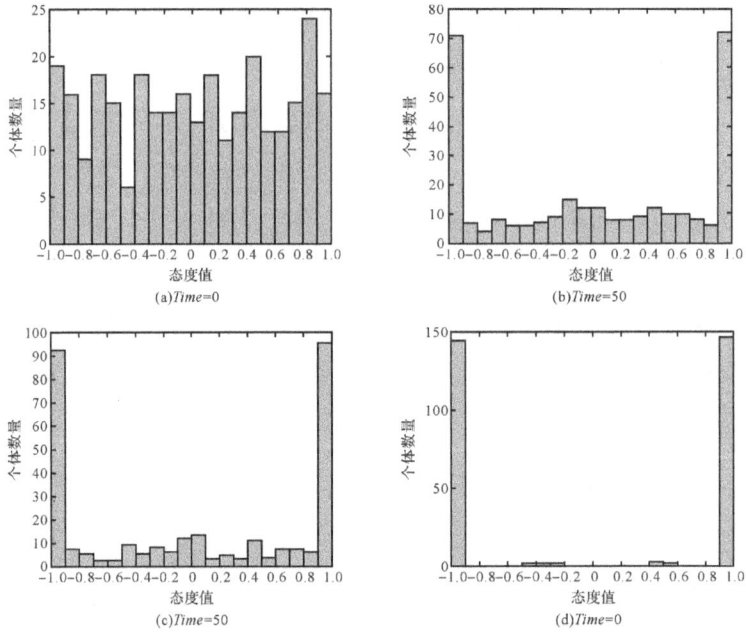

（A）传染病模式

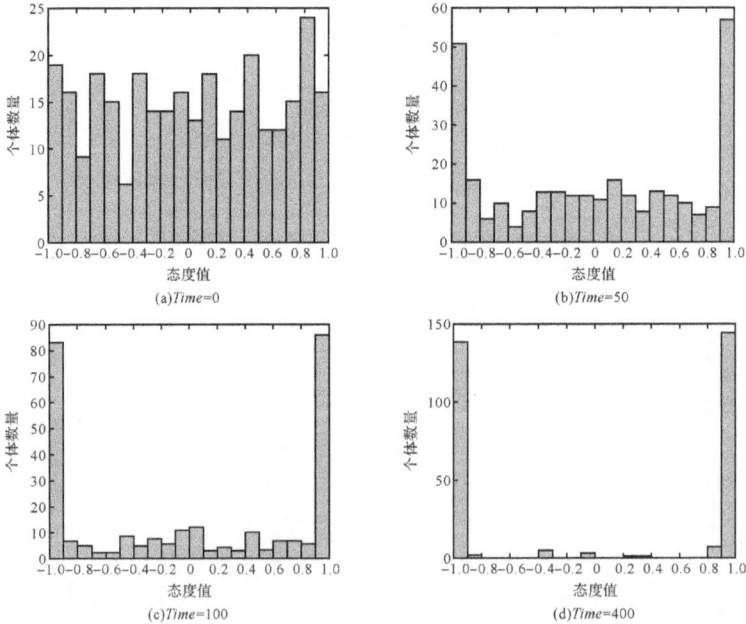

（B）一对多模式

图5-8 极化模型不同交互次数下个体态度分布直方图

此外,由于传染病病毒在传播过程中具有较难控制的特点,传染病型的舆情传播能够形成较大的社会影响力。通常传染病型的舆情在传播过程中会攻击网络中的所有节点,并且迅速蔓延至整个网络,使个体间极易受到影响而朝着舆情极端方向发展。

5.4.2 免疫恢复率 γ 对极化效果的影响

本节探究的是由免疫个体恢复为易感个体概率的大小对最终极化效果的影响,通过增加和减小 γ 值来控制免疫个体的抗感染率。这里保持其他条件不变,调整参数 γ 值,恢复率由0.1提升到0.5,步长设置为0.2,分别观测健康个体、感染个体、免疫个体占比曲线和极化效果,如图5-9、图5-10和图5-11所示。

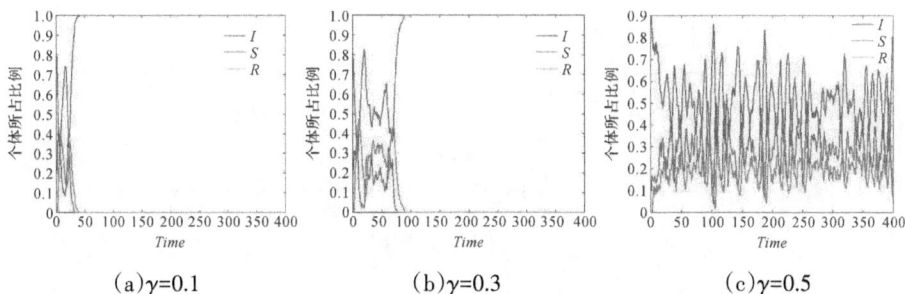

(a)$\gamma=0.1$ (b)$\gamma=0.3$ (c)$\gamma=0.5$

图5-9 免疫恢复率分别为0.1,0.3,0.5的传染病模型传播曲线

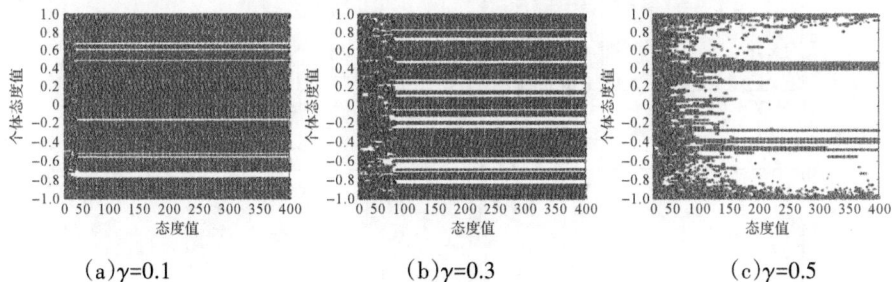

(a)$\gamma=0.1$ (b)$\gamma=0.3$ (c)$\gamma=0.5$

图5-10 免疫恢复率分别为0.1,0.3,0.5的态度极化效果图

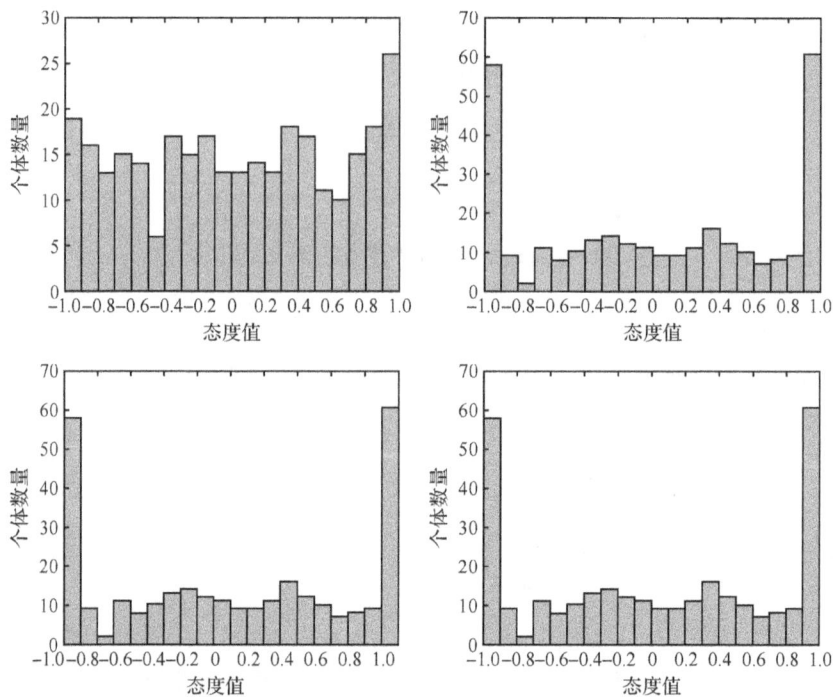

（a）$\gamma=0.1$

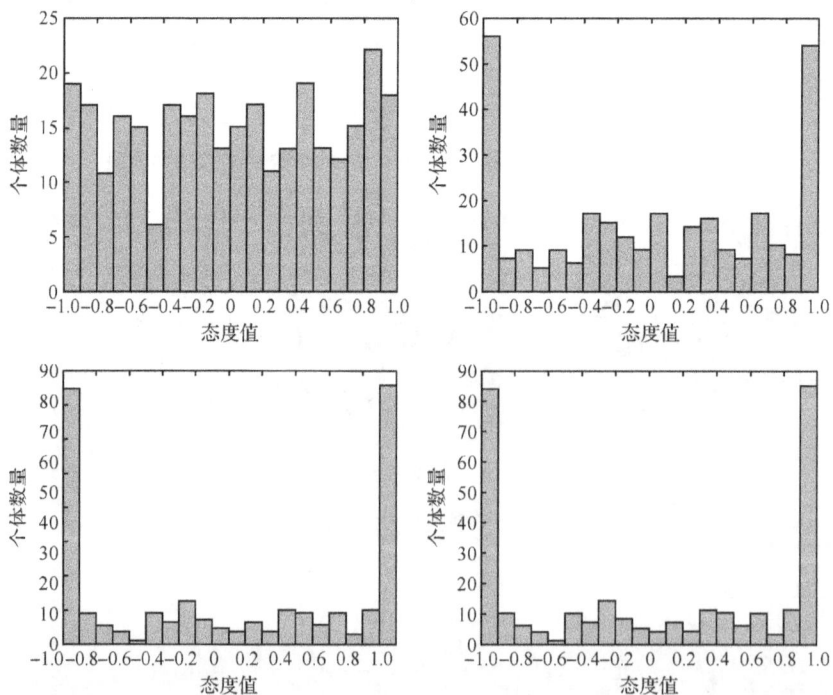

（b）$\gamma=0.3$

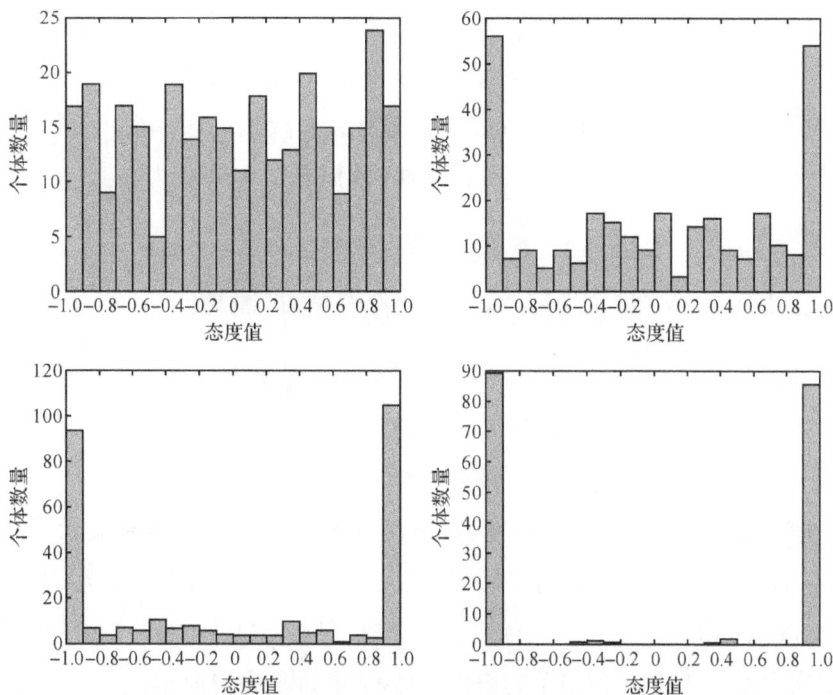

(c)γ=0.5

图5-11　不同交互次数下个体态度分布直方图[对应图5-10(a)、图5-10(b)、图5-10(c)]

由图5-9可知,在免疫恢复率为0.1和0.3时,信息传播的程度逐渐升高,但全局个体在经过一定的交互后趋向稳定,群体中的信息传播者消失,只留下健康个体;当免疫恢复率提升至0.5时,全局个体中,3种角色不断地往复交替,信息的传播扩散类似强劲的传染病病毒,一直存在于群体中。图5-10和图5-11的结果表明,随着恢复率的提升,极化效果整体呈现增强的趋势。因此,不难发现,免疫恢复率γ值的增加,使得信息传播从开始到稳定状态持续的时间加长,无论是最终的极化效果还是极化速度都有较为明显的提升[15]。根据仿真结果分析群体极化过程的内在机理:一方面,从传染病传播角度来说,当个体对某种传染病呈现出较高的免疫力时,该传染病的传播将受到限制,传染率和传染范围会被有效控制;另一方面,从信息传播的角度来讲,当个体受到舆情影响产生较高的免疫力时,舆情对个体的影响力将大大降低,消息的传播扩散会被极大地削弱,舆情的传播会受到遏制;同样,模型中群体观点极化效果的显著与否,受到信息在个体间传播的广度和深度的影响,在信息传递受阻的情况下，群体整体的极化效果将不太显著。

基于此，在预防或者解决群体性事件时，可以采取的措施是：提高个体对舆情信息的免疫力，通过从各个渠道有效地发布权威信息，增强个体对不实言论的免疫力，准确辨别消息的真实性，从而阻止个体成为不实消息的传播者。

5.4.3　不同网络结构对极化进程的影响

针对群体极化行为，网络结构作为重要的影响因素对其演化结果意义重大。不同的网络结构代表着群体间不同的信息交流、传播方式，其对信息的扩散、观点的交互与极化会产生较大的影响。

通过比较 BA 网络和小世界网络下的群体极化进程，直观地展示了网络结构对群体极化程度的影响情况。[16]考虑到实验的科学性和可靠性，要使构建的 BA 网络和小世界网络的规模保持一致，即点和边的数量一样。同时，进行多次实验，比较两种网络下的极化进程，结果如图 5-12 所示。

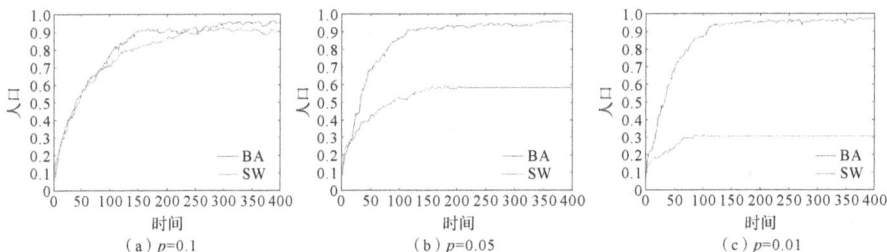

图 5-12　不同网络结构下态度极化进程对比

图 5-12(a)—图 5-12(c)显示了在 BA 网络和小世界网络下极化进程的比较情况，通过设置不同的网络连接参数所进行的多次实验结果均显示，BA 网络下的极化效果明显优于小世界网络。在图 5-12(a)中，将小世界网络的断开重连概率参数 p 设置为 0.1，其整体上和 BA 网络下的极化效果相差较小；而随着 p 调整到 0.05 和 0.01 时，极化效果显著降低，如图 5-12(b)和图 5-12(c)所示。出现现象的原因如下：第一，BA 网络在应对类似传染病的消息入侵时，其网络结构决定了消息传播的速度将会加快和抵御风险的脆弱性。若部分节点的度极大，一旦这些节点被入侵，网络被信息侵染的速度将大大加快，并

且消息病毒不易被彻底清除,会一直存留在网络中。[17]而这些消息病毒在群体间扩散的程度和广度就决定了最终的群体极化程度,显然在这样的网络结构下,极化现象极易产生。与此类似,具有网络结构的互联网社交平台上的极化现象也屡见不鲜。第二,区别于互联网社交网络,小世界网络的结构更类似于现实的人际关系,绝大部分个体的联系仅限于周围的"邻居"[18]。在这样的网络结构下,消息传播、扩散的速度和广度取决于个体所拥有的"人脉"及其与较远或者层次较高个体的联系情况,相当于远程连接的减少,即群体中个体人脉的减少,将从本质上影响到信息的传递,减少全局个体间的交流互动,从而迫使群体的观点和态度没有那么鲜明和尖锐。[19]

由此可见,网络中的群体性事件层出不穷并且矛盾日益尖锐化的一个重要原因在于:社交网络结构极易造成消息的渗透和传播,从而吸引具有不同意见的个体加入;而在消息进一步扩散的过程中,不同的群体形成各自的观点,并在交流过程中加剧了观点的冲突,从而导致极化。[20]

5.5　小　结

针对群体性事件中的极化现象,本章将SIRS传染病模型和极化模型相结合,利用多Agent蒙特卡罗方法实现群体态度的演化过程仿真,同时通过对模型参数的分析,剖析了造成极化现象的主要因素,这对解决现实中发生的极化现象具有一定的参考价值。本节主要的研究工作和结论如下:

第一,将SIRS传染病模型和J-A模型相结合,把个体受周围个体影响改变态度看成健康个体受感染者影响感染的过程;同时把感染者产生免疫又病发的过程隐喻成个体受到周围观点冲击,不断改变态度值的往复过程,体现了个体对某些事件的态度由量变积聚到质变的思想。相关仿真实验结果也进一步验证了融入传染病模型后极化效果更加显著。

第二,免疫恢复率γ直接影响到极化的整体进程。随着γ值的提升,极化现象愈加明显。因此,在预防或者解决群体性事件时,相关部门需要提高个体对舆情信息的免疫力,从各个渠道有效地发布权威言论,使受众准确辨别消息的真实性,从而降低γ值,以阻止个体成为不实消息的传播者,以此来控制极端事件或极端舆情。

第三,不同的网络结构会对极化的进程产生影响。BA网络较小世界网络而言,产生的极化效果更明显,而小世界网络本身的极化进程受到网络中远程边个数即高层次个体的影响,说明全局个体间平均距离的长短影响着极化的进程。

参 考 文 献

[1]兰月新,夏一雪,刘冰月,等.面向舆情大数据的网民情绪演化机理及趋势预测研究[J].情报杂志,2017,36(11):134-140.

[2] DEFFUANT G, NEAU D, AMBLARD F. Mixing beliefs among interacting agents[J]. Advances in Complex Systems, 2000, 3(1-4):87-98.

[3] WEISBUCH G, DEFFUANT G, AMBLARD F, et al. Meet, discuss, and segregate![J]. Complexity, 2010, 7(3):55-63.

[4] JAGER W, AMBLARD F. Uniformity, bipolarization and pluriformity captured as generic stylized behavior with an agent-based simulation model of attitude change [J]. Computational and its Mathematical Organization Theory, 2005, 10(4):295-303.

[5] CHAU H F, WONG C Y, CHOW F K, et al. Social judgment theory based model on opinion formation, polarization and evolution [J]. Physica A Statistical Mechanics & Its Applications, 2014, 415:133-140.

[6] LI T, ZHANG F, LIU H, et al. Threshold dynamics of an SIRS model with nonlinear incidence rate and transfer from infectious to susceptible[J]. Applied Mathematics Letters, 2017, 70:52-57.

[7]林芹,郭东强.优化SIS模型的社交网络舆情传播研究——基于用户心理特征[J].情报科学,2017(3):53-56.

[8]陈波,于泠,刘君亭,等.在泛媒体环境下的网络舆情传播控制模型[J].系统工程理论与实践,2011,31(11):2140-2150.

[9]彭慧洁,朱君璇.基于在线社交网络的D-SIR信息传播模型研究[J].

电子科技,2017,30(5):172-175.

[10]赵剑华,万克文.基于信息传播模型——SIR传染病模型的社交网络舆情传播动力学模型研究[J].情报科学,2017,35(12):34-38.

[11]朱恒民,杨柳,马静,等.基于耦合网络的线上线下互动舆情传播模型研究[J].情报杂志,2016,35(2):139-144.

[12]黄微,宋先智,高俊峰.网络舆情场中信息受众观点群落的连接鲁棒性测度及实证研究[J].情报学报,2017,36(5):503-510.

[13]LI J, XIAO R. Agent-based modelling approach for multidimensional opinion polarization in collective behaviour[J]. Journal of Artificial Societies & Social Simulation, 2017, 20(2).

[14]ZHANG Y, XIAO R. Modeling and simulation of polarization in internet group opinions based on cellular automata[J]. Discrete Dynamics in Nature and Society, 2015.

[15]王世雄,祝锡永,潘旭伟,等.网络舆情演化中群体极化的形成机理研究[J].情报学报,2014,33(6):614-622.

[16]龚艳萍,梁树霖.新技术产品团购中群体极化形成的主体建模与仿真研究[J].科技管理研究,2015,35(18):201-207.

[17]SEAGREN C W. A Replication and analysis of tiebout competition using an agent-based computational model[J]. Social Science Computer Review, 2014, 33(2):198-216.

[18]JOSEPH K, MORGAN G P, MARTIN M K, et al. On the coevolution of stereotype, culture, and social relationships: an agent-based model[J]. Social Science Computer Review, 2014, 32(3):295-311.

[19]XIANG R, ROGATI M, ROGATI M. Modeling relationship strength in online social networks[C] International Conference on World Wide Web. ACM, 2010:981-990.

[20]CLARK D. Face-to-face with peer-to-peer networking[J]. Computer IEEE, 2001, 34(1):18-21.

第 6 章

考虑个体异质性与动态从众性的舆情
极化过程建模、仿真及其实证

6.1 引　言

网络中关注同一个热点事件的网民可能具有一定相似性,而这些彼此相似的网民在线上讨论时,往往会相互刺激,加深彼此情感程度,从而逐渐达到一个极端值,这就是舆情极化。而舆情极化出现之后,极易加深网民对社会的不满,从而导致网络暴力,甚至可能延伸至线下,出现静坐、游行等不利于社会稳定的群体性行为。因此,对网络极化现象的机理进行研究具有重要的理论与现实意义。

目前,学者们对于网络极化现象已经开展了一些研究,主要包括利用统计方法对极化现象的宏观特征进行定性分析[1]及通过建模仿真方式进行定量研究。[2-3]然而定性分析方法大多依赖个人经验,缺乏可靠的理论依据,严重限制了其应用范围;而定量方法所使用的模型较为简单,虽然能揭示极化现象的一些局部特征,但还不能准确反映现实中许多复杂多变的网络极化现象。其中较具代表性的J-A模型由于原理简单、实用性较强,在模拟极化现象中应用较多,但其假设个体在交互过程中具有同质性。然而心理学认为,所有个体都具有异质性,观点属性相同的个体a和b即使是在同一时刻遇到个体c并与之进行交互,个体c对他们的影响程度仍然存在差异。因此,本章通过两个观点交互者之间的关系强弱及交互者本身的社会地位来定义他们之间的相互影响程度,从而度量个体的异质性。此外,网络极化现象是由多个个体进行多次交互产生的,该过程是一个动态演变过程。当网络中不同观点偏离程度发生改变时,个体会产生不同的从众心理,而目前学术界对此种情况的研究相对较少。本章提出动态从众性的思想对其进行解释,即当网络中的观点偏离程度逐渐降低时,个体会更倾向于听从社会主流意见,并进一步在这里引入动态从众性函数构建新的舆情极化模型,分析个体的不同从众性及初始认知异质性对舆情极化过程的影响。

本章结构安排如下:6.2节是文献综述;6.3节构建了考虑个体异质性与动态从众性的舆情极化模型;6.4节对所构建模型进行仿真分析,研究各个参数对极化的影响;6.5节结合实际案例进行分析;6.6节是本章的总结与对未来工作的展望。

6.2 文献综述

群体极化现象最早在1961年被关注,Sunstein[4]认为如果群体成员的观点在一开始有某些偏向,在经过讨论后会加强这种偏向,最后形成具有一致性的极端化观点。目前,对于极化现象的研究较多,主要体现在以下几个方面。

针对个体异质性方面的研究:Urrutia-Mosquera et al.[5]在对种族隔离现象进行研究时发现,人们普遍倾向于和那些与自身阶级相近的人成为邻居和朋友,但这种倾向在不同人群中是不同的;Dhar et al.[6]通过社区进行调查发现,不同性别、年龄和出生地的群体对健康的看法各不相同;Abeles et al.[7]提出,虽然人们通常都会认为自己的观点与社会主流观点是一致的,但是知名人士在发现自己观点与主流观点有所偏差时,会更多地选择隐藏自身实际的观点;Zhang[8]发现,个体可以通过交互行为改变自身观点,但倾向不同的个体改变观点的程度会有所差异;Qiu et al.[9]采用模拟退火算法将网络中的节点划分为支持者、反对者和中立群体3个派别,从而研究隐藏在用户评论背后的观点分布情况。

针对观点动态演化方面的研究:Lewandowsky et al.[10]通过构建代理模型模拟科学发现与政治冲突下公众舆情的实际演变情况,发现即使科学界对于气候变化提出更多有力证据,公众也仍然会受到政治家观点的影响,对气候变化的现实持矛盾态度;Bode et al.[11]研究了从众性不同的个体在接收到错误信息后被人纠正的情况;Chan et al.[12]从个体改变观点的概率来分析个体接受有效信息背后的因素;Hamilton et al.[13]通过论坛的真实数据及4个实验发现,在网络中先表达自身观点的个体会对后来者产生影响;Colliander[14]指出,个体在网络中交互观点的意愿是可变的,并且这种交互意愿会在遭受他人批评之后而降低；Chen et al.[15]建立了可用于描述网络同步行为的模型，并利用人工免疫算法对网络结构进行优化，提升了网络同步效果；Kleiner[16]提出，在两极分化的环境中，公民会因威胁感而变得比过往情况下更加积极参与政治决策。

　　针对极化现象形成机理方面的研究：Dandekar et al.[17]提出，如果个体在初始时刻拥有足够的偏见，那么这种偏见会伴随着交互而继续发酵，最终导致两极分化；Etesami et al.[18]研究了高维度下的观点极化现象，发现在观点演化时交互者的思想如果足够开放，那么最终会形成多样化的结果，而不仅仅是单向极化或双向极化；Leon-Medini[19]建立了新的多主体模型，研究了分别形成uniformity， polarization，clusterization 3种状态下的舆情变换情况；Fu[20]构建了新的有限信任模型，在仿真中将代理人分为开放型、适度型和封闭型3类；Li et al.[21]通过对比分析具有不同特征的网络，发现网络平均度增加会提高极化程度，并且不同维度的观点在网络演化中会相互影响。

　　此外，还有一部分研究主要利用模拟物理学中的粒子交互分析方法，通过构造出适合的网络及代表交互个体的节点，运用物理学公式模拟不同个体之间的交互行为，并将这种交互行为进行多次迭代，从而构建个体间交互模型，并采用仿真分析每个个体之间观点的交互方式与整个社会舆情的演化过程，进而在整体上模拟宏观系统的复杂行为。当前，学术界对群体演化过程的仿真主要通过离散型模型和连续型模型。离散型模型主要有模拟政治选取行为的投票者模型[22]和模拟磁铁自旋规则的Sznajd模型[23]。连续型模型则主要：有将交互个体的态度引入信任阈值，并定义交互个体的意见差值，在信任阈值内则取意见差值更新自身观点的D模型[24]；假定个体会根据处于自己阈值范围内所有邻居节点的观点，取平均值后更新自己观点的HK模型[25-26]；假定在两个个体交互时，个体间的意见差值会直接影响交互强度的W-D模型[27]；在W-D模型的基础上进行了改进，提出了增加意见差值内的同化效应和意见差值外的相斥效应的J-A模型[28]；等等。

　　尽管上述学者已在舆情极化方面做出很大贡献，但是仍然存在一些不足。特别是在极化建模中缺少对个体异质性的处理，使得研究结果无法在模型中准确表示在同一时刻同一网络中不同个体之间的巨大差异，而这种差异通常会影响舆情最后形成的极化效果。此外,在整个网络演变过程中,伴随着极化现象出现,拥有不同态度的个体逐渐分裂成两个或多个阵营,而态度不属于这些阵营的个体的从众性会比初始时刻有所提高,当所有个体都持一种观点时,个体会比原来更倾向于服从这种观点。然而,目前研究较少考虑个体的异质性及动态从众性,且基本以定性分析为主,虽然其可以从宏观角度解释极化现象产生的原因,却无法反映极化行为从孕育、发展到消退的整个变化过程,且缺乏直观性和实证性。因此,本章基于J-A模型的基本思想,通过考虑个体的异质性及动态从众性,提出了新的网络舆情极化模型。

6.3 考虑个体异质性与动态从众性的舆情极化模型

6.3.1 经典的D-W及J-A模型

在描述舆情极化的模型中,较为经典的有D-W和J-A模型。在经典的D-W模型中,将网络中所有个体作为Agent,并利用蒙特卡洛方法进行仿真,具体思想如下:假设事件传播群体由N个Agent组成,$x_i(t)$表示Agent i在t时刻的观点值,且观点值$x_i(t) \in [0, 1]$,取连续分布。在每一次迭代中,所有个体都会两两随机配对,进而进行观点的传递。当随机选取的Agent i和Agent j的态度距离$|x_i-x_j|$不大于某个预先给定的阈值d时,两个Agent各自更新自身态度,发生交互行为;如果态度距离$|x_i-x_j|$并不在阈值d内,则交互行为不发生,两个Agent的观点不发生改变。

具体描述如下:

当$\left|x_i-x_j\right| \leqslant d$时,有:

$$
\begin{aligned}
x_i(t+1) &= x_i(t) + \mu[x_j(t) - x_i(t)] \\
x_j(t+1) &= x_j(t) + \mu[x_i(t) - x_j(t)]
\end{aligned}
\tag{6-1}
$$

否则交互行为不发生,即$|x_i-x_j| > d$时,有:

$$x_i(t+1) = x_i(t)$$
$$x_j(t+1) = x_j(t)$$

$$(6\text{-}2)$$

其中$\mu \in (0, 0.5)$，为影响参数，反映个体对自身观点的坚持程度。

但是D-W模型只考虑了观点相似时人们会乐于接受对方的观点，从而使得双方观点更为相似，却没有考虑意见差值非常大的情况。实际上，人们在进行观点交互时不仅仅考虑观点相似者，在差异非常大的时候还有可能会发生争执，从而反向加强各自的观点，使得双方观点更加背道而驰。基于此，Jager & Amblard在D-W模型的基础上提出了经典的J-A模型。J-A模型不但考虑了社会评价理论中的同化效应，而且考虑了观点相斥及中立的情况，这与现实的极化现象更为贴切，其对极化过程的解释更具现实意义。

J-A模型具体描述如下：

第一，同化规则。如果随机选取的Agent i和Agent j之间的态度距离在预先给定的阈值d_1内，即$|x_i-x_j|<d_1$，那么Agent i与Agent j的态度值相应发生改变，更新公式为式(6-1)。

其中$\mu \in (0, 0.5]$，为影响参数。

第二，相斥规则。如果随机选取的Agent i和Agent j之间的态度距离超过了另一预先给定的阈值d_2，即$|x_i-x_j|>d_2$时，则Agent i与Agent j的态度值更新公式为：

$$x_i(t+1) = \xi x_i(t) + \mu[x_j(t) - x_i(t)]$$
$$x_j(t+1) = \xi x_j(t) + \mu[x_i(t) - x_j(t)]$$

$$(6\text{-}3)$$

其中$\xi(x)$表示如下：

$$\xi(x) = \begin{cases} x, & 0 \leqslant x \leqslant 1 \\ 0, & x < 0 \\ 1, & x > 1 \end{cases}$$

$$(6\text{-}4)$$

第三，中立规则。在其他情况下，Agent i与Agent j的态度值不发生改变，用公式(6-2)表示。

6.3.2　融合个体动态从众性与异质性的极化模型

目前已有研究大多对个体从众性赋予一个固定值进行计算，但是个体由于自身习惯的不同、亲疏远近关系的不同及邻居节点影响力的不同,其所产生的观点从众倾向也不相同。而且人们往往会更倾向于服从比自身更具权威性个体的意见,即意见领袖思维[29-30],如亲密朋友的话会比一个陌生人的言论更具说服力。另外,由于个体异质性,不同的个体是倾向于听从社会主流舆情还是倾向于听从周围朋友看法的概率也不相同。

基于此,本章根据J-A模型的基本思想,提出新的舆情极化模型,具体如下:

假设在t时刻,所有参与该网络事件交互行为的Agent的数量为N,在初始时刻,它们的观点服从$N \sim (0,1)$正态分布。在t时刻,Agent i的态度值表示为$x_i(t)$,且$x_i(t) \in [-1,1]$。此时,社会平均态度值$T(t)$表示为:

$$T(t) = \frac{1}{N} \sum_{i=1}^{N} x_i(t) \tag{6-5}$$

用$\rho(t)$表示在舆情演化至t时刻,整个网络中观点的极化程度,其与态度值的标准差成反相关关系,用公式表示如下:

$$\rho(t) = 1 - \sqrt{\frac{1}{N} \times \sum_{i=1}^{N} [x_i(t) - T(t)]^2} \tag{6-6}$$

社会主流态度在t时刻对Agent i的影响程度$\Pi(t)$则与社会整体极化程度和社会平均态度成正比,用公式表示如下:

$$\Pi(t) = \rho(t) \cdot T(t) \tag{6-7}$$

当$\rho(t)$很低时,说明t时刻网络中的态度值分布非常分散,没有形成主流舆情,因此Agent i倾向于服从社会主流舆情的概率较低,称这种概率为社会从众性。而随着舆情演化,观点逐步达到统一时,由于"沉默的螺旋"效应[31],网络中的个体由于害怕被孤立,服从社会主流舆情的倾向上升。此时,社会主流舆情对个体的影响力大小与社会极化程度成正比,并且正比于社会平均态度值。

此外,强弱连接理论[32-33]认为,人与人之间的关系从沟通和互动的频率来看,可以简单划分为强连接关系和弱连接关系,强连接关系通常代表交互者之间具有高度的互动性,而弱连接关系虽然表示个体间不强的互动性,但是却是广泛存在于网络中的一种连接关系,作用更加广泛。本章提出的舆情极化模型中,Agent i 与同其直接进行观点交互的邻居个体为强连接关系,而存在于同一个网络中的其余 Agent 则对 Agent i 有着潜移默化的影响,与 Agent i 是弱连接关系。因此,社会主流舆情对于 Agent i 的影响是基于弱连接关系进行传递的,在 t 时刻 Agent i 根据网络中与其为弱连接关系的个体所传递的社会主流态度来改变自身观点。但是,虽然这些个体对 Agent i 有一定程度的影响,Agent i 却并不会与这些仅仅有弱连接关系的个体直接进行观点交互。当热点事件发生时,由于网络的集聚性,会出现围绕该事件而存在的社群。社群中的个体通过发表描述热点事件的文章、博客后跟帖、相互评论而向其他个体传达自身态度,本章假设这种存在直接交互行为的关系为强连接关系。此时,与 Agent i 进行直接交互的 Agent j 成为 Agent i 的邻居,对其的影响程度提高。

假设当 Agent i 和邻居 Agent j 进行观点交互时,Agent j 对 Agent i 的影响力的大小会受到 Agent j 的权威性 p_j 及 Agent i 自身的权威性 p_i 的影响。在网络仿真中,每个个体的权威性是根据度中心性来进行计算的,那么 i,j 之间的影响力大小则与两者差值有关,用 Z_{ij} 表示 Agent j 对 Agent i 的影响力,具体描述如下:

$$Z_{ij} = \frac{\left| p_i - p_j \right|}{p_i} \tag{6-8}$$

在任一时刻,假设 Agent i 能接收到所有与其相连的邻居 Agent 所传递的信息并受到影响,Agent j 对 Agent i 的态度值的影响程度取决于 Agent j 在 t 时刻传递给 Agent i 的态度值 $x_j(t)$ 及它们之间的影响力 Z_{ij},那么 Agent i 受到周围所有邻居的影响程度 $Z_i(t)$ 可描述如下:

$$Z_i(t) = \frac{Z_{ij} \cdot x_j(t)}{\sum_{j=1}^{N} Z_{ij}} \tag{6-9}$$

按照式(6-11)进行调整后,每一时刻 Agent i 接收到的总态度值 $X_i(t)$ 都由 Agent i 接收到的社会主流态度 $\Pi(t)$ 及 Agent i 的邻居节点所传递的邻居态度 $Z_i(t)$ 所组成:

$$X_i(t) = \mu \Pi(t) + (1 - \mu) Z_i(t) \tag{6-10}$$

其中,μ为影响参数,表示Agent i倾向于与社会主流态度$\Pi(t)$一致的概率;$1-\mu$则表示Agent i倾向于与同其有强连接关系的邻居态度$Z_i(t)$保持一致的概率。

当Agent i的态度值$x_i(t)$与其接收到的总态度值$X_i(t)$接近(处于同化效应带)时,Agent i会因受到鼓舞而提高自身的态度值;反之,当态度值差异非常大(处于排斥效应带)时,由于逆反心理,Agent i会更加强化自身态度。同时,Agent i只与其邻居节点进行强交互,即观点只会受到邻居节点的赞同或反对。个体i的态度值与邻居的态度值$Z_i(t)$正负倾向相同时,个体i会由于受到肯定,从而增强对于自身观点的肯定程度。在t时刻,Agent i根据自身所接收到的总态度值$X_i(t)$来调节自身下一时刻的态度,再根据其差值选择使用同化规则、相斥规则或中立规则,具体如下:

第一,同化规则。当$\left| X_i(t) - x_i(t) \right| \leq d_1$时,有:

$$x_i(t + 1) = f_i(t) \cdot x_i(t) + \zeta_i(t) \cdot [X_i(t) - x_i(t)] \tag{6-11}$$

$$f_i(t) = [e^{k_{1i}(t)/k_i(t)} - 1] + Y_i \tag{6-12}$$

$$\zeta_i(t) = 1 - f_i(t) \tag{6-13}$$

其中,$f_i(t)$表示t时刻Agent i对于自身观点的肯定程度,如果Agent i在进行交互时受到对方肯定,就会强化自身观点;反之,也会由于一直受到攻击而怀疑自身观点的正确性;$k_i(t)$表示迭代至t时刻,Agent i的交互次数;$k_{1i}(t)$表示在初始时刻迭代至t时刻的过程中,Agent i在进行观点交互时受到肯定的次数(假设Agent i在与邻居节点进行交互时,自身观点值$x_i(t)$与接收到的邻居观点值$Z_i(t)$正负倾向相同则为受到肯定);$k_{1i}(t)/k_i(t)$则表示受到肯定的概率,其伴随交互的进行而不断变化;Y_i表示Agent i的固有自信度,是Agent i的固有属性,不会随交互的进行而改变。如果个体对于自身观点十分自信,$f_i(t)$处于比较大的值,那么个体的从众性$\zeta_i(t)$就会有所降低,因此$\zeta_i(t)$与$f_i(t)$成反相关关系,如公式(6-15)所示。在$t=0$时刻,个体没有参与交互,$k_i(0)$,$k_{1i}(0)$都为0,Agent i的从众性$\zeta_i(0)=1-Y_i$。

第二,相斥规则。当$\left| X_i(t) - x_i(t) \right| \geq d_2$时,有:

$$x_i(t + 1) = f_i(t) \cdot x_i(t) + \zeta_i(t) \cdot [X_i(t) - x_i(t)] \tag{6-14}$$

第三,中立规则。其他情况下态度值不变,用公式表示如下:

$$x_i(t+1) = x_i(t) \qquad (6-15)$$

仿真过程如图6-1所示。

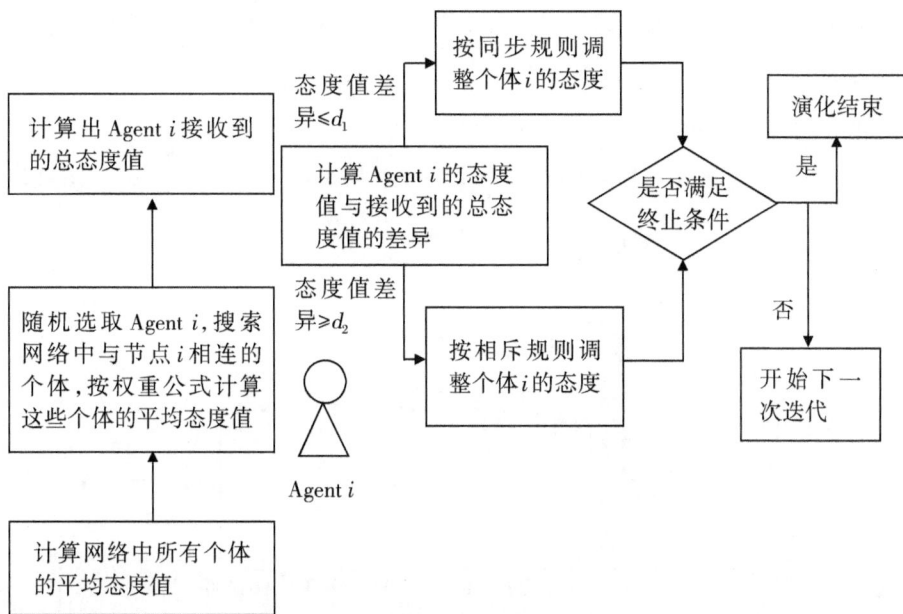

图6-1 基于多Agent的蒙特卡罗仿真示意图

6.4 数值仿真实验

本节主要根据数值仿真实验结果,验证6.3节论述的动态从众性及个体异质性对极化过程的影响。

6.4.1 个体动态从众性的影响

本章提出个体动态从众性的概念,认为随着网络中所有个体态度偏离程度的降低,开始形成主流态度之后,Agent i 对于自身观点的自信程度会受到社会主流舆情的影响,从而更倾向于听从他人意见,具体表现为公式(6-13)—公式(6-17)。为验证其实用性及有效性,仿真实验分别验证动态从众性与静态从众性对舆情极化的影响,进而揭示极化现象产生的机理。

根据公式(6-14)与公式(6-15)所表示的动态从众性函数$\zeta_i(t)$，在$t=0$时刻，Agent i的从众性$\zeta_i(0)=1-Y_i$，因此在静态从众性的公式中，所有时刻 Agent i的从众性都为$1-Y_i$，如公式(6-18)和公式(6-19)所示。基于可视化考虑，Y_i取值为0.6，结果如图6-2—图6-7所示。

$$x_i(t+1) = Y_i \cdot x_i(t) + (1-Y_i) \cdot [X_i(t) - x_i(t)] \tag{6-16}$$

$$x_i(t+1) = Y_i \cdot x_i(t) - (1-Y_i) \cdot [X_i(t) - x_i(t)] \tag{6-17}$$

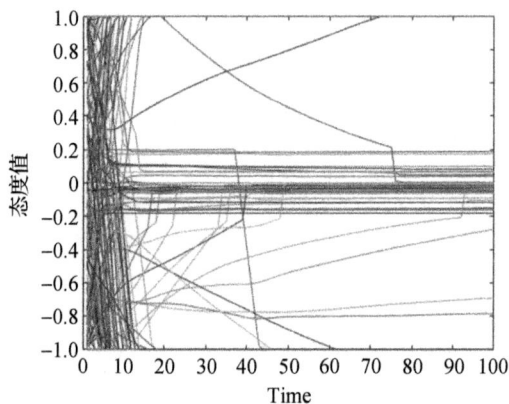

图6-2　静态从众性下舆情演化图

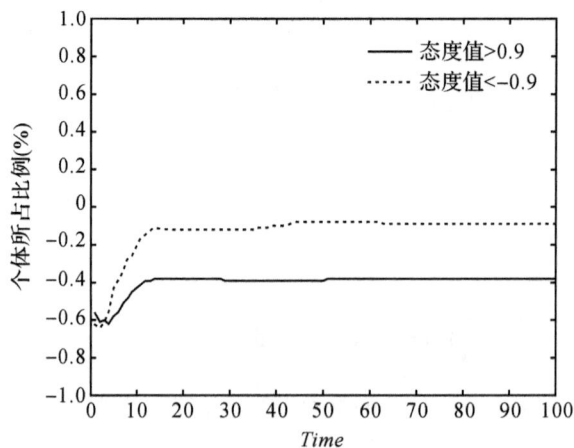

图6-3　静态从众性下极化概率图

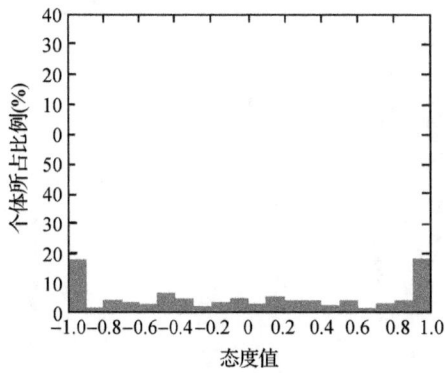

（a）*Time*=10

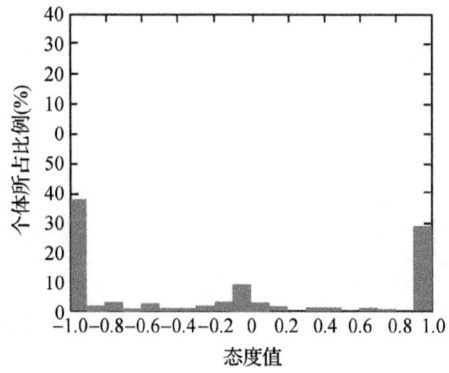

（b）*Time*=20

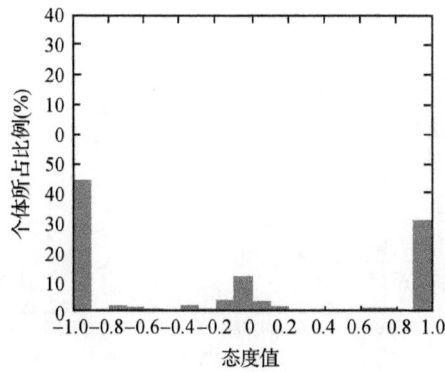

（c）*Time*=30

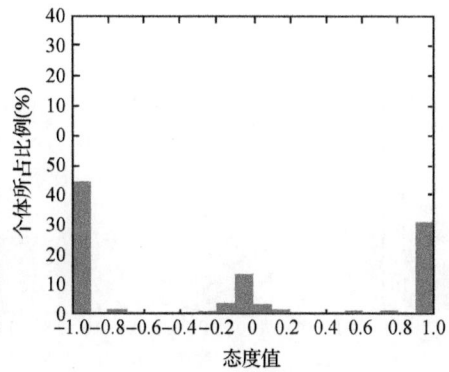

（d）*Time*=40

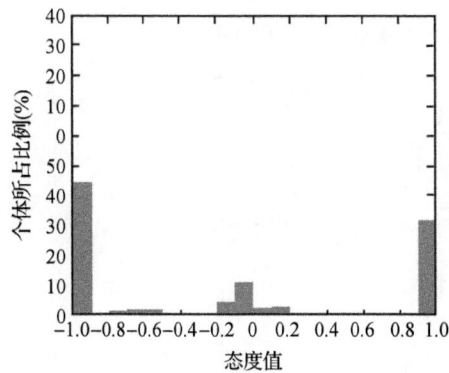

（e）*Time*=50

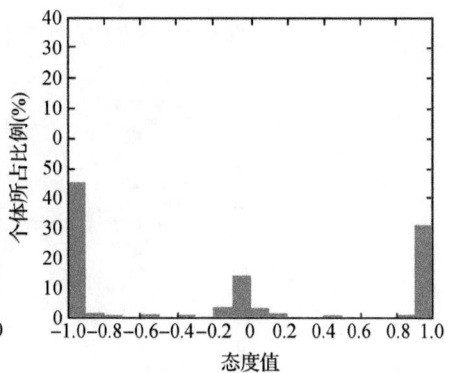

（f）*Time*=60

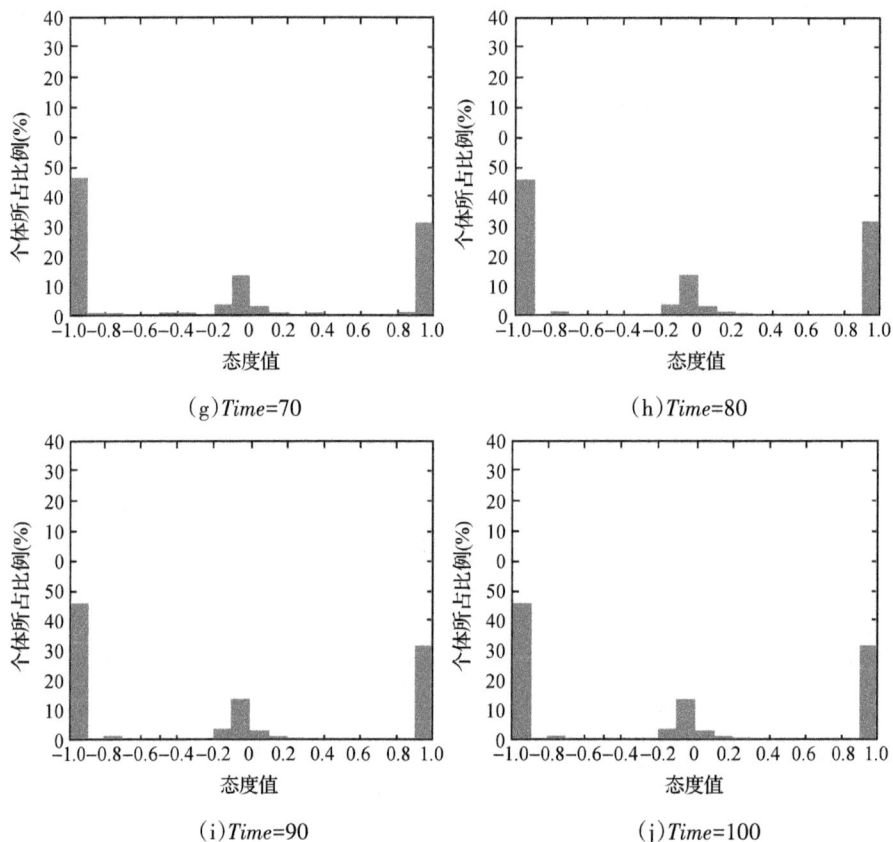

（g）*Time*=70　　　　　　　（h）*Time*=80

（i）*Time*=90　　　　　　　（j）*Time*=100

图6-4　静态从众性下不同时刻观点分布直方图

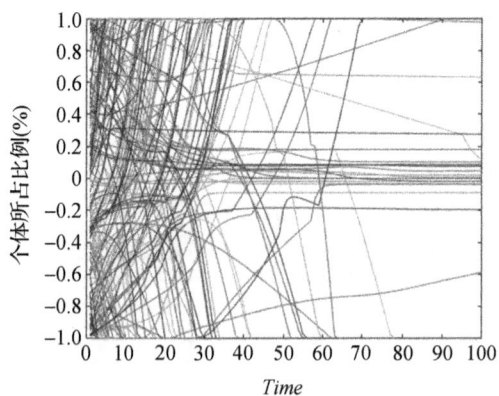

图6-5　动态从众性下舆情演化图

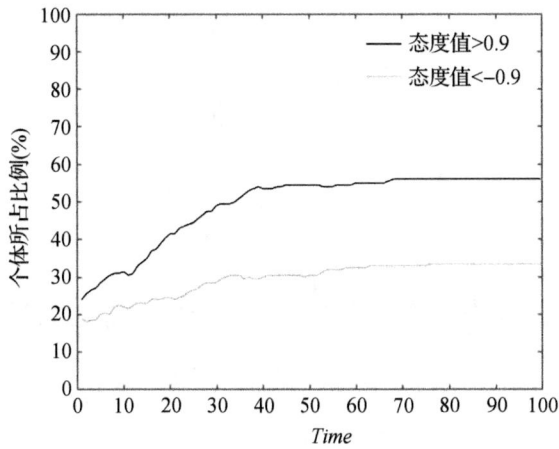

图6-6 动态从众性下极化概率图

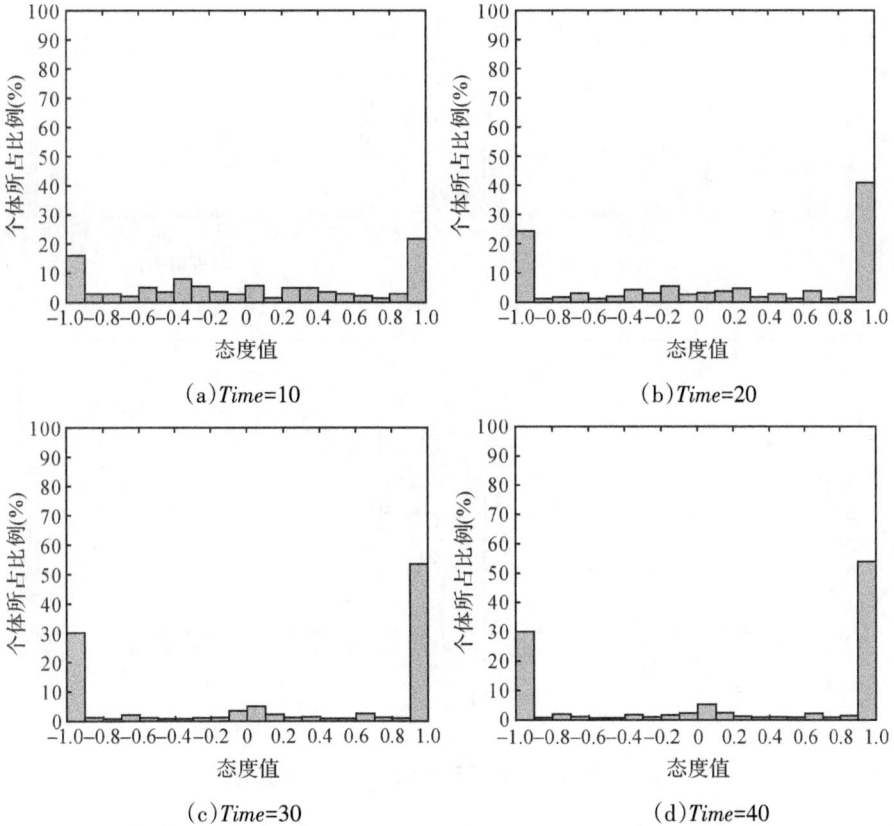

(a)*Time*=10

(b)*Time*=20

(c)*Time*=30

(d)*Time*=40

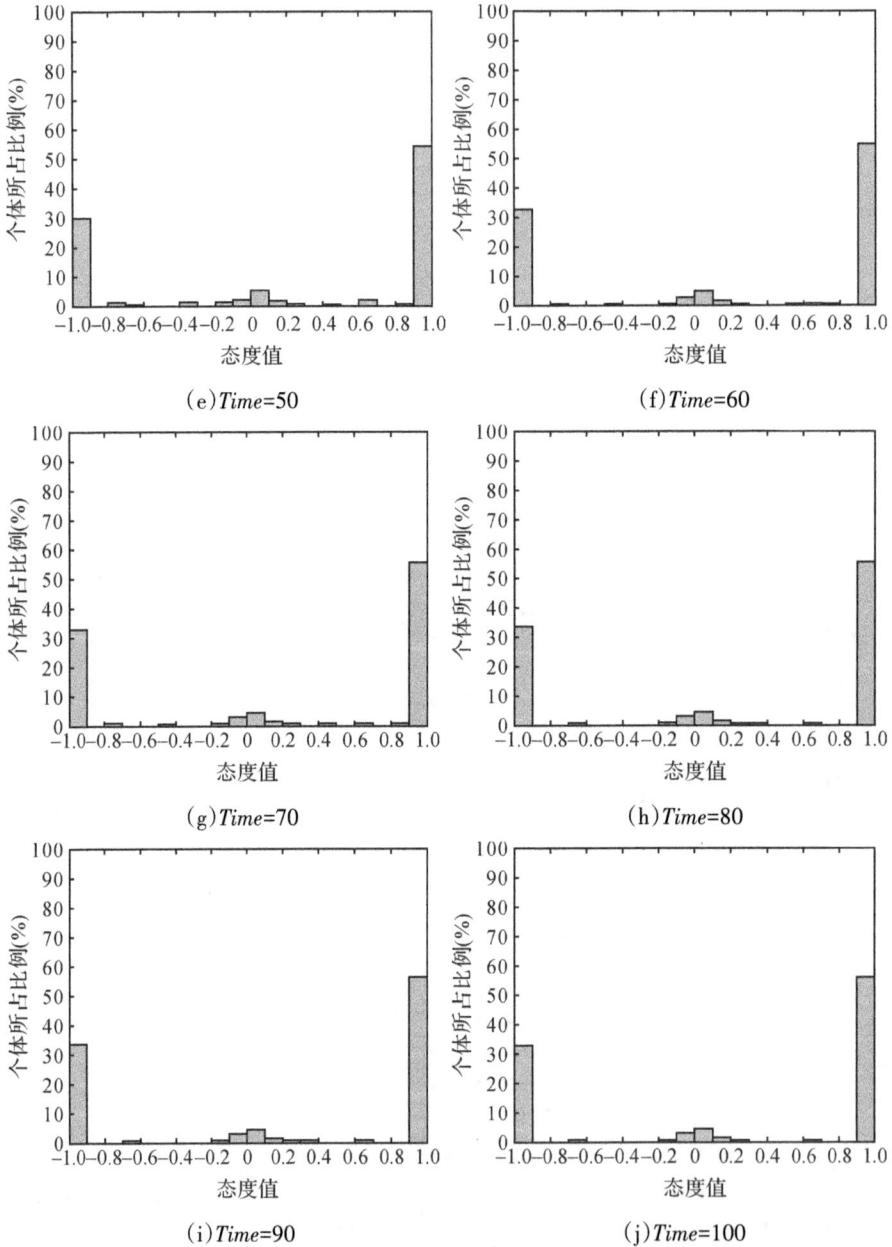

（e）*Time*=50

（f）*Time*=60

（g）*Time*=70

（h）*Time*=80

（i）*Time*=90

（j）*Time*=100

图6-7　动态从众性下不同时刻观点分布直方图

　　图6-2与图6-5分别表示静态从众性及动态从众性下个体舆情演化情况；图6-3与图6-6分别表示在上述两种情况下网络中观点接近极化状态的个体占全部个体的比重的极化程度；图6-4与图6-7分别表示在上述两种情

况下不同时间段网络中观点分布情况。由图6-2、图6-3、图6-4所示的静态
从众性下的仿真结果可知,在$Time$=10时除少数中立个体外,其余个体基本上
已经形成了极化,并且这些个体形成极化的时间非常接近;而与此相对应,如
图6-5、图6-6、图6-7所示的动态从众性下,在$Time$=30时才初步形成极化效
果,但其极化程度明显大于前者。这说明,只有在充分交互后形成的观点才
更具持久性,在现实中个体只有在自身观点充分得到表达,并且搜集到足够
多的信息之后,观点才不会再改变。因此,本章模型更加符合现实,同时,研
究动态从众性有助于揭示极化演进机理,甚至对极化过程进行干预。

动态从众性函数$\zeta_i(t)$中的重要参数固有自信度Y_i对于极化有着至关重要
的影响,代表着$Agent\ i$在初始时刻,完成交互时对于自身观点的认可度,从而
影响从众性大小。为研究Y_i对于极化的影响,本部分将Y_i分别设定为0.2,0.4,
0.6,0.8这4个不同的值进行仿真,观察不同Y_i取值下出现观点极化的个体占
全部个体的比例,结果如图6-8所示。

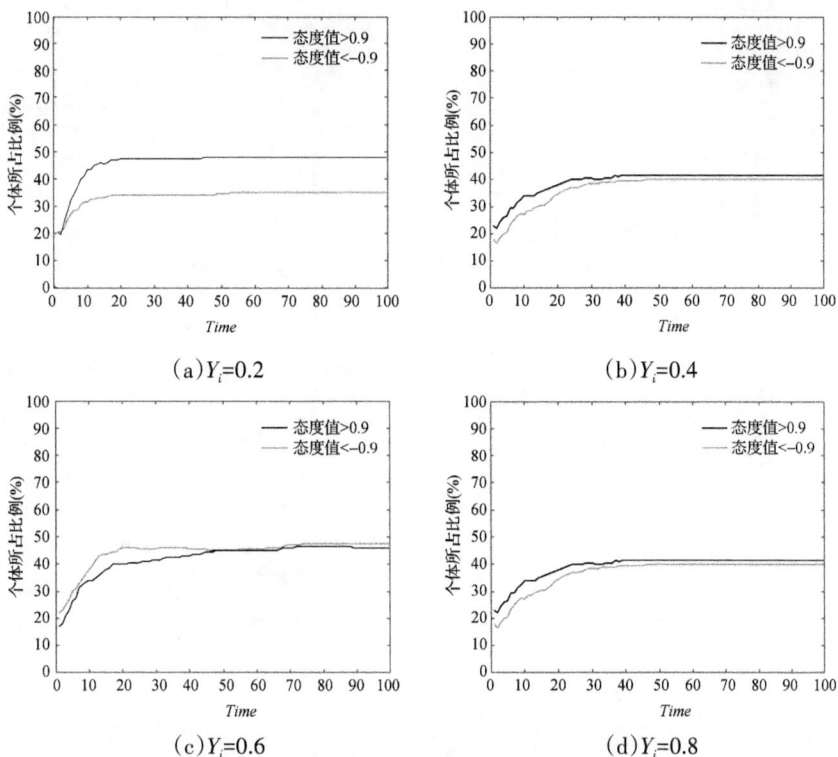

（a）Y_i=0.2　　　　　　　　　　（b）Y_i=0.4

（c）Y_i=0.6　　　　　　　　　　（d）Y_i=0.8

图6-8　不同固有自信度Y_i下极化概率图

由图6-8可知,网络中所有Agent在进行充分交互后,出现观点极化的个体所占比例与固有自信度Y_i有关。本次仿真设置初始时刻社会平均态度$T(0)=0$,当Y_i值较小时,由于"沉默螺旋"效应,个体对于自身观点不够自信,容易出现强势观点碾压另一方的现象;而随着Y_i增大,强势观点的强度减弱,渐渐地,两种极化程度势均力敌。

此外,除固有自信度参数Y_i外,本章在公式(6-12)中定义社会从众性影响参数μ为倾向于和社会主流态度$\Pi(t)$一致的概率。为分析参数μ对极化现象的影响,本部分将μ设定为0.2,0.4,0.6,0.8,在保持其余变量相同的情况下观察这4个取值下的个体舆情演化有何不同,结果如图6-9和图6-10所示。图6-9表示4种不同μ取值下各舆情演化情况,图6-10表示4种不同μ取值下网络中出现观点极化的个体占全部个体的比例用以表述网络的个体观点极化程度,极化概率情况。

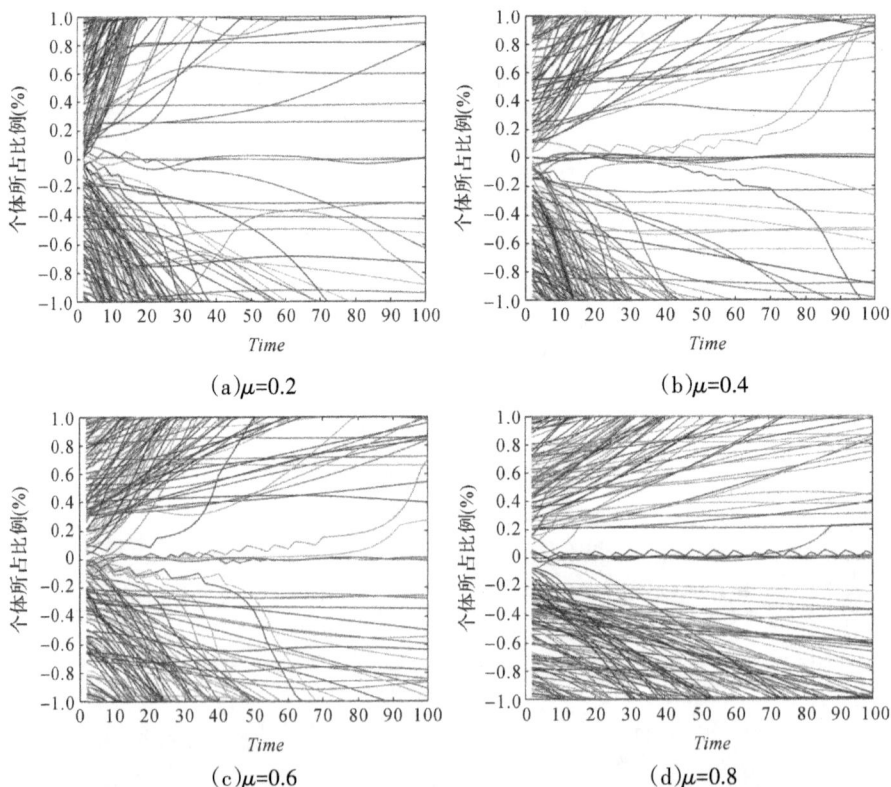

(a)μ=0.2

(b)μ=0.4

(c)μ=0.6

(d)μ=0.8

图6-9　不同μ取值下舆情演化图

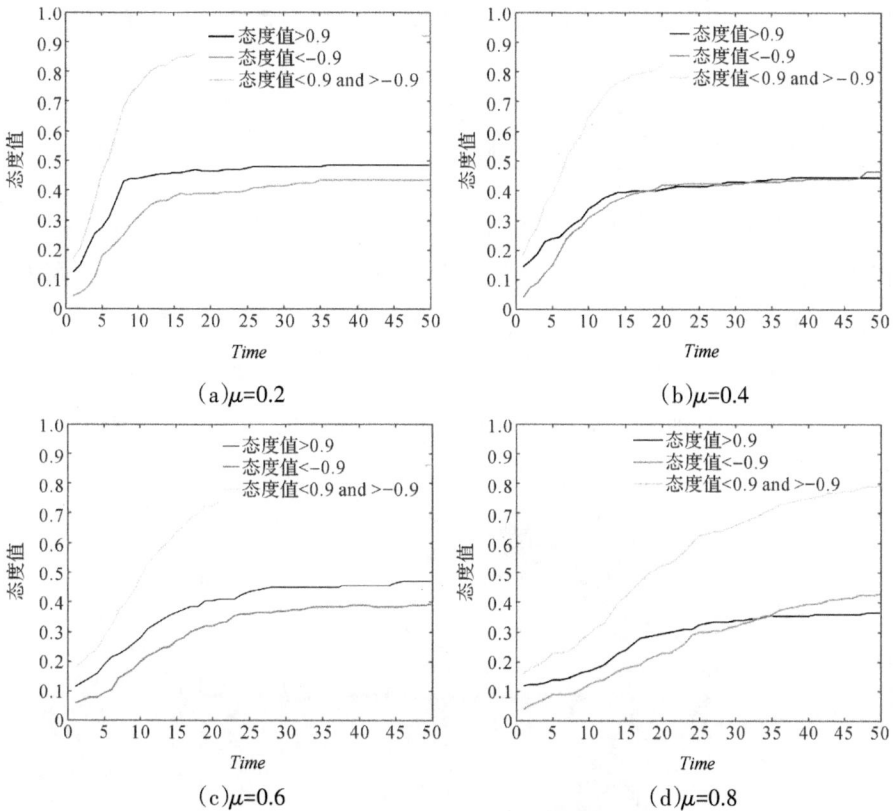

(a)μ=0.2　　　　　　　　　　　(b)μ=0.4

(c)μ=0.6　　　　　　　　　　　(d)μ=0.8

图6-10　不同μ取值下极化概率图

由图6-9和图6-10可知,随着社会从众性影响参数μ的增大,网络中个体观点演化的时间逐渐增加。当μ=0.2时,在time=10的情况下,极化率不再变化;当μ=0.4时,则延迟到Time=15;当μ=0.6时,则需要Time=30;而图6-10(d)中,当μ=0.8时,极化率则在Time=50后还在上升。与此相对应的是,当网络中的态度值不再演化时,网络中极化个体的比例也不再有明显变化。由此可知,当个体偏向于与社会主流态度一致时,个体会花费更多的时间搜集信息,因此极化的进程会减慢,但是即使极化的速度有所减慢,最终网络中的极化率也不会变化。

6.4.2　个体异质性的影响

由于自身经历、环境、性格不同,个体看待同一件事时会有不同的立场、持不同的观点,即每个个体都具有异质性。基于此,需要分析这种异质性对极化的影响。

(1)初始认知异质性的影响

每个个体在面对热点事件时,在还没有与任何个体进行交流时就会产生初始的观点,这时 Agent i 的态度值仅仅与个体本身有关,并且不受他人影响。为研究在初始时刻持有何种观点值的个体更容易形成极化,下面模拟有 500 个节点规模的网络进行仿真实验,并假设初始条件下,持正向意见的节点占据微弱优势,初始时刻网络中所有个体的平均态度值 $T(0)=0.01$,舆情具体演化情况及各时刻态度值分布情况如图 6-11 和图 6-12 所示。

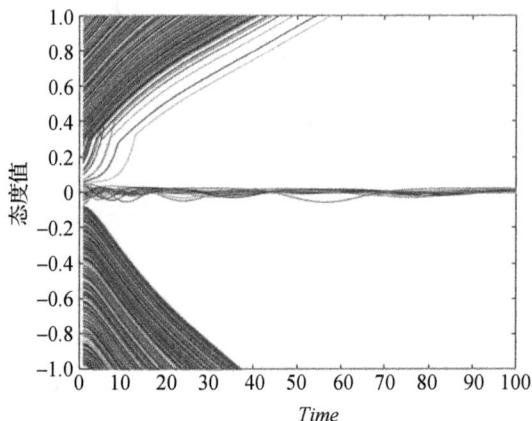

图 6-11 具有 500 个网络节点的舆情演化图

从图 6-11 和图 6-12 可知,初始时刻态度值较分散,随着舆情演化形成了两个正负极化对立的阵营,并始终有少数持中立态度的个体存在。

为了更清楚地观察这种变化,本部分分别以 Time,Agent 编号及每个 Agent 的态度为 x 轴、y 轴、z 轴绘制态度值变化三维图,具体如图 6-13 所示。

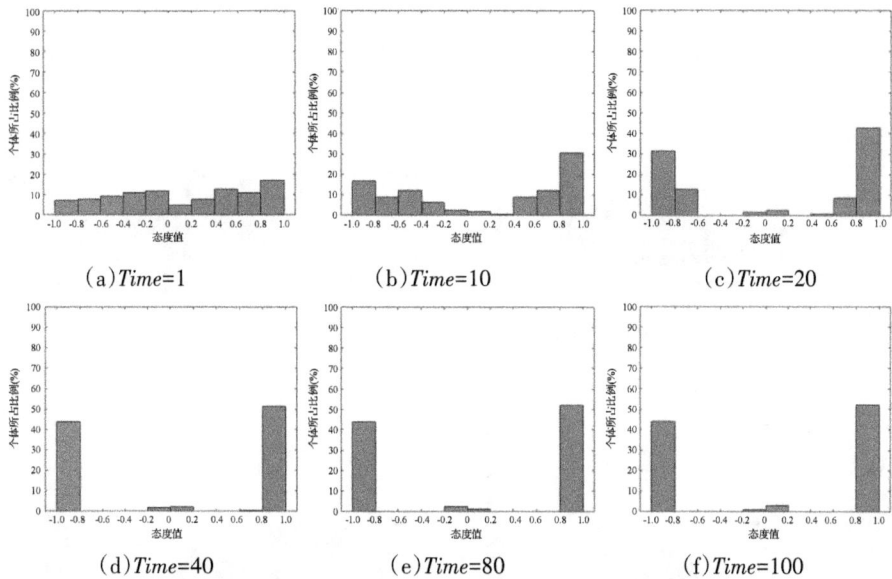

图6-12　不同时刻下观点分布直方图

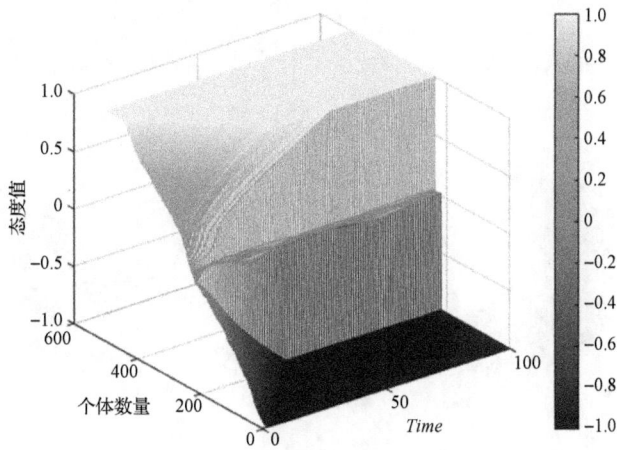

图6-13　具有500个网络节点的个体态度演化三维图

根据图6-13可以看出,在舆情演化中,初始态度值不同的个体在网络中的演化情况存在显著差异,并且存在断层现象,因此将选取的500个节点按初始时刻态度值x_i的大小不同分为10组,观察在实验中代表不同初始态度值的10组个体观点的演化情况,结果如图6-14所示。

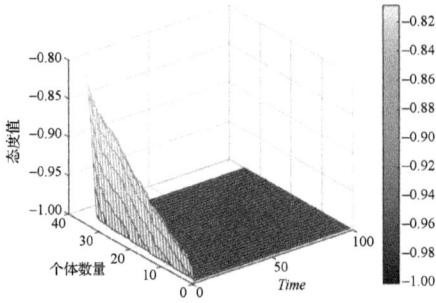

（a）$-1<x_i<-0.8$

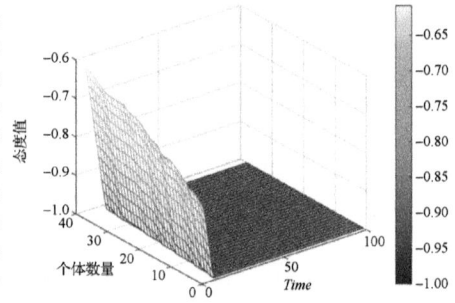

（b）$-0.8<x_i<-0.6$

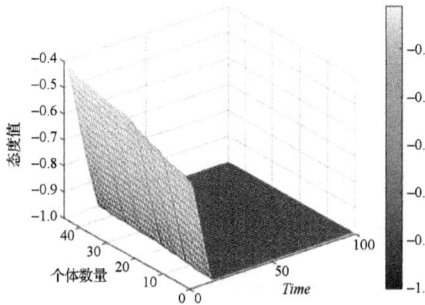

（c）$-0.6<x_i<-0.4$

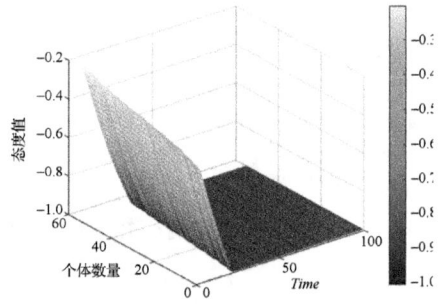

（d）$-0.4<x_i<-0.2$

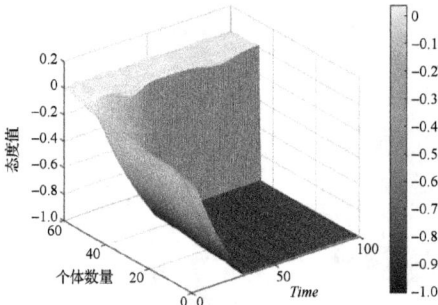

（e）$-0.2<x_i<0$

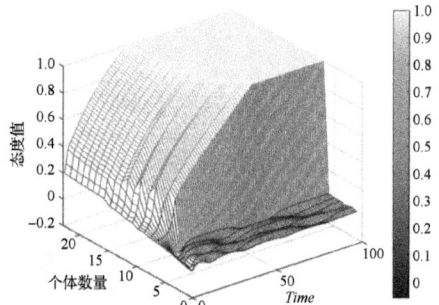

（f）$0<x_i<0.2$

(g)0.2<x_i<0.4　　　　　　　　　　(h)0.4<x_i<0.6

(i)0.6<x_i<0.8　　　　　　　　　　(j)0.8<x_i<1

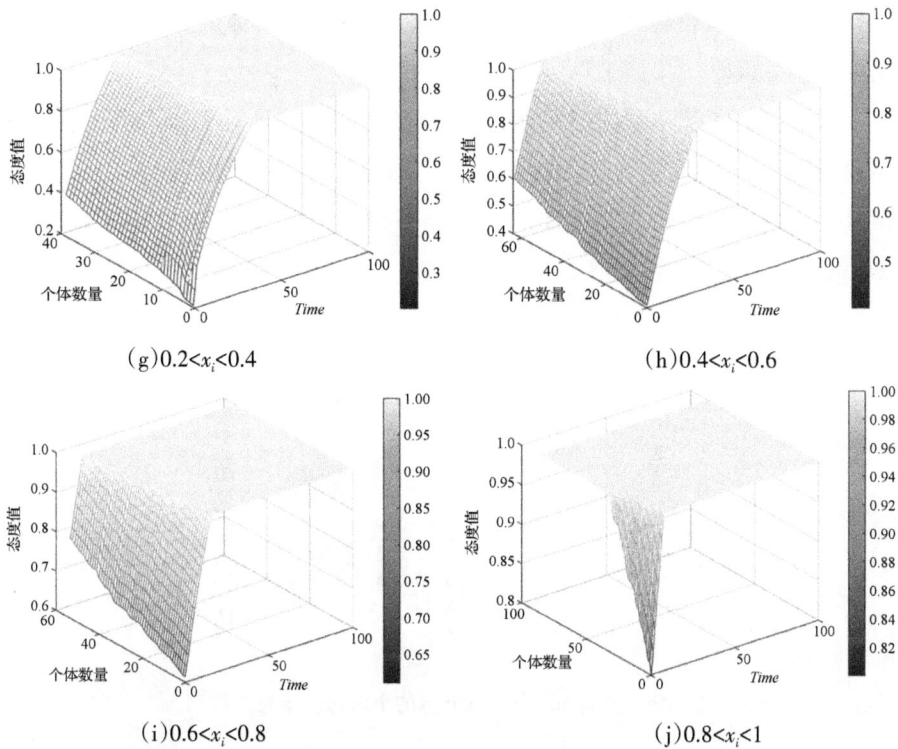

图6-14　不同初始值下个体态度演化三维图

图6-14(a)—图6-14(j)分别表示仿真实验中这500个个体中初始时刻态度值分别位于-1.0<x_i<-0.8,-0.8<x_i<-0.6,-0.6<x_i<-0.4,-0.4<x_i<-0.2,-0.2<x_i<0,0<x_i<0.2,0.2<x_i<0.4,0.4<x_i<0.6,0.6<x_i<0.8,0.8<x_i<1.0下的个体态度值变化情况。图6-14(a)—图6-14(d)的4组数据表示初始时刻态度值x_i<-0.2的个体,在舆情演化中,伴随极化现象产生,这些个体全部转变为负向极化,并且按照图6-14(d)—图6-14(c)—图6-14(b)—图6-14(a)顺序,极化现象产生时间依次减小,说明在舆情演化过程中,初始时刻态度值越接近极化值的个体越容易形成极化,并且可以带动其他极化程度较弱的个体形成极化。图6-14(g)和图6-14(j)则表示初始时刻态度值x_i>0.2的4组数据,与负极化相似,这几组数据形成正向极化的时间也依图6-14(g)—图6-14(h)—图6-14(i)—图6-14(j)的顺序依次减小。图6-14(e)和图6-14(f)这两组数据表示的个体在初始时刻不带有强烈的极化色彩,图6-14(e)中个体的态度值随着舆情演化逐渐分裂成两部分,一部分最后形成负极化,另一部分继续保持中立;而图6-14(f)

则是一部分形成正极化，一部分保持中立，这些中立个体的存在对于干预极化进程至关重要。

为了避免实验结果的偶然性，这里重新生成数据进行实验。由于设定图6-11—图6-14中数据在初始时刻的平均态度值接近中立状态 $[T(0)=0.01]$，在以下仿真实验中设定初始时刻的社会平均态度值 $T(0)=0.40$ 进行对比，结果如图6-15和图6-16所示。

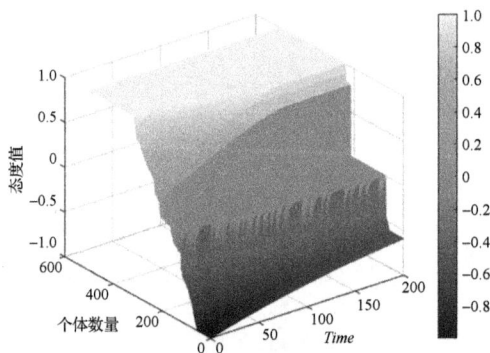

图6-15　具有500个网络节点的个体态度演化三维图

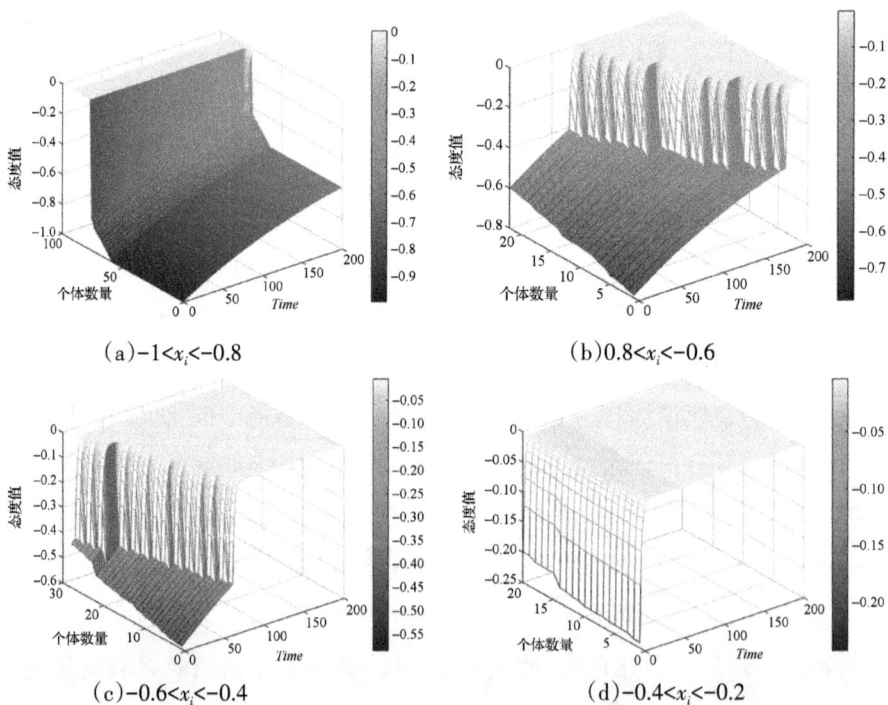

（a）$-1<x_i<-0.8$

（b）$0.8<x_i<-0.6$

（c）$-0.6<x_i<-0.4$

（d）$-0.4<x_i<-0.2$

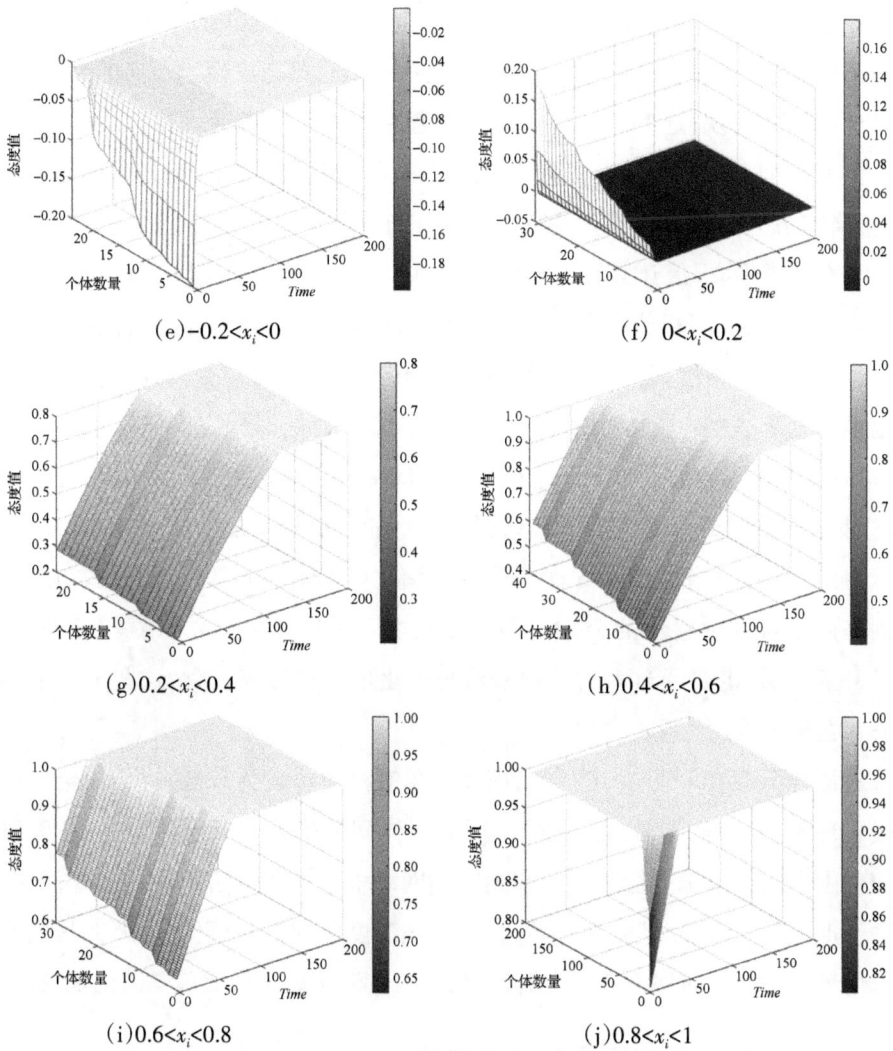

(e) -0.2<x_i<0

(f) 0<x_i<0.2

(g) 0.2<x_i<0.4

(h) 0.4<x_i<0.6

(i) 0.6<x_i<0.8

(j) 0.8<x_i<1

图6-16 不同初始值下个体态度演化三维图

图6-15表示 $T(0)$=0.40时,网络中所有个体的态度值变化情况。图6-16(a)—6-16(j)则分别表示这500个个体中初始时刻态度值分别位于-1.0<x_i<-0.8,0.8<x_i<-0.6, -0.6<x_i<-0.4, -0.4<x_i<-0.2, -0.2<x_i<0, 0<x_i<0.2, 0.2<x_i<0.4, 0.4<x_i<0.6,0.6<x_i<0.8,0.8<x_i<1.0下的个体态度值变化情况。对比图6-15和图6-16和图6-13和图6-14可以看出,在初始时刻态度倾向较为明确与不明确两种情况下,网络中舆情演化过程有着明显区别。

从图6-15和图6-16可以看出,由于初始时刻社会平均态度值 $T(0)$=

0.40,整个网络中正向态度为主导,除少数中立个体外几乎所有个体的态度都往正向转变。图6-16(a)—图6-16(e)表示初始时刻态度值呈负向的个体,通过分析可以发现,这些个体的态度虽然普遍都朝正向靠近,但当态度值接近中立值0时就不再转变。这说明,在初始时刻,态度值的正、负方向性至关重要,当网络中的Agent相信一种观点时,可能会在不断被他人说服之后有所改变直至呈现中立,但让其转而相信另一种相对立的观点却是十分困难的。在现实中,如果人们相信一种先入为主的错误信息之后真相才逐渐被披露,那么让他们转而相信真相并不容易,许多相传甚广的谣言就是因此才被持续稳定地传播下去的。图6-16(f)—图6-16(j)表示初始时刻态度值呈正向的个体,除图6-16(f)外,其他图中个体均在多次交互之后达到正向极化。图6-16(f)表示初始时刻态度值为$0<x_i<0.2$的个体,通过比较发现,其与图6-16(e)所示初始时刻态度值为$-0.2<x_i<0$的个体在演化中的情况非常相似,这些初始时刻态度值接近中立值的个体在多次交互之后呈现完全中立态度(态度值为0),说明如果需要通过人为干预来阻止极化现象的形成,那么这些中立个体的存在至关重要。

结合图6-13—图6-16可知,即使初始时刻舆情较为分散,也仍然会出现极化现象,而在初始时刻态度值不同的个体间的确存在异质性,它们在舆情演化中的变化情况亦会不同。初始时刻网络中平均态度值若接近中立,则有助于形成双向极化,但若在初始时刻,一种态度倾向占显著优势,那么其他不占优势的态度倾向将不会产生极化,且在多次演化后会形成单向极化现象。

(2)异质个体的不同从众性影响

6.4.1节提出,网络极化现象与动态从众性函数$\zeta_i(t)$中的重要参数固有自信度Y_i成反相关关系,而网络中每个参与讨论的个体都具有异质性,都有不同的固有自信度。这里模拟有500个节点规模的网络进行仿真实验,设定初始时刻平均态度值$T(0)=0$,假设在仿真实验中,个体的固有自信度值Y_i的大小随机取值,且全部满足$0<Y_i<1$,则网络舆情演化过程中产生的极化情况如图6-17所示。

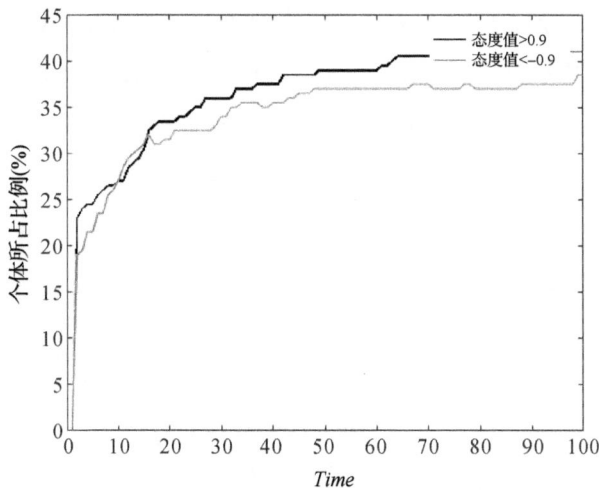

图6-17　全部个体极化概率图

由图6-17可知,在仿真的500个Agent中,在$Time=50$时基本达到极化,正向极化的个体所占比重为40%,负向极化的个体比重略小,为35%。本次仿真的500个Agent中满足$0 \leq Y_i < 0.25$,$0.25 \leq Y_i < 0.50$,$0.50 \leq Y_i < 0.75$及$0.75 \leq Y_i < 1.00$的数量各占总量的25%,图6-18(a)—图6-18(d)表示这4组个体在此次舆情演化中的极化概率。

由图6-18可知,Y_i取值在$0 \leq Y_i < 0.25$,$0.25 \leq Y_i < 0.5$、$0.5 \leq Y_i < 0.75$及$0.75 \leq Y_i < 1$内的个体在此次仿真中达到极化的时间及最后形成极化的比例均不相同,根据Y_i取值的不同,呈现一定规律性。如图6-17所示,当$Time < 15$时,负极化比例大于正向极化,当$Time=15$时负向极化被正向极化反超,此后,正极化个体的比例一直略微大于负极化。而在图6-18中,正极化比例大于负极化的情况只有图6-18(a)与图6-18(b),说明在网络演化中,不同固有自信度下的个体对于正、负倾向有所差别,固有自信度高的个体会更倾向于负向态度。此外,如图6-18(a)—图6-18(c)所示,网络演化最后形成的极化率依次增大,说明在个体自信度较小时,其从众性较大,而最后形成的极化率指网络中各人未发生极化的比例较大;而当固有自信度增大到某一个阈值时,极化率则会减小,如图6-18(c)和图6-18(d)所示。

基于此,可知从众性函数中的固有自信度参数存在异质性,不同固有自信度导致个体从众性不同,而从众性非常低与从众性非常高的个体中形成极端值的概率较其他个体低。此外,存在一个有限范围,对于从众性处于这个范围内的个体,随着从众性的降低,形成极端值的概率会有所增大。

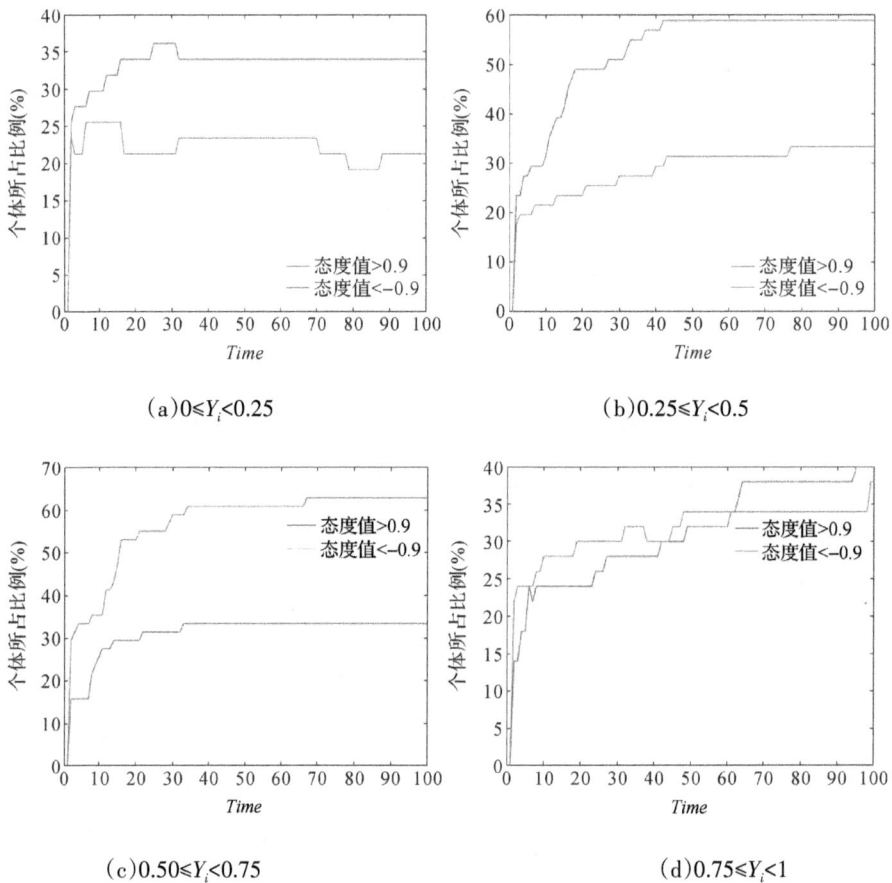

(a)$0 \leqslant Y_i < 0.25$

(b)$0.25 \leqslant Y_i < 0.5$

(c)$0.50 \leqslant Y_i < 0.75$

(d)$0.75 \leqslant Y_i < 1$

图6-18　不同固有自信度 Y_i 下个体极化概率图

6.5　实证研究

本节通过选取典型案例"咪蒙事件"说明在舆情传播中存在的极化现象。

2019年1月29日凌晨,著名情感专栏作家咪蒙发布了一篇名为《一个出身寒门的状元之死》的文章,讲述了一个所谓出身寒门的高考状元不愿同流合污,努力奋斗仍然悲惨死去的故事。文章一出,迅速刷爆了微信朋友圈,短时间内转发量达到10万次,并且创作者咪蒙在2月1日的搜索热度达到峰值14万。基于用户关系的社交媒体平台——新浪微博更是显示该话题阅读量达到了2.2亿次。但是很快该文被质疑真实性,因疑似编造故事、刻意煽动泪点引发负面舆情风波,引起了大量网民讨论。

为分析参与讨论"咪蒙事件"中个体舆情演化情况,这里以"咪蒙"为关键字爬取了新浪微博5000条评论及每条评论下的点赞量,使用Python SnowNLP库进行自然语言处理,得到量化后的情感值。尽管获取的数据量不大,但是根据人际关系中的六度分割理论[34],这些用户数据的统计结果在很大程度上仍然可以反映微博用户行为的若干普适性。因为在新浪微博话题下的阅读量远远大于讨论量,为更准确地还原大多数人的态度值,将点赞人数的态度值默认为是该条微博态度进行计算。爬取字段形式如图6-19所示。

Microblog Publisher	Microblog Content	Microblog Publishing Time	Number of forwards	Number of comments	Point Ratio
卡普钦斯基	毛姆是写中产阶级追求自由的代价这一主题写得最好的。//@顾扯淡:毛姆的读者想打死最右边//@七月	2019/2/2 17:00			
性格部落	该不该封杀咪蒙? #咪蒙微信公众号注销##咪蒙##咪蒙微博永久关停#	2019/2/2 17:00			7
顾扯淡	毛姆的读者想打死最右边//@七月教堂://@南京先锋书店:→△//@	2019/2/2 17:00	54	45	45
骆vi_zybgogo	最近微信后台好多人问我:咪蒙,长得丑该怎么办? 你们问我这种问	2019/2/2 17:00			

图6-19　"咪蒙事件"爬取字段内容

本章对爬取的数据使用SnowNLP库量化处理后进行分析,截取事发后96小时内的评论数据。由于爬取字段时间分布较为接近,将2月1日0:00至2月4日23:59的评论量化后按时间先后进行排列,并生成网络演化图及极化概率图,如图6-20和图6-21所示。

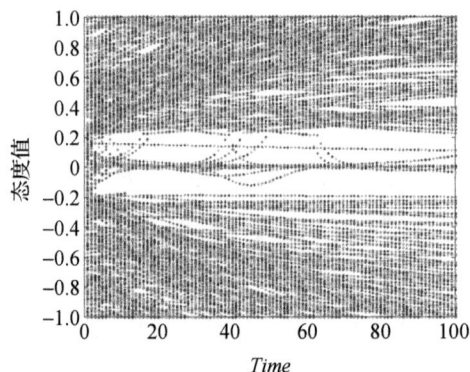

图 6-20 "咪蒙事件"舆情演化图

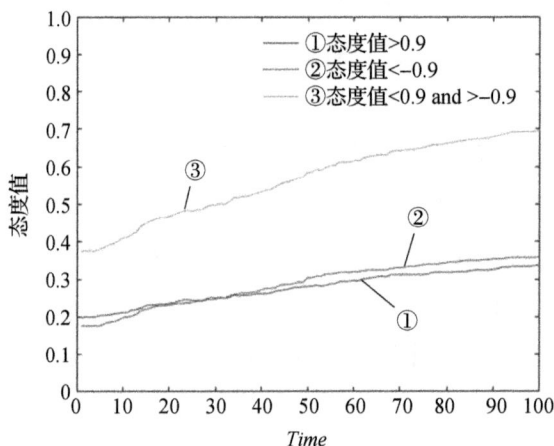

图 6-21 "咪蒙事件"极化概率图

由图 6-20 可知，$Time=0$ 代表 2019 年 2 月 1 日零点，此时各网民个体的态度较为分散，各种态度均有。而随着舆情演化的进行，个体的态度逐渐分化形成两极，即支持"咪蒙"的一方，认为其发布的文章《一个出身寒门的状元之死》虽捏造事实但仍有其可读性，并对咪蒙的观点表示赞同；而更多的网民则认为咪蒙的胡编乱造导致民众焦虑，影响十分恶劣，完全站在批判的一方。剩余部分个体保持中立。

下文根据本章所提的舆情极化模型对该事件进行仿真实验。因为"咪蒙事件"与广大网民的生活息息相关，许多人都有自己的认知，因此从众性较低，固有自信度系数 Y_i 服从 $N \sim (0.4, 1)$ 的正态分布，而"咪蒙事件"本身偏负面,因此设定初始时刻平均态度 $T(0)=-0.2$;初始极化率 $\rho(0)=1.2$,$d_1=0.18$,$d_2=0.70$。本次仿真选取500个节点,实验中网络集聚性设定为与新浪微博较为接近的0.333 92,平均度为118,相关参数的选取均依据现实情况,具有一定的实际参考价值,仿真结果如图6-22和图6-23所示。

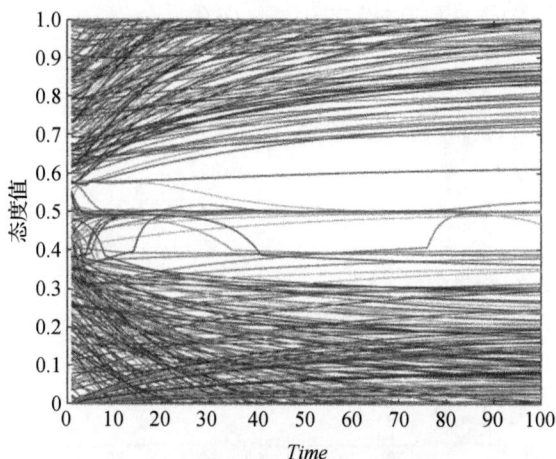

图6-22　"咪蒙事件"舆情演化仿真图

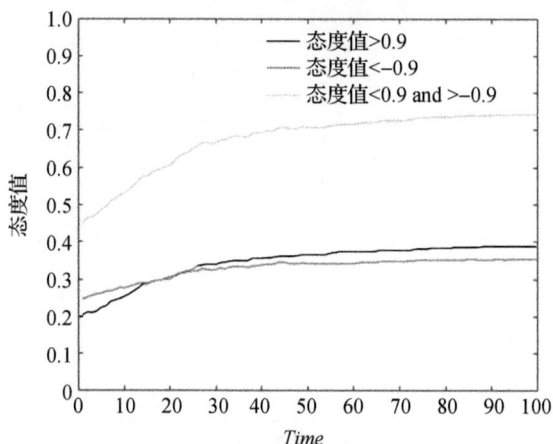

图6-23　"咪蒙事件"极化概率仿真图

通过比较图6-20—图6-23可知,虽然仿真与真实数据仍有差距,但整体舆情变化情况基本一致,极化个体所占比重较为相近,说明此次仿真有一定的实用价值。图6-20是取自网络中爬取数据所得,无法具体到每个个体的态度变化,只能以时间为单位判断网络中所有个体的态度走向,而仿真所得的如图6-22所示的结果则可以具体到每个网民个体的动态变化,因此图6-20为散点图,而图6-22则为折线图。

为验证本章所提模型的实用价值,在相同参数下使用J-A模型及静态从众模型进行仿真,结果如图6-24—图6-27所示。

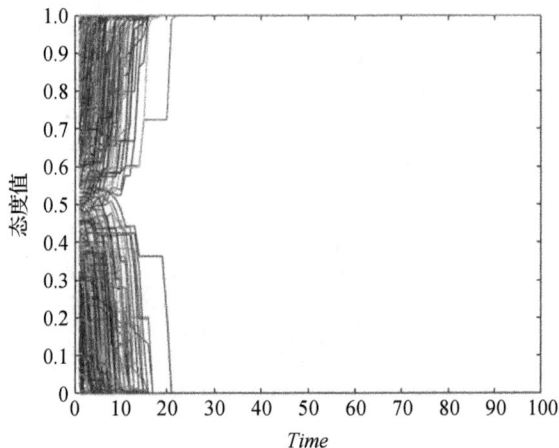

图6-24 J-A模型下"咪蒙事件"的舆情演化仿真图

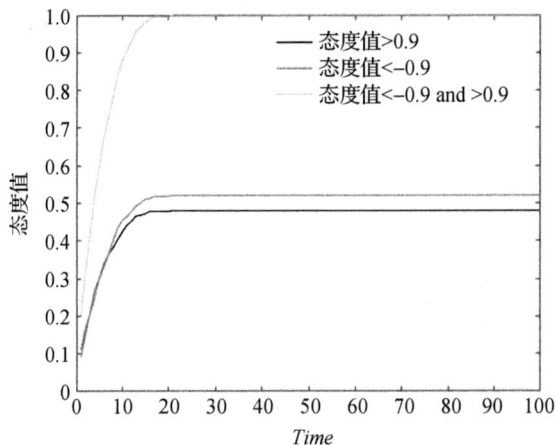

图6-25 J-A模型下"咪蒙事件"极化概率仿真图

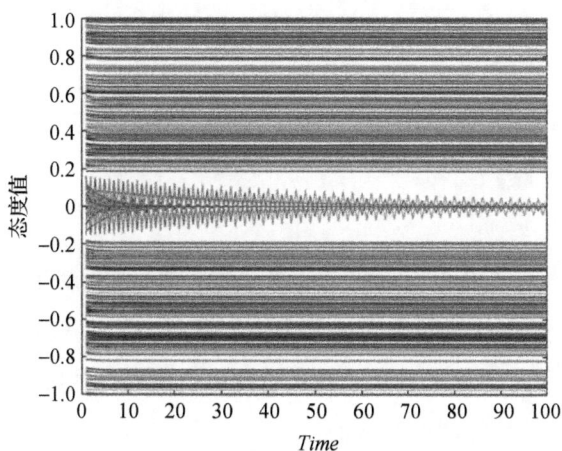

图6-26 静态从众模型下"咪蒙事件"的舆情演化仿真图

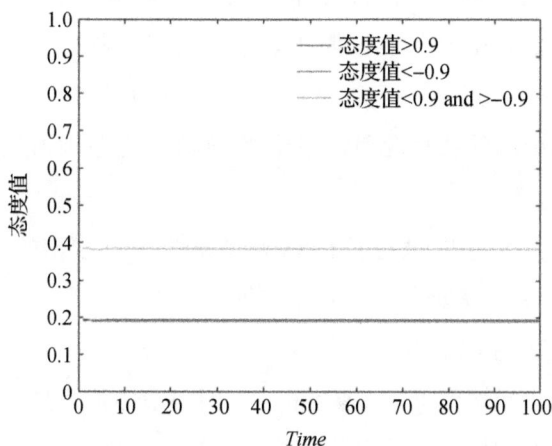

图6-27 静态从众模型下"咪蒙事件"极化率仿真图

如图6-24和图6-25所示,J-A模型下舆情极化速度非常快,在Time=15时,网络中所有个体已经达到极化效果,并且除了正、负极化态度外网络中没有其他态度值存在。事实上,对于如"咪蒙事件"这样的典型案例,个体对于自身观点的自信程度非常高,从众倾向相对较低,在个体间进行观点交互时受到的影响非常有限。因此,在舆情演化中,直至网民对事件关注度完全消失,正、负极化的比例只会较初始时刻有所增多,而不可能完全极化。而采用静态从众模型时,如图6-26—图6-27所示,网络中网民个体的态度值几乎保持不变,这与事实明显不符。因此,对于网民的从众性较低及初始观点值十分分散的热点事件,本章所提的模型更具实用价值。

6.6 结 论

为研究网络舆情极化现象产生的深层次机理,本章基于J-A模型的基本思想,引入动态从众性函数并考虑了个体异质性,进而提出了新的舆情极化模型,并且分析了个体动态从众性和异质性对舆情极化的影响。

通过实验仿真可得到以下结论:

第一,当网络中某一种极端态度占据主导地位时,另一种极端态度的个体会通过多次交互逐渐改变自己的固有看法进而转变为中立态度。

第二,在网络演化中个体态度的改变程度是有限的,在初始时刻相信一种观点的个体难以通过交互行为呈现另一种对立的态度。

第三,不同个体的从众性存在差异性,而在一定范围内从众性低的个体更容易形成极化。

第四,在应用实例中,通过对J-A模型与静态从众模型的对比分析,验证了本章所提模型更具理论价值与应用价值。

但是本章仍存在以下不足:

第一,结合实际案例可知,热点事件在网络中的传播是一个动态变化的过程,参与讨论的网民个体数量伴随热点事件的扩散逐渐增多,随着热点事件热度下降则逐渐减少,因此需要考虑网络中网民节点的增减情况,研究动态网络下的极化现象。

第二,由于网络的虚拟性,网民难以分辨诱导性信息,而随着真相不断被披露,则会发生舆情反转现象,需要研究舆情反转对于极化的影响。

参 考 文 献

[1] ALLCOTT H, GENTZKOW M. Social media and fake news in the 2016 election[J]. Journal of Economic Perspectives, 2017, 31(2): 211-235.

［2］KUSMARTSEV F V, KÜRTENKARL E. Physics of the mind: opinion dynamics and decision making processes based on a binary network model［J］. International Journal of Modern Physics B, 2008, 22(25-26): 4482-4494.

［3］PARSEGOV S E, PROSKURNIKOV A V, TEMPO R, et al. Novel multidimensional models of opinion dynamics in social networks［J］.IEEE Transactions on Automatic Control, 2017, 62(5): 2270-2285.

［4］SUNSTEIN C R. Neither hayek nor habermas［J］. Public Choice, 2008, 134(1-2): 87-95.

［5］URRUTIA-MOSQUERA J, LOPEZ-OSPINA H, SABATINI F, et al. Tolerance to diversity and residential segregation. an adaptation of the schelling segregation model with three social groups［J］. Eure-Revista Latinoamericana De Estudios Urbano regionales, 2017, 43(130): 5-24.

［6］DHAR S, GOR B, BANERJEE D, et al. Differences in nativity, age and gender may impact health behavior and perspectives among Asian Indians［J］. Ethnicity & Health, 2019, 24(5): 484-494.

［7］ABELES A T, HOWE L C, KROSNICK J A, et al. Perception of public opinion on global warming and the role of opinion deviance［J］. Journal of Environmental Psychology, 2019, 63: 118-129.

［8］ZHANG K P. Encountering dissimilar views in deliberation: political knowledge, attitude strength, and opinion change［J］. Political Psychology, 2019, 40(2): 315-333.

［9］QIU J T, LIN Z X, SHUAI Q H. Investigating the opinions distribution in the controversy on social media［J］. Information Sciences, 2019, 489: 274-288.

［10］LEWANDOWSKY S, PILDITCH T D, MADSEN J K, et al. Influence and seepage: an evidence-resistant minority can affect public opinion and scientific belief formation［J］. Cognition, 2019, 188: 124-139.

［11］BODE L, VRAGA E K. See something, say something: correction of global health misinformation on social media［J］. Health Communication, 2018, 33(9): 1131-1140.

[12] CHAN M, JONES C R, JAMIESON K H, et al. Debunking: a meta-analysis of the psychological efficacy of messages countering misinformation [J]. Psychological Science, 2017, 28(11): 1531-1546.

[13] HAMILTON R W, SCHLOSSER A, CHEN Y J. Who's driving this conversation? systematic biases in the content of online consumer discussions[J]. Journal of Marketing Research, 2017, 54(4):540-555.

[14] COLLIANDER J. This is fake news: investigating the role of conformity to other users' views when commenting on and spreading disinformation in social media[J]. Computers in Human Behavior, 2019, 97: 202-215.

[15] CHEN T, SHI J, YANG J, et al. Enhancing network cluster synchronization capability based on artificial immune algorithm [J]. Human-Centric Computing and Information Sciences, 2019, 9(3).

[16] KLEINER T M. Public opinion polarisation and protest behaviour [J]. European Journal of Political Research, 2018, 57(2): 941-962.

[17] DANDEKAR P, GOEL A, LEE D T. Biased assimilation, homophily, and the dynamics of polarization [J]. Proceedings of the National Academy of Sciences of the United States of America, 2013, 110(15): 5791-5796.

[18] ETESAMI S R, BASAR T. Game-theoretic analysis of the Hegselmann-Krause model for opinion dynamics in finite dimensions[J]. IEEE Transactions on Automatic Control, 2014, 60(7):1886-1897.

[19] LEON-MEDINI F J. Endogenous changes in public opinion dynamics [J]. Journal of Artificial Societies and Social Simulation, 2019, 22(1).

[20] FU G. Erratum to "Opinion dynamics of modified Hegselmann-Krause model in a group-based population with heterogeneous bounded confidence" [J]. Physica A: Statistical Mechanics & Its Applications, 2015, 419: 558-565.

[21] LI J, XIAO R. Agent-based modelling approach for multidimensional opinion polarization in collective behaviour [J]. Journal of Artificial Societies and Social Simulation, 2017, 20(2).

[22] SOOD V, REDNER S. Voter model on heterogeneous hraphs [J].

Physical Review Letters, 2005, 94(17): 178701.

［23］RODRIGUES F A, DA F C L. Surviving opinions in sznajd models on complex networks［J］. International Journal of Modern Physics C, 2005, 16(11): 1785-1792.

［24］SHANG Y. Deffuant model with general opinion distributions: first impression and critical confidence bound［J］. Complexity, 2013, 19(2):38-49.

［25］CHAZELLE B, WANG C. Inertial Hegselmann-Krause systems［J］. IEEE Transactions on Automatic Control, 2016, 62(8): 3905-3913.

［26］YANG Y, DIMAROGONAS D V, HU X. Opinion consensus of modified Hegselmann-Krause models［J］. Automatica, 2014, 50(2): 622-627.

［27］DEFFUANT G, WEISBUCH G, AMBLARD F, et al. The results of meadows and cliff are wrong because they compute indicatory before model convergence［J］. Journal of Artificial Societies and Social Simulation, 2013, 16(1):1-6.

［28］JAGER W, AMBLARD F. Uniformity, bipolarization and pluriformity captured as generic stylized behavior with an agent-based simulation model of attitude change［J］. Computational & Mathematical Organization Theory, 2005, 10(4):295-303.

［29］LIOU Y H, DALY A J. The lead igniter: a longitudinal examination of influence and energy through networks, efficacy, and climate［J］. Educational Administration Quarterly, 2019, 55(3): 363-403.

［30］CHU K H, MAJMUNDAR A, ALLEM J P, et al. Tobacco use behaviors, attitudes, and demographic characteristics of tobacco opinion leaders and their followers: twitter analysis［J］. Journal of Medical Internet Research, 2019, 21(6):1-7.

［31］WU T Y, ATKIN D J. To comment or not to comment: examining the influences of anonymity and social support on one's willingness to express in online news discussions［J］. New Media & Society, 2018, 20(12): 4512-4532.

［32］GRANOVETTER M S. The strength of weak ties［J］. American Journal of Sociology, 1973, 78(6): 1360-1380.

［33］GIULIETTI C, WAHBA J, ZENOU Y. Strong versus weak ties in migration［J］. European Economic Review, 2018, 104: 111-137.

［34］TRAVERS J, MILGRAM S. Experimental study of the small world problem［J］. Sociometry, 1969, 32(4): 425-443.

第 7 章

融入社会偏好理论的网络舆情极化建模、仿真与实证

7.1 引　言

当网络突发热点事件时,往往伴随热点事件的传播网络上会产生一个个与热点事件相关的论坛、讨论组等。当人们在论坛或讨论组中进行交流时,不同观点间的激烈争执或相互肯定都会使得舆情走向高潮,产生一个极端的态度值,这就是舆情极化。一般而言,有效利用舆情极化现象可以提高民众对于政府部门的信任感,增加用户对企业的忠诚度。然而同时,舆情极化现象也非常容易促使网络暴力行为的发生,甚至将这种线上行为延伸至线下,出现静坐、游行等不利于社会稳定的群体性行为。基于此,对于网络舆情极化现象产生机理的研究具有重要的理论意义与现实意义。

当前对舆情极化的研究相对较少,大部分研究都采用宏观统计[1]或数学建模[2-3]等方法在宏观层面分析极化现象形成与传播的主要特征,然而这些方法普遍缺乏对微观个体交互机制的研究。事实上,只有充分研究个体在网络中参与观点交互的内在驱动力,进而分析其决策行为背后的直接原因,才能更深地理解极化现象的内在机理。作者认为,在微观个体交互过程中,每个个体都具有差异性,这种差异性使得这些个体彼此具有不同的社会偏好。而这种具有差异性的社会偏好则会导致个体在网络中参与交互时所获得的收益不同,从而促使其在不同收益的驱使下采取不同的交互行为,并且最终影响整个网络的舆情极化效果。当前,社会偏好理论[4-5]多用于研究社会经济活动领域中个体的行为决策,就我们所知,该理论用于舆情演化领域则相对较少。基于此,本章引入社会偏好理论,并从异质个体所获收益角度,建立了用于分析个体交互行为的公共舆情极化模型。最后结合实验仿真探讨了社会偏好、网络结构及个体收益等因素对舆情极化现象的影响,并结合具体案例验证本章所提模型的实用性与有效性。

本章结构安排如下:第7.2节为文献综述;第7.3节构建了考虑不同偏好

的个体交互收益模型;第7.4节和第7.5节对所提模型进行实验仿真并结合具体案例分析,探讨各个参数对极化的影响;第7.6节是对本章内容的总结与对未来工作的展望。

7.2 文献综述

当前,已有少数学者尝试利用社会偏好理论来解释网络舆情演化机制。例如:Alizadeh et al.[6]通过构建有界信任模型研究网络中出现舆情极化现象的内在驱动力,分析了个体对于群体内成员的偏袒行为对于宏观层面的舆情演化的影响。Banisch et al.[7]通过加入社会反馈理论来评估个体在网络中交互的收益价值,认为个体在网络中进行观点交互时会根据他们表达的观点得到的社会反馈情况来评估他们提出的观点是否正确,进而提出了一种考虑社会反馈机制的新舆情极化模型。Dong et. al[8]认为,在观点交互时,交互者经常会隐藏其真实偏好,并对不同的人表达不同的偏好问题;其进一步通过将交互者分为真实偏好者、交流偏好者和公共偏好者来研究普遍存在于网络中的具有欺骗性的交互及异质信任的偏好演化现象。Navarro-Martinez et al.[9]研究了边界期望效用理论,并通过仿真与实例验证了其合理性与有效性。Medina et al.[10]融合了期望效用理论建立了一个偏好动态变化的模型。在该模型中,决策者把每一次交互时所选择的偏好都记录下来,并且与以往的偏好进行比较。Cabrerizo al.[11]通过建立一个连续的意见空间来衡量个体在交互时动态变化的偏好值。Cabrerizo et al. [12]描述了颗粒模糊偏好关系的概念并且描述了模糊群体决策问题中个体不同偏好对决策结果的影响情况。Herrera-Viedma et al.[13]研究了信息缺失对不完全模糊偏好关系的影响。Pérez et al.[14]提出了两种关于偏好评估的解释模型(加性互惠与乘性互惠),并比较了二者的不同。Gayle et al.[15]在对资源进行评估时提出了一种基于模糊共识的扩展模型,通过对评估的资源进行反馈来指导决策,从而减弱模糊评价时个人偏好对评估结果准确性的影响。Barseghyan et al.[16]通过嵌套预期效用理论研究了家庭风险偏好问题。以上这些研究对于舆情演化领域具有重要意义,但这些研究主要以定性分析为主,缺乏定量的建模分析,因此对于复杂多变的舆情演化的刻画缺少直观性与有效性。

综上所述,目前关于舆情极化现象方面的研究,多通过模拟舆情演化的宏观规律来分析极化的成因,鲜有在微观层面,针对个体交互的收益与所持社会偏好进行更加深入的研究。事实上,微观个体的交互决定了宏观群体的涌现情况,当前融入社会偏好理论的舆情极化现象的研究还鲜见于文献。在网络舆情演化过程中,持不同偏好的个体会有不同的收益,而收益的不同又会驱使他们在交互时采取不同的决策行为。而这些具有偏好异质的个体间不同的交互行为,最终使得网络舆情呈现出不同的极化效果。此外,就个体在微观层面的交互行为而言,舆情极化研究必须考虑参与交互双方的亲密度及友善度。一般而言,个体会更加倾向于与关系亲密的朋友或者观点相似的志同道合者进行交互,且其交互收益也会更高,因此本章首先将亲密度及友善度进行量化处理,建立了异质个体收益函数,并融入社会偏好理论建立了新的舆情极化模型,用于分析舆情极化中的微观交互机制,研究其传播规律。其次,根据个体收益函数,在BA网络[17]的基础上构建了具有节点退出机制的网络模型,将以往极化研究[18]中的静态网络拓展为动态网络,使其更加符合实际。最后,结合仿真实验分析了不同社会偏好及个体收益函数等因素对舆情极化效果的影响,并通过实际案例验证了模型的合理性与有效性。

7.3　模型构建

本章基于蒙特卡罗的多Agent方法进行建模,将网络中参与微观交互的个体用Agent表示,同时假设网络规模为N,即网络中有N个网民节点。将网络中个体态度值用连续区间$[-1,1]$内任意数进行表示,其初始态度值为服从均匀分布的随机值。具体研究方法如图7-1所示。

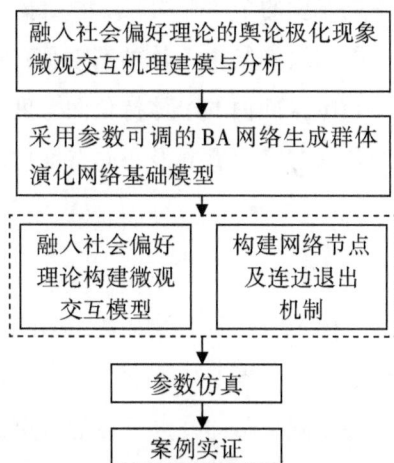

图7-1　研究方法框图

对于 Agent i 来说,其在网络中与其他个体交互观点时,若受到肯定,会产生一些满足感,这种满足感所带来的收益会促使 Agent i 继续与他人交互观点;而当 Agent i 与他人的观点差异较大时,其会由于受到质疑而产生挫败感,从而带来负收益。基于此,Agent i 每一次交互所产生的收益值会随着其与交互者观点的不同而发生变化。假设任一时刻,Agent i 每次交互产生的总收益为 $U(i)$,由社会主流收益 $U_s(i)$、观点表达收益 $U_o(i)$ 及个体间交互收益 $U_f(i)$ 3 部分组成,用公式表达如下:

$$U(i) = \alpha \cdot U_s(i) + \beta \cdot U_f(i) + \gamma \cdot U_o(i) \qquad (7\text{-}1)$$

其中,α,β,γ 为影响参数,分别表示 Agent i 的社会偏好、邻居偏好及自我偏好的影响程度。

7.3.1 社会主流收益 U_s

舆情极化现象通常会演变为双极化或单极化形式。本章主要研究双极化现象,即出现两种极端观点的情况。当双极化现象出现后,网络中会出现两种观点截然相反的态度团体,并且彼此间完全对立。基于此,度量网络极化现象的社会主流收益时,采取先计算网络全部个体的态度值再进行平均的方式是不准确的。本章先将持正、负向态度团体的态度值进行区分,然后分别计算两个不同团体的平均态度值,即持负向态度的个体平均态度值 X_N 与持正向态度的个体平均态度值 X_P。

假设网络中个体的态度值 x_i 服从均匀分布,且所有 $x_i \in [-1,1]$,那么属于 $[-1,0]$ 区间内的个体持负向态度,而属于 $(0,1]$ 区间内的个体持正向态度,其中负向态度均值 X_N 及正向态度均值 X_P 的计算过程如下:

$$X_N = \sum_{i=1}^{N} x_i, x_i \in [-1,0] \qquad (7\text{-}2)$$
$$X_P = \sum_{i=1}^{P} x_i, x_i \in (0,1]$$

由于个体具有社会性,其往往希望通过行为的交互而获得网络中其他个体的认可。当 Agent i 的态度值 $x_i \in [-1,0]$ 时,Agent i 呈现负向态度,那么他更容易受到呈负向态度个体的认可,与此同时持正向态度个体则会排斥他。具体计算如图 7-2 及公式(7-3)所示。

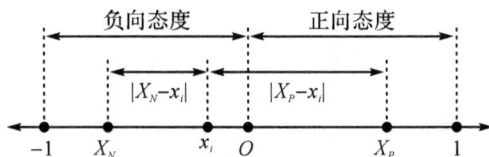

图7-2 持负向态度个体社会主流收益计算示意图

$$U_s(i) = \cos\left(\frac{\pi}{2} \cdot \left|X_N - x_i\right|\right) + \varepsilon\cos\left(\frac{\pi}{2} \cdot \left|X_P - x_i\right|\right) \tag{7-3}$$

其中 ε 为影响参数,指个体对与社会主流观点偏离的厌恶程度。

由图7-2可知,当个体 i 呈现负向态度时,那么 i 与负向态度均值 X_N 的态度距离 $|X_N - x_i|$ 处于 $[0,1]$ 区间内,而其与正向态度均值 X_P 的态度距离 $|X_P - x_i|$ 则处于 $[1,2]$ 区间内。此时,Agent i 的态度值与 X_N 越接近则越容易受到持负向态度的团队中个体的肯定,即 $|X_N - x_i|$ 越小则收益值越大,且全部为正数,也就是说,其与余弦函数处于 $[0,\frac{\pi}{2}]$ 区间内的增长趋势相近;同时,Agent i 的态度值与 X_P 的差异越大,其越容易受到持正向态度的团体中个体的反对,即 $|X_P - x_i|$ 越大,收益值越小,且全部为负数,也就是说,其与余弦函数处于 $[\frac{\pi}{2},\pi]$ 区间内的增长趋势相近。

当 Agent i 的态度 $x_i \in [0,1]$ 时,Agent i 呈现正向态度,那么他更容易受到呈正向态度个体的认可,与此同时持负向态度个体则会排斥他。具体计算如图7-3所示和公式(7-4)所示。

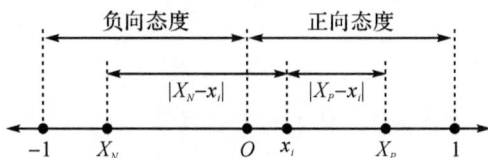

图7-3 持正向态度个体社会主流收益计算示意图

$$U_s(i) = \cos\left(\frac{\pi}{2} \cdot \left|X_P - x_i\right|\right) + \varepsilon\cos\left(\frac{\pi}{2} \cdot \left|X_N - x_i\right|\right) \tag{7-4}$$

7.3.2　观点表达收益 U_o

当个体在接触到某个热点信息时,个体都会有表达自己观点的欲望,这种欲望会促使个体间交互行为的发生,而交互行为发生之后会由于个体观点的成功表达而带来收益,本章将该收益定义为观点表达收益 U_o。对个体来说,个体态度值越接近极端值,其在网络中表达的意愿就会越强烈,因此收益也会越高。本章在上文中将态度值取值范围定义为区间 $[-1,1]$ 内任意数,由于函数 $y=|x|$ 是以 y 轴为对称轴并向 x 轴两侧延伸的直线,从而与文中定义的观点表达收益函数相近,具体如公式(7-5)所示。

$$U_o(i) = \left| x_i \right| \tag{7-5}$$

7.3.3　个体间交互收益 U_f

Agent i 在与邻居节点 Agent j 进行观点交互时会获得个体间交互收益 U_f。一方面,个体 i 与熟悉的人进行交互时得到的收益值高于与陌生人交互得到的收益值;另一方面,个体与意见相似者进行交互所得的收益也会高于与意见相背者交互得到的收益。基于此,两个个体进行观点交互得到的收益与他们之间的亲密度 h_{ij} 及友善度 g_{ij} 有关,具体如图7-4及公式(7-6)—公式(7-8)所示。

$$U_f(i) = h_{ij} \cdot g_{ij} \tag{7-6}$$

其中亲密度 h_{ij} 及友善度 g_{ij} 的详细计算过程如下文所示。

(1)亲密度 h_{ij}

亲密度表示网络中部分个体的相互连接关系的情况。图7-4中,人形节点表示网络中进行交互的个体,连边表示个体间的连接关系。

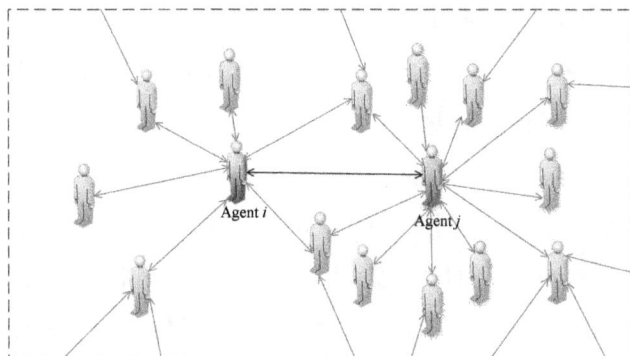

(a)个体间直接相连示意

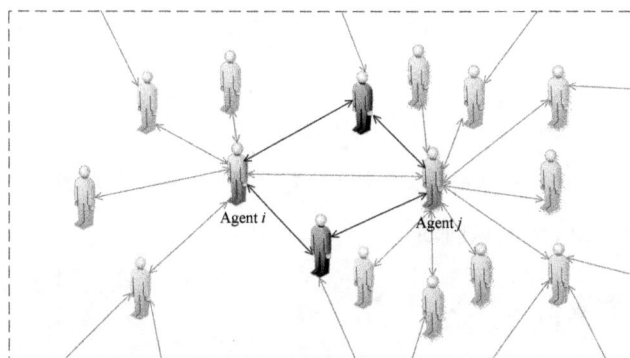

(b)共同朋友示意

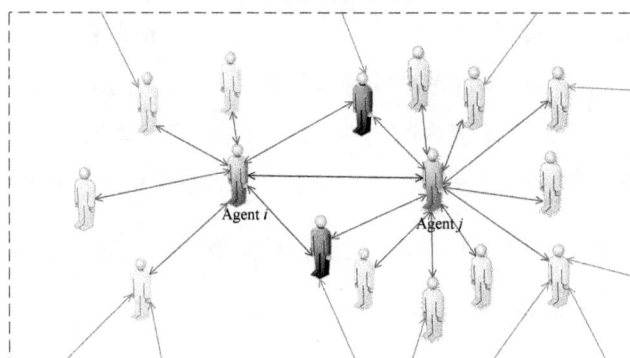

(c)亲密度判定示意

图7-4　亲密度h_{ij}计算示意图

　　如图7-4(a)所示,Agent i 与 Agent j 直接相连[如图7-4(a)中的黑色连线所示],说明他们之间存在交互关系。如图7-4(b)所示,所有与 Agent i 与 Agent j 相连的个体中,有两个共同的相连个体[如图7-4(b)中的灰色人形节点及黑色连线所示），说明这两个个体同时与 Agent i 和 Agent j 存在交互关系，即这两个个体是 Agent i 与 Agent j 的共同朋友。在复杂网络中经常会出现"朋友的朋友就是你的朋友"的现象，而共同朋友多的两个个体之间的亲密度往往会高于共同朋友少的两个个体之间的亲密度。因此，本章假设两个个体之间的亲密度大小与共同朋友的数量成正相关关系。然而如图7-4(c)所示，由于与 Agent j 相连接的个体数量远大于与 Agent i 相连接的个体数量，因此，尽管 i,j 之间的共同朋友数量相同，但是 Agent i 与 Agent j 对彼此的亲密度判定结果不同。假设网络中所有与 Agent i 相连接的个体数为 N_i，这 N_i 个个体中与 Agent j 相连的个数为 $N_{ij}(N_{ij}=N_{ji})$，那么 Agent i 对于 Agent j 的亲密程度 h_{ij} 表示如下：

$$h_{ij} = N_{ij}/N_i \tag{7-7}$$

值得注意的是，因为 $N_i \neq N_j$，所以 $h_{ij} \neq h_{ji}$。此外，为便于计算，本章假设网络中所有个体的连接均为双向连接。

(2)友善度 g_{ij}

当 Agent i 与 Agent j 进行交互时，由于二者之间的态度值存在差异，两者交互所获得的收益不同。个体通常会更多地向意见相近者表示善意，这与余弦函数在 $[0,\pi]$ 区间内单调递减的趋势相近，即态度距离 $|x_i-x_j|$ 越大，其友善度越低，当差值介于某个阈值内时，友善度为正，在到达阈值后，友善度减小为负值，并随着态度距离的增加而继续减小。而本章假设态度值处于 $[-1,1]$ 区间内，态度距离 $|x_i-x_j|$ 则位于 $[0,2]$ 区间，因此本章乘以系数 $\dfrac{\pi}{2}$ 用以限定值域取值范围。基于此，g_{ij} 的计算如下：

$$g_{ij} = \cos\left(\frac{\pi}{2} \cdot \left| x_i - x_j \right|\right) \tag{7-8}$$

7.3.4　个体交互总收益 U

由以上分析可知，当 $x_i \in [-1,0]$ 时，Agent i 产生的收益 $U(i)$ 为：

$$U(i) = \alpha \cdot U_s(i) + \beta \cdot U_f(i) + \gamma \cdot U_o(i)$$

$$= \alpha \left[\cos\left(\frac{\pi}{2} \cdot \left| X_N - x_i \right|\right) + \varepsilon \cos\left(\frac{\pi}{2} \cdot \left| X_P - x_i \right|\right) \right] + \beta \frac{N_{ij}}{N_i} \cdot \cos\left(\frac{\pi}{2} \cdot \left| x_i - x_j \right|\right) + \gamma \left| x_i \right|$$

$$(7-9)$$

当 $x_i \in (0, 1]$ 时，Agent i 产生的收益 $U(i)$ 为：

$$U(i) = \alpha \cdot U_s(i) + \beta \cdot U_f(i) + \gamma \cdot U_o(i)$$

$$= \alpha \left[\cos\left(\frac{\pi}{2} \cdot \left| X_P - x_i \right|\right) + \varepsilon \cos\left(\frac{\pi}{2} \cdot \left| X_N - x_i \right|\right) \right] + \beta \frac{N_{ij}}{N_i} \cdot \cos\left(\frac{\pi}{2} \cdot \left| x_i - x_j \right|\right) + \gamma \left| x_i \right|$$

$$(7-10)$$

7.3.5　社会偏好理论的引入

由于每个个体在社会中并不是孤立存在的，很多时候个人的收益除与自身有关外，还与他人获得的收益有关。当个体 i 的交互总收益为固定值 $U(i)$ 时，若其发现网络中其余个体的收益远低于 $U(i)$，或是远高于 $U(i)$，在这两种情况下，个体 i 在网络中的认同感不尽相同。因此，个体 i 最终的收益与交互对象 j 的收益 $U(j)$ 存在一种弱相关关系。但是，偏好不同的人对于认同感的认可度并不相同。社会偏好理论认为，网络中的个体根据其偏好不同可大致分为 3 类：只在意自身收益的利己偏好个体、更在意他人收益的利他偏好个体及只在意分配公平性的公平偏好个体。下面基于社会偏好理论对个体交互收益及亲密度进行修正。

（1）个体总收益的修正

本节基于 Fehr et al.[19] 提出的社会偏好理论对上述 3 种偏好个体的收益函数进行修正，修正后的函数表示如下：

第一，当个体 i 为利己偏好个体时，会比较在意自身收益。因此，当个体 i 的收益小于交互个体 j 的收益时会由于产生嫉妒心理而减少部分收益，其受影响程度则与他们之间的收益差值 $|(U(j) - U(i))|$ 有关，用公式表示如下：

$$U_P(i) = U(i) - \varphi \cdot \max\{U(j) - U(i), 0\} \qquad (7-11)$$

第二，当个体 i 为利他偏好个体时，会更在意与其交互个体的收益。因

此,当个体 i 的收益大于交互个体 j 的收益时,会由于产生同情心理而减少部分收益,用公式表示如下:

$$U_P(i) = U(i) - \omega \cdot \max\{U(i) - U(j), 0\} \qquad (7\text{-}12)$$

第三,当个体 i 为公平偏好个体时,会更在意收益的公平性。因此,当个体 i 的收益大于交互个体 j 的收益时,会由于产生同情心理而减少收益;而当个体 i 的收益小于交互个体 j 的收益时,会由于产生嫉妒心理而减少部分收益,用公式表示如下:

$$U_P(i) = U(i) - \varphi \cdot \max\{U(j) - U(i), 0\} - \omega \cdot \max\{U(i) - U(j), 0\}$$

$$(7\text{-}13)$$

公式(7-11)—公式(7-13)中的参数 φ, ω 为影响系数,指个体 i 因受到个体 j 的影响而减小收益的程度。

(2)亲密度的修正

网络中,网民间通过相互关注形成连接关系,从而构建出虚拟网络,但在虚拟网络内的社交方式与线下的社交方式存在显著区别。首先,网络中个体间的连接关系极不稳定,个体 i 在网络中进行交互时,会由于与个体 j 的交互收益过小而不愿意与其再次交互,转而寻求能让自己获取更大收益的交互者,此时两者间的亲密度会有所降低。其次,由于网络中存在异质性偏好个体,这些个体在交互时会出现不同的表现形式,具体如图7-5所示。

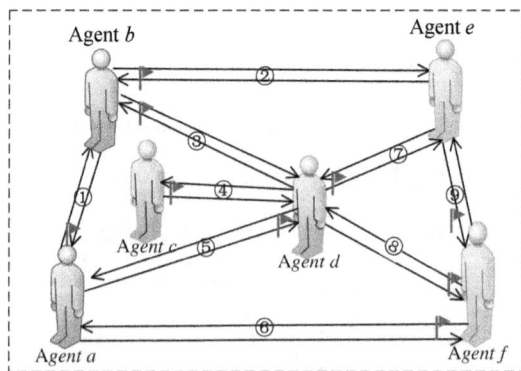

图7-5　交互收益大小比较示意图

　　由图7-5可知,人形节点表示网络中交互的个体,其中Agent a 与Agent b 表示属性为公平偏好的个体,Agent c 与Agent d 表示属性为利己偏好的个体,Agent e 和Agent f 表示属性为利他偏好的个体。此外,序号①表示公平偏好个体间的交互;④表示利己偏好个体间的交互;⑨表示利他偏好个体间的交互;②与⑥表示公平偏好个体与利他偏好个体之间的交互;③与⑤表示公平偏好个体与利己偏好个体之间的交互;⑦与⑧表示利己偏好个体与利他偏好个体之间的交互。图中人形节点旁边旗子标志表示该个体通过交互获得的收益与其他交互者相比较大。如Agent a 与Agent b 在交互过程中,Agent a 侧有旗子标志,表示Agent a 所获得的收益大于Agent b。因此,根据图7-5,对个体两两交互的收益进行比较,可得:$U(b)>U(b)$,$U(b)>U(e)$,$U(b)>U(d)$,$U(c)>U(d)$,$U(d)>U(a)$,$U(f)>U(a)$,$U(d)>U(e)$,$U(f)>U(d)$,$U(f)>U(e)$。

　　另外,如图7-6和图7-7所示,公平偏好个体Agent a 和Agent b 之间交互时在意收益分配的公平性,只有当发现自身收益与交互对象相差较大时才会减小交互意愿,因此亲密度不容易改变;而利己偏好个体Agent c 与Agent d 进行交互时,由于Agent c 的收益大于交互对象Agent d,Agent c 会增强与Agent d 再次交互的意愿,亲密度 h_{cd} 会增加。同时,Agent d 却会因为自身收益没有交互对象Agent c 大而减弱与Agent c 再次进行观点交互的意愿,具体表现为亲密度 h_{dc} 会减小。利他偏好个体Agent e 与Agent f 在交互时的亲密度变化情况则完全与利己偏好个体Agent c 与Agent d 的情况相反。当利他偏好个体Agent e 的收益小于交互对象Agent d 时,Agent e 对Agent d 的交互意愿增强,表现为亲密度 h_{ed} 增加。而利他偏好个体Agent f 则因为自身收益大于交互者Agent d 而减小与交互对象Agent d 的亲密度 h_{fd}。在经过若干次交互后,若两个交互个体Agent i、Agent j 之间的亲密度降为0,则Agent i,Agent j 之间的连接断开,不再进行交互。图7-6中哭脸、笑脸及面无表情的图标分别表示交互意愿增强,交互意愿减弱及交互意愿不变3种情况。图7-7中浅色实线箭头、浅色虚线箭头及深色实线箭头分别表示亲密度变增加、亲密度减小、亲密度不变3种情况。

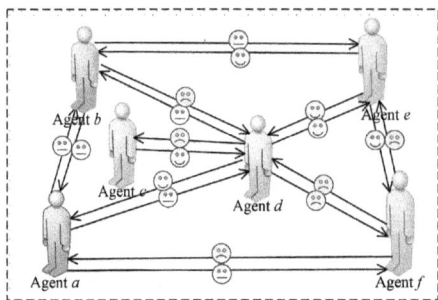

图7-6　收益修正示意图　　　　　图7-7　亲密度修正示意图

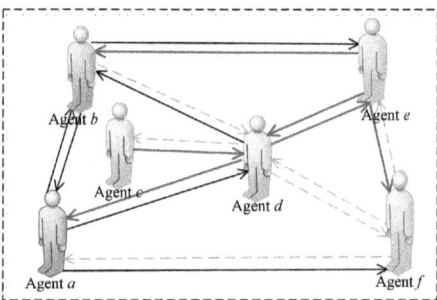

基于此,亲密度函数具体修正如下。

第一,若 Agent i 持利己偏好:Agent i 在 $t+1$ 时刻对于 Agent j 的亲密度 $h_{ij}(t+1)$ 与他们此前的亲密度 $h_{ij}(t)$ 及 t 时刻的收益差值 $\left|[U(j)-U(i)]\right|$ 有关。若 t 时刻 Agent i 的收益小于 Agent j,Agent i 则会因为产生嫉妒心理而减小对 Agent j 的亲密度;反之亲密度则会增大。用公式表示如下:

$$h_{ij}(t+1)=\begin{cases}h_{ij}(t)-\dfrac{U(j)-U(i)}{U(i)}\cdot h_{ij(t)},&U(i)\neq 0\\h_{ij}(t),&U(i)=0\end{cases} \qquad (7\text{-}14)$$

第二,若 Agent i 持利他偏好:Agent i 在 $t+1$ 时刻对于 Agent j 的亲密度 $h_{ij}(t+1)$ 与他们此前的亲密度 $h_{ij}(t)$ 及 t 时刻的收益差值 $\left|[U(j)-U(i)]\right|$ 有关。若 t 时刻,Agent i 的收益大于 Agent j,Agent i 则会因为产生同情心理而增加对 Agent j 的亲密度;反之亲密度则会减小。用公式表示如下:

$$h_{ij}(t+1)=\begin{cases}h_{ij}(t)-\dfrac{U(i)-U(j)}{U(i)}\cdot h_{ij}(t),&U(i)\neq 0\\h_{ij}(t),&U(i)=0\end{cases} \qquad (7\text{-}15)$$

第三,若 Agent i 持公平偏好:Agent i 只在意收益的公平性。若 t 时刻,Agent i 和 Agent j 之间的收益差值 $\left|[U(j)-U(i)]\right|$ 过大,Agent i 会感到收益分配不公平,而在下一时刻降低对 Agent j 的亲密度;反之则不变。用公示表示如下:

$$h_{ij}(t+1) = \begin{cases} h_{ij}(t) - \dfrac{\max\{U(j)-U(i),0\}}{U(i)} \cdot h_{ij}(t), & U(i) \neq 0 \, and \, |U(j)-U(i)| > m \\ h_{ij}(t), & \text{others} \end{cases}$$

$$\text{(7-16)}$$

其中 m 为阈值,指 Agent i 所能接受的与交互者收益差异的最大值。

在突发热点事件扩散过程中,个体在初始时刻通过判断交互行为是否可以获得一定收益,从而确定交互行为是否延续。而伴随着网络中公共舆情的转变,个体的交互收益也会发生改变,当收益为负时,个体就不再有交互的驱动力了,从而不再关注该热点事件,具体表现为在下一时刻不再与其他个体进行任何交互,成为网络中的孤立个体。整个交互过程的具体演化过程如下。

第一步,构建初始网络:初始网络节点为 m_0,且节点间采用随机连接方式。

第二步,网络节点的增长方式:网络中每次新增加 m 个节点,并与初始网络中 m_0 个节点建立连接关系,即每次新增加 m 条边,新增加的节点与初始网络中节点的连接概率与原有节点度成正相关关系。

第三步,构建节点规模为 N 的无向网络图。

第四步,随机选取 Agent i,并在与之相连的节点中随机选择 Agent j 作为观点交互对象与其进行观点交互。

第五步,根据公式(7-9)和公式(7-10),分别计算 Agent i 与 Agent j 的收益 U_i 与 U_j。

第六步,根据公式(7-11)—公式(7-13),通过判断 Agent i 的社会偏好来对 Agent i 的收益进行调整。

第七步,更新 Agent i 对于 Agent j 的亲密度 h_{ij}。

第八步,判断 Agent i 在网络中交互的累计收益是否大于0,若收益大于0则继续交互,若不是则断开网络中 Agent i 的所有连线,使之成为孤立节点。

第九步,重复第四至第八步,直至演化时间结束。

本章具体仿真过程如图7-8所示。

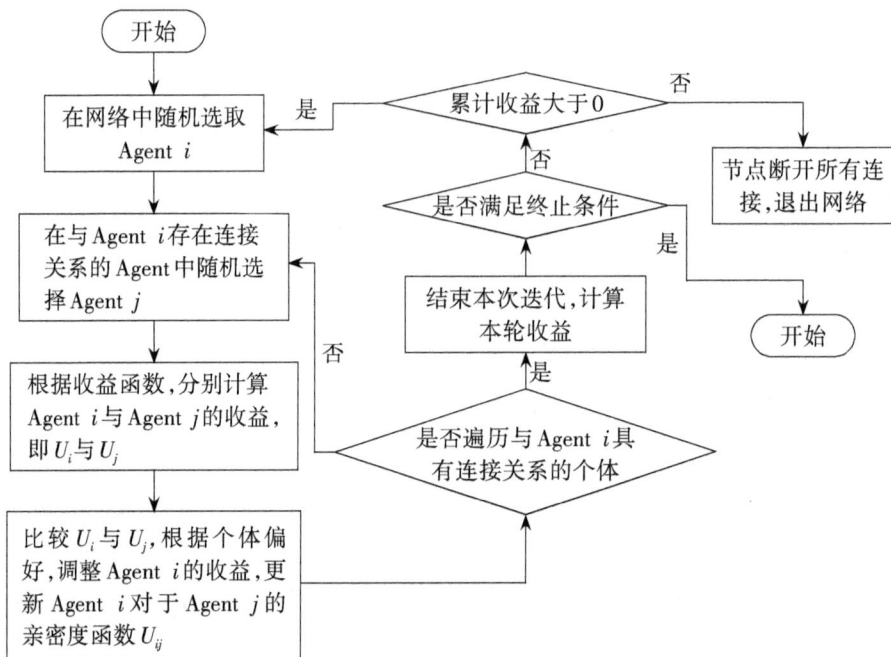

图7-8　仿真流程图

7.4　数值仿真实验

本节仿真分析社会偏好、个体收益等因素对舆情极化效果的影响。

7.4.1　不同社会偏好对舆情极化效果的影响

前文定义了公平、利己及利他3种偏好的个体,这里通过数值仿真实验研究网络中持这3种不同偏好的个体对舆情极化效果的影响。仿真网络采用拓展的BA无标度构建,仿真中其他相关参数如下:$N=500$,$\varphi=0.5$,$\omega=0.5$,$\alpha=0.32$,$\beta=0.6$,$\gamma=0.05$。具体网络特征指标如表7-1所示。图7-9为根据指标公式(7-7)计算得出的初始时刻网络中所有节点相互间亲密度情况的斑驳图,具体计算结果如公式(7-17)所示。图7-10为三维柱状图,其中x轴、y轴分别

表示交互时间与态度值，z 轴表示不同时刻不同态度区间内个体所占比例。图 7-11 则分别表示当网络中的个体偏好全为公平偏好、利己偏好、利他偏好或为混合偏好（各占 1/3）时，舆情极化现象出现后网络中个体间亲密度的分布情况，具体数值如右侧色阶所示。在本次仿真中，当 $Time=6$ 时，出现舆情极化现象，这是因为该时刻网络中所有个体的态度值都不再改变，且大部分个体的态度值处于极端值（即 $|x_i|>0.9$）内。

$$h=\begin{bmatrix} 0 & 0.5000 & 0.2500 & 0.2500 & 0 & 0.5000 & 0.5000 & 0.7500 & 0.2500 & 0.2500 \\ 0 & 0 & 0.5000 & 0.5000 & 0 & 0 & 0.2500 & 0.5000 & 0 & 0 \\ 0 & 0 & 0 & 0.3333 & 0 & 0.3333 & 0 & 0.6667 & 0 & 0 \\ 0 & 0 & 0 & 0 & 0 & 0 & 0 & 0 & 0 & 0 \\ 0 & 0 & 0 & 0 & 0 & 0 & 0 & 0 & 0 & 0 \\ 0.8000 & 0 & 0.2000 & 0 & 0 & 0 & 0.2000 & 0.6000 & 0 & 0.4000 \\ 1.0000 & 0.2500 & 0 & 0 & 0 & 0.2500 & 0.2500 & 0 & 0.2500 & 0 \\ 1.0000 & 0.3333 & 0.3333 & 0 & 0 & 0.5000 & 0.1667 & 0 & 0.1667 & 0.3333 \\ 0.6667 & 0 & 0 & 0 & 0 & 0 & 0 & 0.3333 & 0 & 0 \\ 0.6667 & 0 & 0 & 0 & 0 & 0.6667 & 0 & 0.6667 & 0 & 0 \end{bmatrix}$$

$$(7\text{-}17)$$

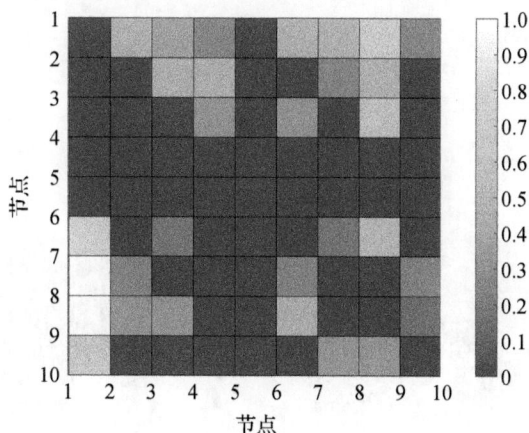

图 7-9　亲密度斑驳图

由图 7-9 及公式（7-17）可知，在节点数 N 为 10 的网络中，除自身外，网络中最多有 $(10-1)^2=81$ 条连边，而每条连边都对应一个亲密度值。公式（7-17）的矩阵中，矩阵单元 $h(1,2)$ 处节点数值为 0.5000，表示 Agent 1 对于 Agent 2 的亲密度 h_{12} 为 0.5000，而图 7-9 中 1 行 2 列的格子，结合右侧色标可知，同样代

表0.5000。公式(7-17)的矩阵中,若(i,j)处数值为0,则表示 Agent i 与 Agent j 不相连,此时图7-9中格子的颜色为深色。需要注意的是,矩阵中对角线单元$h(i,i)$无意义,均以0表示。

表7-1 仿真网络特征指标

节点数	平均路径长度	聚类系数	平均度
500	1.5602	0.455 75	219.448

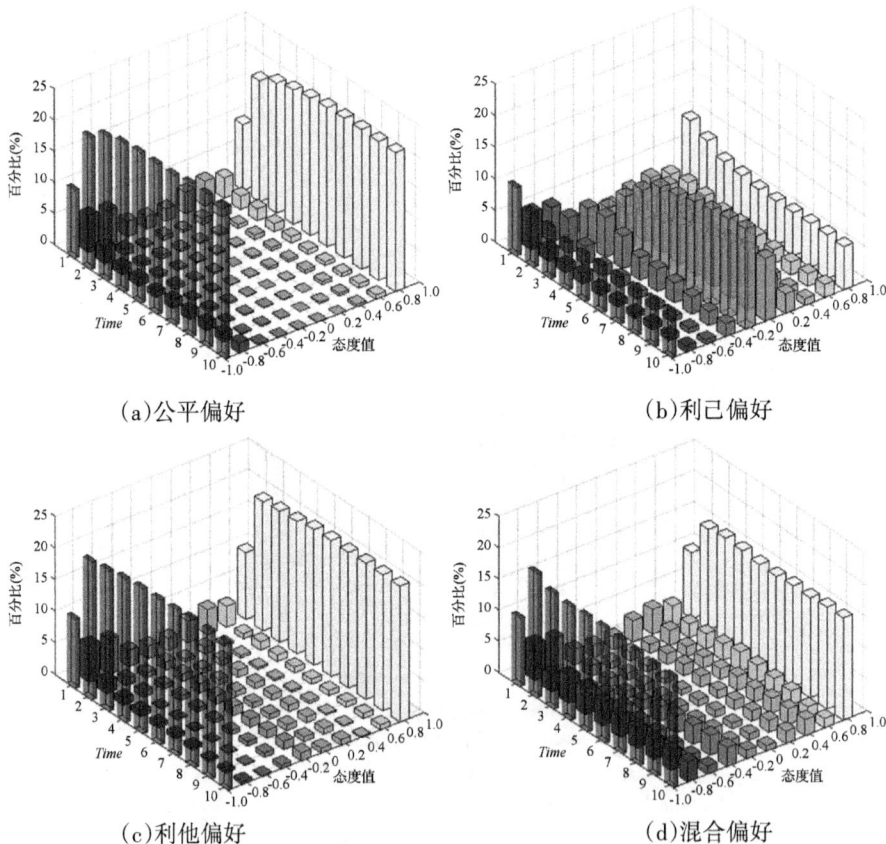

(a)公平偏好　　(b)利己偏好　　(c)利他偏好　　(d)混合偏好

图7-10 不同时刻态度值分布图

（a）公平偏好　　　　　　　　　　　　（b）利己偏好

（c）利他偏好　　　　　　　　　　　　（d）混合偏好

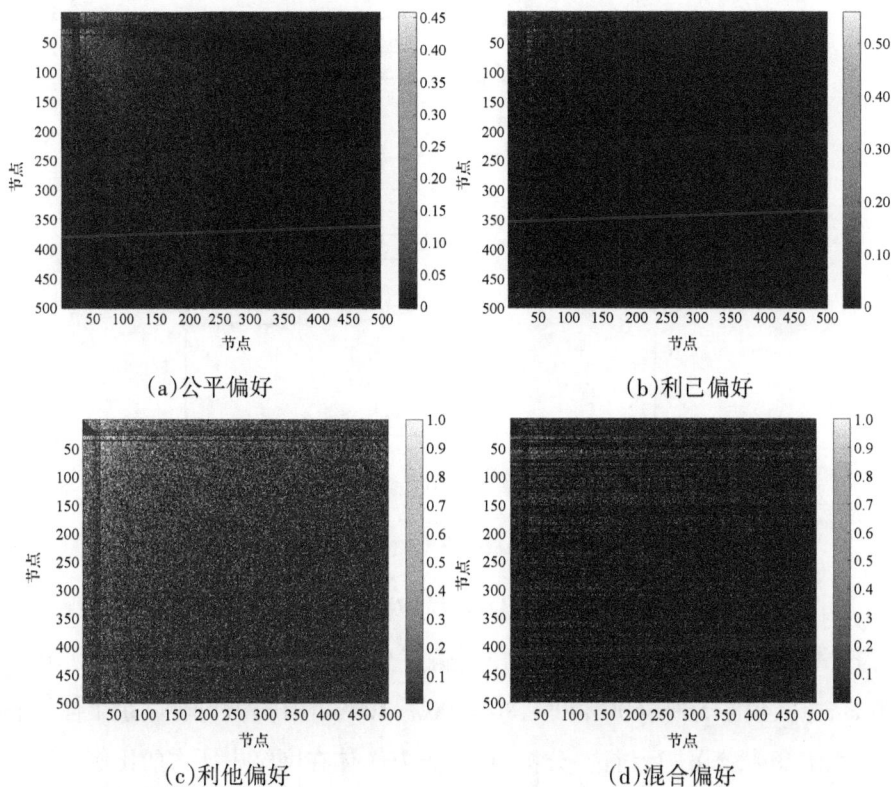

图7-11　亲密度分布图

　　此外，由图7-11可知，在 $Time=6$ 时，3种偏好的网络中亲密度情况差异很大，其中利他偏好网络的亲密度大于公平偏好网络，公平偏好网络的亲密度大于利己偏好网络。基于此，利他偏好网络中个体交互的意愿更强，且在多次交互后会进一步增强这种意愿，其表现为亲密度的提升。与之相反，利己偏好个体则会在多次交互后减弱交互意愿，表现为亲密度的降低。此外，公平偏好个体则介于二者之间。然而，由图7-10和图7-12可知，由公平偏好个体所组成的网络中最终形成的极化率（即 $|x_i|>0.9$ 的个体数量占全部个体的比例）最高，然后依次是利他偏好网络、混合偏好网络与利己偏好网络。

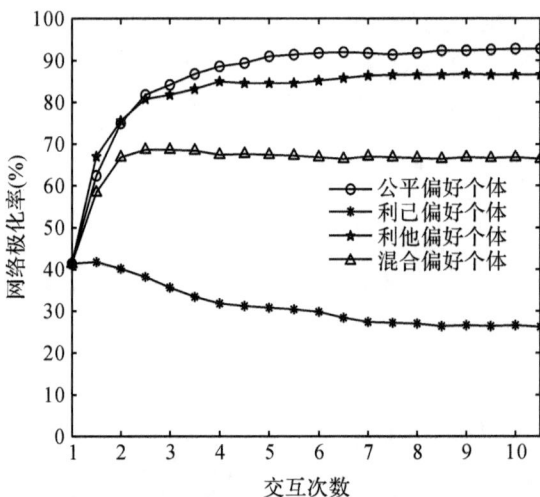

图7-12　极化率随时间变化图

　　另外,为了进一步研究不同社会偏好对舆情极化效果的影响,在保证其余参数不变的情况下,将网络中的3种偏好个体所占的比例分别设置为10%,20%,30%,40%,50%,60%,70%,80%,90%,100%等10种情况(其余个体均假设为无偏好状态)进行讨论,分析当3种偏好个体在网络中所占的比例不同时舆情极化的效果,结果如图7-13所示。

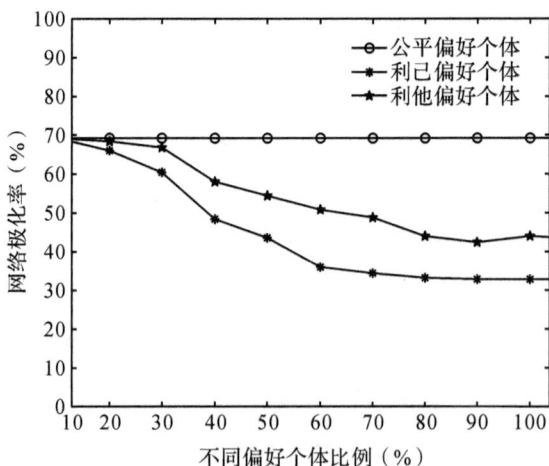

图7-13　3种偏好个体所占比例与网络极化率的关系

　　如图7-13所示,伴随利己偏好个体与利他偏好个体在网络中所占比例的增加,网络中最终形成的极化率都有所下降;与之相反,伴随公平偏好个体比例的增加,网络极化率几乎没有变化。

为更清楚地分析这3种比例的偏好在网络中的分布对于舆情极化的影响,以上述BA网络进行仿真,分别进行100次实验,每次实验均随机生成不同的偏好个体比例,并组合成不同的社交网络(如利己偏好占31%、利他偏好占33%、公平偏好占36%为一种组合,但三者相加为1),再计算出每种组合最后呈现的极化率值并绘制出极化率三维图,如图7-14所示,图中每个散点表示1次仿真结果,x、y、z轴分别表示公平偏好、利己偏好个体和利他偏好个体所占的比例,散点颜色则表示极化率,其中颜色越浅表示极化率越高,反之则表示极化率越低,具体如右侧色阶所示。

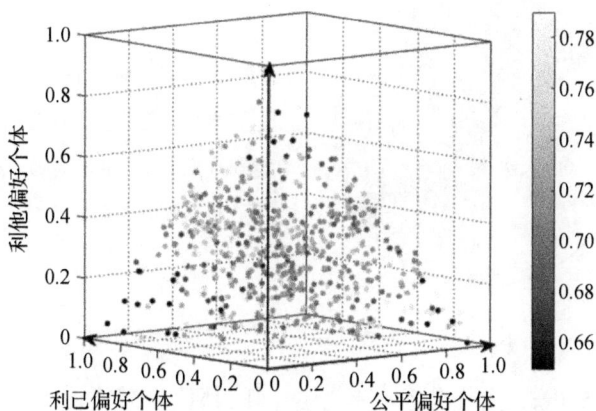

图7-14　3种社会偏好个体所占比例与网络极化率关系图

由图7-14可知,由于网络中3种偏好个体的比例相加均为1,图中所有散点均处于同一三角形截面内。三角形的3个角尖部分表示网络中只存在1种社会偏好时的网络极化现象,这3个区域的散点都为深色,代表极化率较低,而中间颜色较浅则说明极化率较高。仿真结果表明,当网络中只存在1种社会偏好个体时,网络极化率较低。此外,图7-14中的极化率变化趋势与图7-13中的略有差异,这是因为在分析如图7-13所示的不同偏好个体所占比例对舆情极化效果的影响情况时,将其余个体作为无偏好个体进行处理,即并不根据偏好调节收益值;而在图7-14所示的三维图中,若一种偏好个体所占比例增加,其余偏好个体所占比例则相应减少,从而使得三者之和恒为1。

例如,在现实生活中,运营家居用品的主要经销商"宜家家居"的商场内经常会出现"蹭睡""蹭凉"一族,他们在商场内的商品展示区或坐或躺,或直接脱鞋睡觉等,这样的行为一直被人们所诟病。2019年8月22日,"蹭睡""蹭凉"事件在网络引起了激烈的讨论,由152万粉丝关注的新浪大V"老板联播"发起了投票,由"没毛病,本来就是给人体验的""老板心里苦也不敢说""注意素质,我不会躺""以后躺的人更多了"4个存在明显偏好的选项组成投票内容。根据数据统计,至2019年8月25日投票结束时,共有42.2万人参与该事件投票,具体投票情况如图7-15所示。

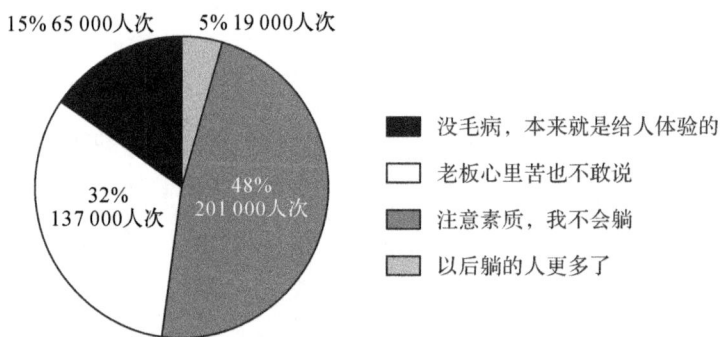

图7-15 "蹭睡""蹭凉"事件观点分布饼图

由图7-15可知,大部分参与投票的网民都认为需要注意素质,不会在宜家过度休息,个人偏好从自身角度来看待问题;有15%的网民认为这种行为并无问题,个人偏好从买家角度来看待问题;有32%的网民则担忧宜家老板是否会亏本,个人偏好从卖家角度看待问题;其余人则担忧会助长这种行为。由此可见,在网络中确实存在各种异质个体,这些个体的偏好并不相同。而这些偏好不同的个体正广泛存在于网络中,即使对同一件事,他们的看法也会有所不同,从而对网络极化现象产生显著的影响。

7.4.2 异质偏好个体的交互方式分析

个体的不同偏好在舆情传播中可以影响网络中节点间交互的收益值,从而间接影响他们进行下一次交互的意愿。首先,若网络中个体i与邻居个体j

进行交互的收益总是负的,那么在若干次交互后,个体i就不再愿意与个体j进行交互。此时,在社交网络中表现为节点i,j之间的连接断开。其次,除去邻居节点j,个体i在网络中也会同时与其他个体进行交互,并分别获得收益。但是,若个体i在与这些个体交互时所获得的总收益值均为负,那么下一时刻,个体i就不再愿意参与到交互过程中并不再表达自身观点了。在网络中则表现为个体i与所有节点的连接全部断开,成为孤立节点,从而退出该热点事件的传播过程。因此,个体的不同偏好可以通过影响个体的收益从而作用于网络结构。同时,该网络结构也会对舆情极化产生重要的影响,在集聚性高的网络中,其有助于增加个体的交互频率,从而影响舆情极化情况。

本节选取初始时刻及舆情极化现象出现后的时刻($Time=10$),网络中所有个体的连接情况进行对比分析,结果如图7-16—图7-19所示,其中图7-16为初始时刻及$Time=10$时网络中态度分布频数柱状图,图7-17展示了这两个不同时刻的网络节点的连接情况。为了更好地说明图7-17的具体含义,本部分绘制出$N=20$时节点连接示意图,如图7-18所示。仿真使用网络为BA网络,网络集聚性值为0.320,$N=500$,其余参数为:$\varphi=0.10$,$\omega=0.10$,$\alpha=0.35$,$\beta=0.35$,$\gamma=0.20$,3种偏好个体各占1/3且混合分布于网络中。

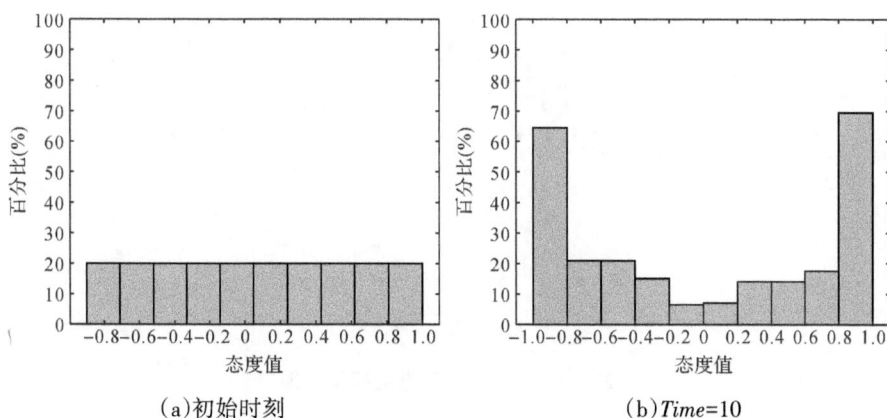

(a)初始时刻　　　　　　　　(b)$Time=10$

图7-16　初始时刻及结束时刻态度分布情况

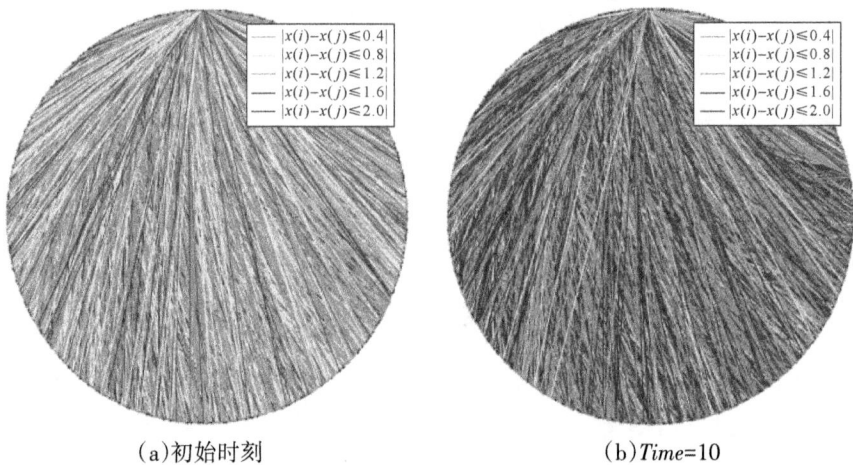

（a）初始时刻　　　　　　　　　　　（b）$Time=10$

图7-17　初始时刻及结束时刻网络节点连接情况

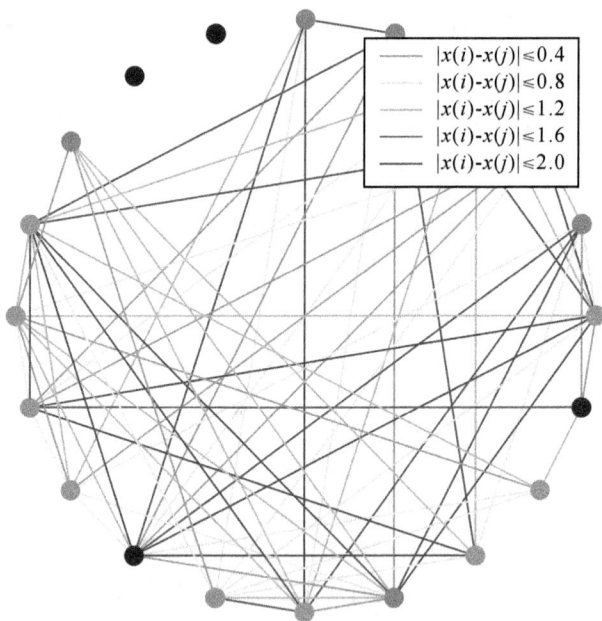

图7-18　$N=20$时节点连接示意图

　　由图7-16可知，初始时刻网络中所有节点的态度值$x_i \sim U(-1,1)$，呈现均匀分布，结束时刻则出现明显的两极分化，大部分个体的态度值都为1与-1这两个极端值。图7-17表示初始时刻及结束时刻网络节点的连接情况。如图7-17和图7-18所示，在外侧呈现椭圆状排列的众多散点为网络中交互的个

体,图中散点有灰、黑、深3种,分别表示持不同偏好的个体,其中黑色散点为持利己偏好的个体,深色散点为持利他偏好的个体,灰色散点则为持公平偏好的个体。图中连线则表示散点间的连接关系,若两散点间存在连线,则其互为邻居,可以进行观点交互,分别表示参与交互的两个个体的态度距离(即$|x_i-x_j|$)在0.4,0.8,1.2,1.6,2.0范围内的情况。由于在初始时刻,态度值在$[-1, 1]$区间内均匀分布,此时两个个体间的态度距离较小,较少出现$|x_i-x_j|>1.6$的情况。在极化现象出现后,如图7-17(b)所示,此时网络中所有节点的态度值都发生显著变化,网络中大多呈现深色连线,代表相邻个体的态度距离$|x_i-x_j|<0.4$或$|x_i-x_j|>2.0$这两种极端情况。

此外,图7-19展示了舆情极化现象出现后网络中3种偏好个体的连接情况及度分布情况,其中连线与散点的表示方式与图7-17相同,即3种不同颜色的散点表示不同偏好的个体,不同颜色的连线表示相邻个体间不同的态度距离。由图7-19纵向比较可知,公平偏好与利他偏好的个体在网络中的连线变化较小,而利己偏好的个体在网络中的连线几乎全部断开。而由图7-19横向比较可知,持不同偏好的个体更易进行交互。图7-19(a)、图7-19(d)、图7-19(g)分别表示相同偏好个体之间的交互。此时,偏好相同却仍存在连接关系的个体之间,其态度距离几乎只有$|x_i-x_j|<0.4$或$|x_i-x_j|>2.0$两个极端值。而与之对应,图7-19(b)、图7-19(e)、图7-19(h)所表示的是不同偏好个体之间的交互,其中出现更多中间态度距离的连线。这说明,在舆情极化现象出现后,更多差异化个体的存在更加利于网络的稳定。图7-19(c)、图7-19(f)、图7-19(i)则表示不同偏好个体的度分布情况,其中利己偏好个体的网络度明显小于其他两种偏好个体的网络度,而公平偏好个体的网络度与利他偏好个体的网络度区别不太明显。

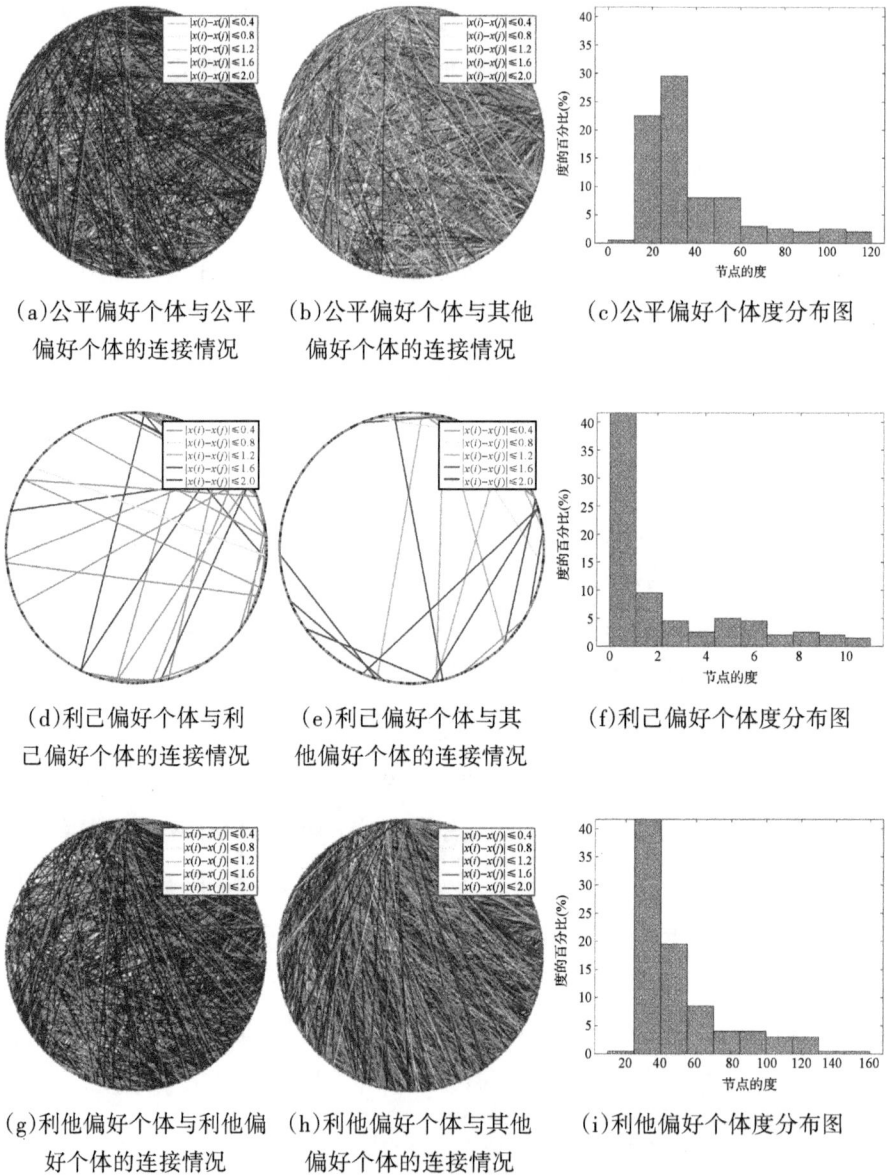

(a)公平偏好个体与公平
偏好个体的连接情况

(b)公平偏好个体与其他
偏好个体的连接情况

(c)公平偏好个体度分布图

(d)利己偏好个体与利
己偏好个体的连接情况

(e)利己偏好个体与其
他偏好个体的连接情况

(f)利己偏好个体度分布图

(g)利他偏好个体与利他偏
好个体的连接情况

(h)利他偏好个体与其他
偏好个体的连接情况

(i)利他偏好个体度分布图

图7-19　不同偏好个体的网络连接情况及度分布图

7.4.3　个体收益对舆情极化效果的影响

前文将个体在接触到信息后的收益分为3部分,即观点表达收益U_o、社会
主流收益U_s与个体间交互收益U_f。在初始时刻,个体接触到信息后,其观点

表达收益 U_o 会促使个体产生交流的意愿,这种意愿促使个体在下一时刻继续进行交互。但个体间交互收益 U_I 则根据交互者之间的态度距离不同,会因为观点相近而互相鼓励,也会因为观点相斥而相互争执,因此既会让交互个体获得正向收益,也会产生负向收益。同理,在计算社会主流收益 U_s 时,个体也会因为偏离社会主流观点而产生负向收益。因此,如果个体在每一次交互时获得的收益均为负,那么其会倾向于调整自己的态度值来改变收益,但也可能由于调整态度值后依然获得负向收益而失去对该事件的兴趣,从而完全退出网络。故分析舆情极化现象就必须考虑网络中个体的收益值变化。

(1)异质性偏好对个体收益的影响

本节使用包含600个节点的BA网络,其中3种偏好的个体各占1/3(即均为200),且均匀分布,再通过观察仿真实验,得出3种偏好的个体在网络中所获得收益的区别。图7-20(a)、7-20(c)、7-20(e)表示不同偏好的个体的收益随时间变化的三维图,其中 x 轴表示交互时间,y 轴表示网络中交互的个体,z 轴则表示个体在每一时刻通过交互行为增加的收益值;图7-20(b)、7-20(d)、7-20(f)表示3种偏好个体中因收益为负而退出观点交互并成为孤立节点的个数随时间变化的情况。

由图7-20可知,持利他偏好的个体通过交互获得的收益最多;而持公平偏好的个体中成为孤立节点的个数最少。另外,利己偏好个体的收益在初始时刻波动较大,不少个体获得负收益,故出现孤立节点的概率最大。本节通过模拟网络中节点收益变动情况,发现网络中个体收益一直在增加,除个别个体外,网络中大部分个体均可以获得正收益,并可通过调整自身交互策略使得其收益增大,这种交互策略的调整在使得个体增强交互意愿的同时,也使得网络中逐渐出现几个主流意见团体,从而促进极化现象的产生。

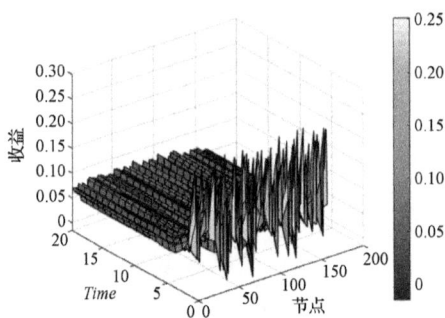

(a)公平偏好个体收益

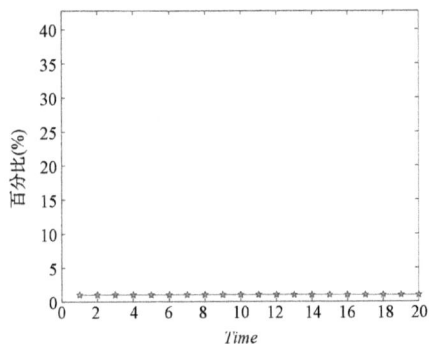

(b)公平偏好个体中孤立节点数

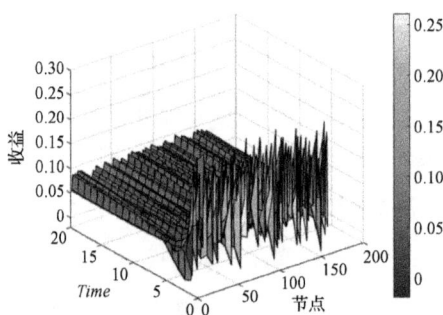

(c)利己偏好个体收益

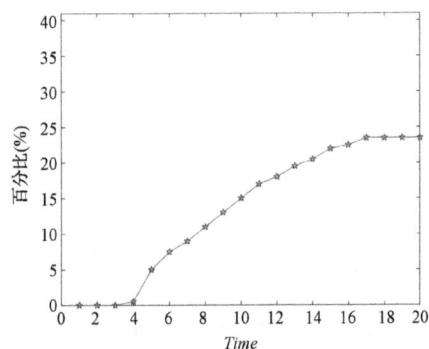

(d)利己偏好个体中孤立节点数

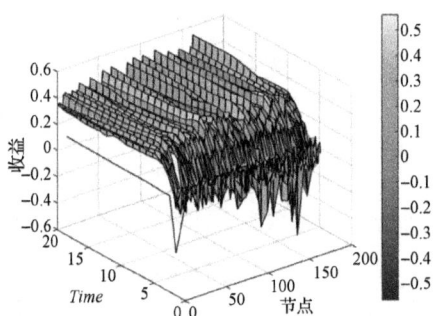

(e)利他偏好个体收益

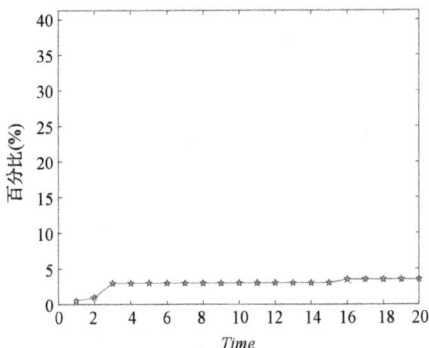

(f)利他偏好个体中孤立节点数

图7-20　不同偏好的个体的收益值增长情况及孤立节点数增长情况

(2)3种不同的个体收益对舆情极化的影响

由于个体总收益由个体观点表达收益U_o、社会主流收益U_s及个体间交互

收益 U_o 3 部分组成,为了分析这 3 种收益对极化效果的影响,这里分别假设网络中只存在单种收益,观察其舆情演化情况,结果如图 7-21 所示。图 7-21(a)、7-21(d)、7-21(g)为网络中的个体收益值随时间变化的三维图,图 7-21(b)、7-21(e)、7-21(h)表示网络中的孤立节点数随时间变化的增长情况,图 7-21(c)、7-21(f)、7-21(i)则表示网络中极化率随时间增加的增长情况。

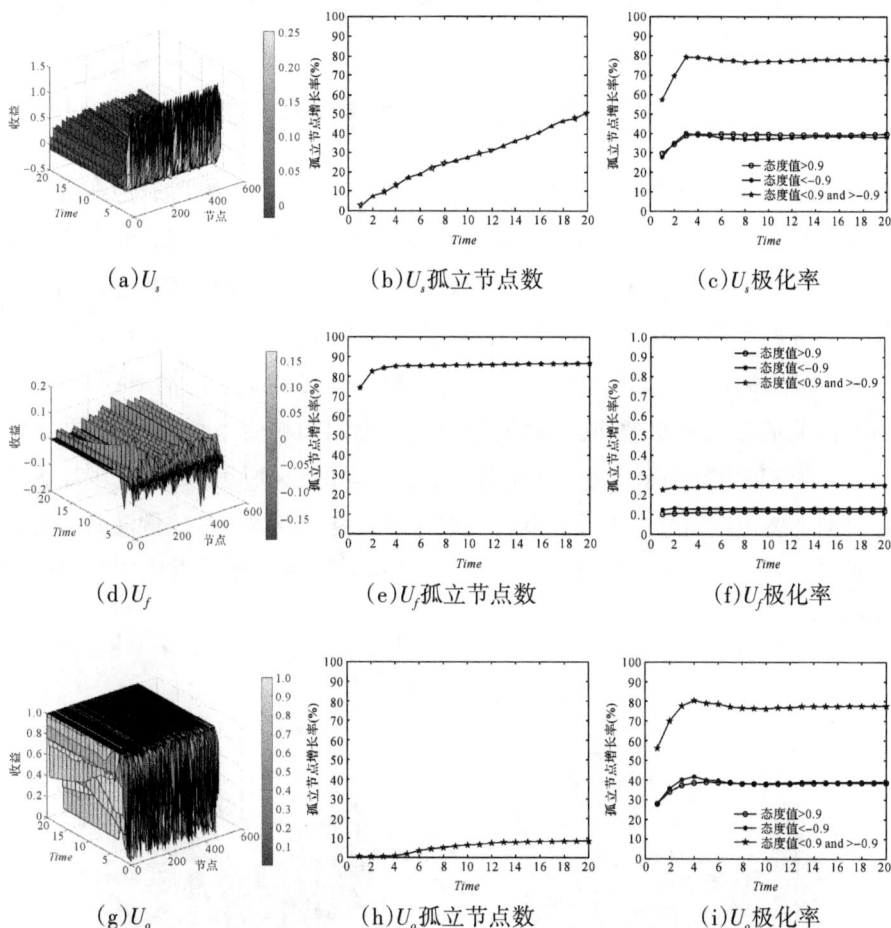

(a)U_s　　　　　　　(b)U_s孤立节点数　　　　　　(c)U_s极化率

(d)U_f　　　　　　　(e)U_f孤立节点数　　　　　　(f)U_f极化率

(g)U_o　　　　　　　(h)U_o孤立节点数　　　　　　(i)U_o极化率

图 7-21　不同偏号构成网络收益值增长情况、孤立节点数增长情况及极化率图

由图 7-21(a)—图 7-21(c)可知,当个体只能通过得到社会认可而获得收益时,在初始时刻收益值较大,但伴随着舆情进一步演化,极化现象逐渐出现,收益值增长趋势开始减缓,而且当收益值减小时,退出交互行为的孤立节点数开始增加。由图 7-21(d)—图 7-21(f)可知,当个体只能通过相互交互观

点得到收益时,由于初始时刻观点十分分散,难以找到志同道合的个体进行交互,收益值非常低,而低收益值使得个体不愿意再次交互,所以孤立节点数增长非常快,在 $Time=4$ 时,几乎85%的个体退出对事件的交流,同时又由于个体交互意愿不强烈,难以出现两极分化现象。由图7-21(g)—图7-21(i)可知,当个体只能通过自身观点表达而获得收益时,其进行观点交互的意愿较为强烈,因此孤立节点数增长缓慢。而大部分个体都愿意在网络中表达自身观点,因此更容易形成极化现象。

7.4.4　个体偏好的动态变化对极化效果的影响

7.4.1节至7.4.3节讨论的个体所持社会偏好都是固定不变的,但在现实中个体的社会偏好会随着交互的进行而不断改变,开始持利己观点的个体在后期可能持公平或利他偏好,而持利他偏好的个体之后可能会转变为持利己或公平偏好的个体,等等。基于此,下文假设个人所持的社会偏好具有动态可变性,当个体在网络交互中所得收益大于阈值 d_1 时转变为利他偏好,当收益小于阈值 d_2 时则转变为利己偏好,介于二者之间则转变为公平偏好,并给定初始时刻3种偏好的个体各占1/3,如图7-22—图7-24所示,其中图7-22为不同时刻个体态度值分布三维柱状图;图7-23为极化个体所占比例随时间变化的折线图;图7-24为偏好动态变化时,持3种偏好的个体所占比例随时间变化的曲线。

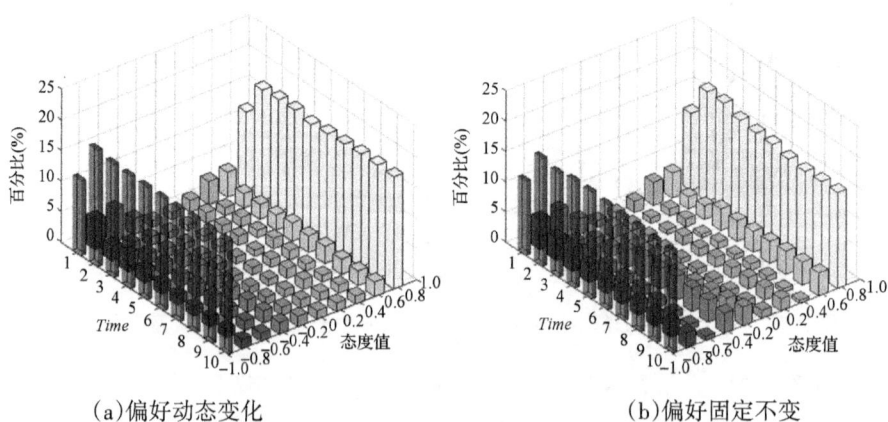

(a)偏好动态变化　　　　　　　　　　(b)偏好固定不变

图7-22　不同时刻态度值分布图

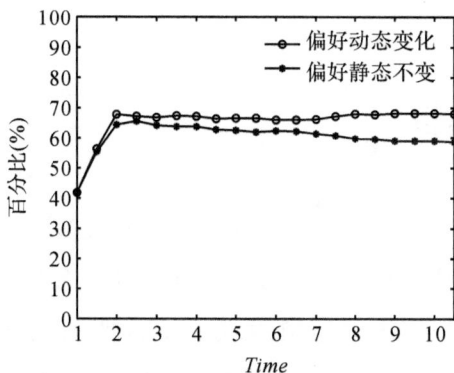

图7-23 极化概率图

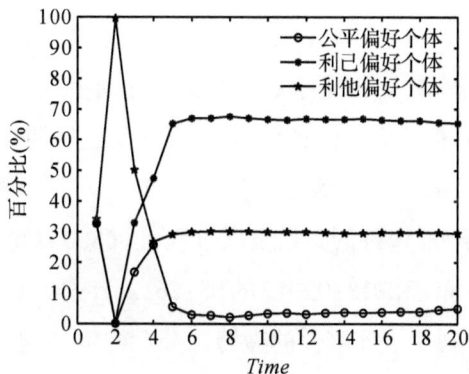

图7-24 3种偏好个体所占比例变化曲线

由图7-22和图7-23可知,与偏好固定不变的情况对比,在个体所持社会偏好动态变化时,个体极化比例更大。然而由图7-24可知,在舆情演化的初始时刻,几乎所有偏好的个体都转化为公平偏好个体,然而这个时间段非常短暂,此后持公平偏好的个体逐渐转变为持其他偏好。在舆情演化至Time=6时刻,网络中个体的偏好不再转变,达到了稳定状态。此时相比初始时刻,持利己偏好的个体的数量急剧增加,持公平偏好的个体的数量则明显减少,而持利他偏好的个体的数量则下降趋势并不明显。

7.5 案例实证

本节以"网红殴打孕妇"事件为例对本章所建模型进行验证。2018年9月9日,微博号为"刺ytt"的博主以受害者的身份发布一则微博,声称自己已经怀孕32周,出门时遇到网红Saya遛狗,因为Saya的狗朝自己扑过来,由此产生口角而遭到Saya单方面殴打。这则微博在头条新闻、梨视频等媒体相继转发后在网络中扩散,并且迅速达到网络极化,几乎所有人都开始指责网红Saya。之后,事件被关注度越来越小。但是,2018年10月14日,Saya发布道歉微博,对自己的行为进行解释,指出是孕妇及其丈夫先动手打人的行为促使矛盾激化。随后,在Saya公布了更多信息后,舆情开始发生反转,许多网民转而支持Saya,指责孕妇。而此时博主"刺ytt"注销微博账号,舆情再次消散。本节为了还原"网红殴打孕妇"事件的舆情发展过程,以6800万粉丝关注的微博大V"头条新闻"分别发布于2018-09-12的08:26、2018-10-15的07:57与2018-10-19的09:33的3则关于该事件的微博为分析样本,爬取这3则微博下点赞量在100以上的评论内容进行分析,结果如图7-25所示。

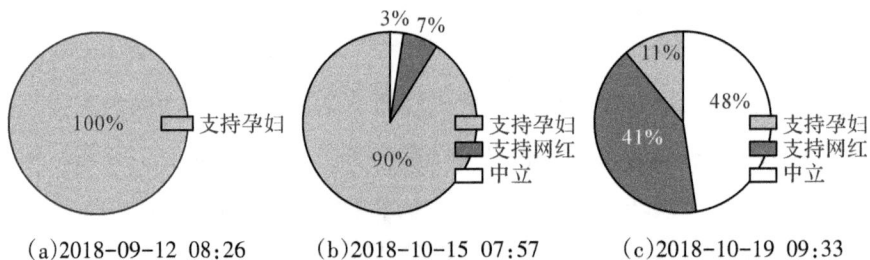

(a)2018-09-12 08:26   (b)2018-10-15 07:57   (c)2018-10-19 09:33

图7-25 "网红殴打孕妇"事件观点分布饼图

由图7-25可知,在第一则微博中,几乎所有的网民都单方面支持孕妇,指责网红Saya的行为;而在15日发布的第二则微博中却出现了少部分保持中立的个体,甚至有部分网民转而支持网红Saya;在发布于19日的微博中则开始出现大量的网民支持网红Saya或保持中立态度,而仍然支持孕妇的个体比例降至11%。由此可见,该热点事件出现了舆情反转。

　　本节对"网红殴打孕妇"事件进行仿真,采用BA网络构造初始网络,网络集聚性C=0.324,其余仿真参数为:a_1=0.15,a_2=0.8,a_3=0.05,d_1=0.1,d_2=0.7。仿真结果如图7-26所示。由图7-26可知,根据本章仿真得出的舆情演化趋势与实际案例大致相符,因此,本章所提模型具有有效性与实用性。

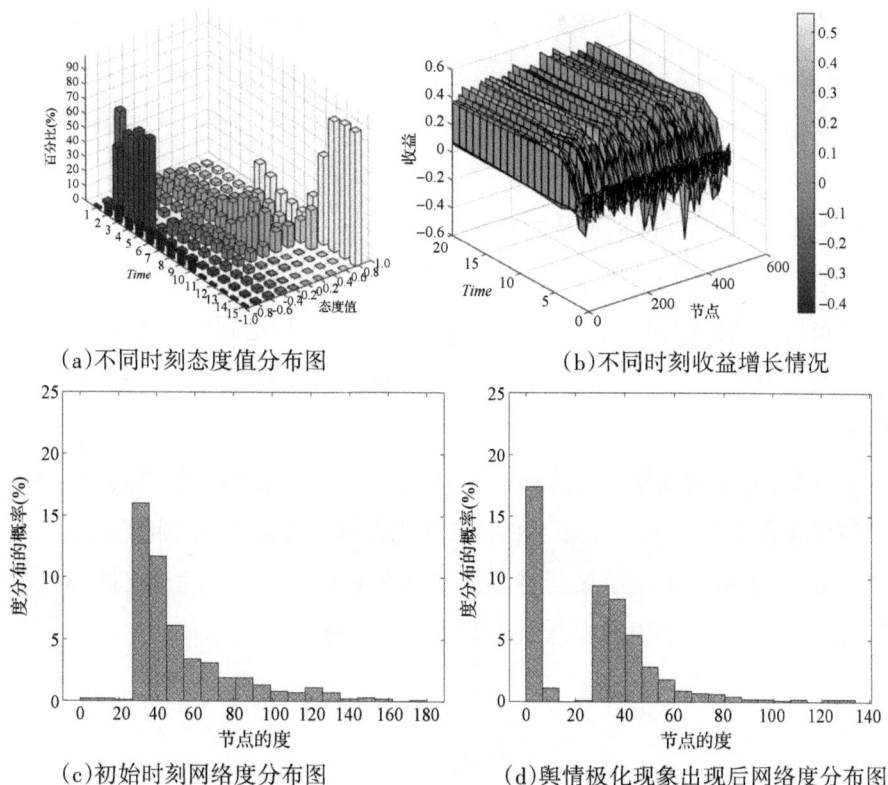

（a）不同时刻态度值分布图　　　　　　　（b）不同时刻收益增长情况

（c）初始时刻网络度分布图　　　（d）舆情极化现象出现后网络度分布图

图7-26　案例仿真

7.6　结　论

　　本章将社会偏好理论与收益函数融入舆情极化模型,分析了不同偏好个体对于舆情极化的影响。通过实验仿真得到以下结论:

　　第一,个体所持社会偏好不同,在舆情演化中的表现不同。其中,持利己偏好的个体在网络中通过交互行为得到的收益较小,因此其交互意愿较低;持利他偏好的个体的交互意愿与收益最高;而持公平偏好的个体的交互意愿则介于二者之间。

第二,通过仿真发现,若网络中只存在单一偏好个体,舆情极化程度明显低于网络中存在混合偏好的情况。此外,当舆情极化现象出现后,个体会更加倾向于与不同偏好的个体进行交互。

第三,通常个体所持偏好会伴随交互收益的变化而改变,但通过仿真发现,在初始时刻,大部分个体所持偏好都为公平偏好,但维持时间非常短暂,随后网络中利己偏好的个体开始增多并占据主导地位,而持公平偏好的个体占比最少。

但是,本章尚存以下不足之处:

第一,文中在构造网络时只考虑了节点退出情况,没有考虑初始时刻伴随热点事件传播而出现的节点增加情况。此外,在构造网络时将所有个体的连接情况都作为双向连接进行处理,而在现实中存在许多节点单向连接的情况。

第二,通过对现实案例进行仿真发现,个体所持社会偏好的转变与舆情反转现象有一定关联度,在以后的研究中需要深入讨论二者之间的联系。

第三,个体在不同阶段所持的偏好具有可变性尚缺乏理论支持,对于个体所持偏好转变的深层次原因还有待进一步研究。

参 考 文 献

[1] ALLCOTT H, GENTZKOW M. Social media and fake news in the 2016 election[J]. Journal of Economic Perspectives, 2017, 31(2): 211-235.

[2] KUSMARTSEV F V, KÜRTENKARL E. Physics of the mind: opinion dynamics and decision making processes based on a binary network model [J]. International Journal of Modern Physics B, 2008, 22(25-26): 4482-4494.

[3] PARSEGOV S E, PROSKURNIKOV A V, TEMPO R, et al. novel multidimensional models of opinion dynamics in social networks [J]. IEEE Transactions on Automatic Control, 2017, 62(5): 2270-2285.

[4] MIAO B, ZHONG S. Probabilistic social preference: how machina's

mom randomizes her choice[J]. Economic Theory, 2018, 65(1): 1-24.

[5] SMITH V L, SMITH A. Scientist and evolutionist: modelling other-regarding behavior without social preferences[J]. Journal of Bioeconomics, 2018, 20(1): 7-21.

[6] ALIZADEH M, CIOFFI-REVILLA C, CROOKS A. The effect of in-group favoritism on the collective behavior of individuals' opinions[J]. Advances in Complex Systems, 2015, 18(1-2): 1550002.

[7] BANISCH S, OLBRICH E. Opinion polarization by learning from social feedback [J]. The Journal of Mathematical Sociology, 2019, 43 (2): 76-103.

[8] DONG Y C, FAN Y X, LIANG H M, et al. Preference evolution with deceptive interactions and heterogeneous trust in bounded confidence model: a simulation analysis[J]. Knowledge-Based Systems, 2019, 175: 87-95.

[9] NAVARRO-MARTINEZ D, LOOMES G, ISONI A, et al. Boundedly rational expected utility theory[J]. Journal of Risk and Uncertainty, 2018, 57(3): 199-223.

[10] MEDINA G M G, VARGAS R H, ESPINOZA P B L, et al. Evolution of electoral preferences for a regime of three political parties[J]. Discrete Dynamics in Nature and Society, 2018.

[11] CABRERIZO F J, UREÑA R, PEDRYCZ W, et al. Building consensus in group decision making with an allocation of information granularity [J]. Fuzzy Sets and Systems, 2014, 255: 115-127.

[12] CABRERIZO F J, MORENO J M, PEREZ I J, et al. Analyzing consensus approaches in fuzzy group decision making: advantages and drawbacks [J]. Soft Computing, 2010, 14(5): 451-463.

[13] HERRERA-VIEDMA E, CHICLANA F, HERRERA F, et al. Group decision-making model with incomplete fuzzy preference relations based on additive consistency [J]. IEEE Transactions on Systems, Man, and Cybernetics, Part B (Cybernetics), 2007, 37(1): 176-189.

［14］PÉREZ L G，MATA F，CHICLANA F，et al. Modelling influence in group decision making［J］. Soft Computing，2016，20（4）：1653-1665.

［15］GAYLE W R，KHORUNZHINA N. Micro-level estimation of optimal consumption choice with intertemporal nonseparability in preferences and measurement errors［J］. Journal of Business & Economic Statistics，2018，36（2）：227-238.

［16］BARSEGHYAN L，MOLINARI F，TEITELBAUM J C. Inference under stability of risk preferences［J］. Quantitative Economics，2016，7（2）：367-409.

［17］GOH K I，KAHNG B，KIM D. Universal behavior of load distribution in scale-free networks［J］. Physical Review Letters，2001，87（27）：278701.

［18］CHEN T，SHI J，YANG J，et al. Enhancing network cluster synchronization capability based on artificial immune algorithm［J］. Human-centric Computing and Information Sciences，2019，9（1）：3.

［19］FEHR E，SCHMIDT K M A. Theory of fairness，competition，and cooperation［J］. The Quarterly Journal of Economics，1999，114（3）：817-868.

第 8 章

网络舆情的反转过程建模、仿真与
实证

8.1　引　言

突发社会热点事件后，信息会通过网络平台迅速扩散，人们会根据所获取的信息形成对事件的初始舆情，并通过网络论坛、讨论组等与他人进行交流，而持不同观点的个体相互争执或肯定使得舆情不断发展到高潮。但伴随着外部信息的不断介入，网民个体对事件的态度随之发生转变，进而造成舆情反转现象。通常，网络舆情反转具有影响时间长、传播范围广等特点，如"重庆万州公交车落水""网红殴打孕妇"等典型的舆情反转事件，都引起了网民持续不断的关注，并衍生出一系列的网络暴力事件，给社会的和谐与稳定带来了较大的影响和冲击。基于此，对网络舆情反转机理的研究具有重要的理论和现实意义。

当前学术界对舆情反转的研究相对较少，主要方法是结合心理学[1]、传播学等相关知识对其现象的产生进行定性分析，也有部分学者通过建模仿真[2]进行定量研究。然而，定性方法多依据个人经验，对舆情反转的原因、特征及应对策略等进行分析，具有一定的主观性；而定量方法，多利用干预机制等外部因素来分析舆情反转的成因，缺乏从个体内在特征角度考虑舆情反转的内因。事实上，只有充分研究舆情反转的内外驱动力，才能更深入地理解舆情反转的内在机理。一般而言，当外部干预信息较正面时，个体态度将随之变得正面；而当外部干预信息较负面时，个体态度受其影响也将变得负面，因此外部干预信息的影响是形成舆情反转的重要因素之一。此外，个体态度在受外部信息影响时是否会不断发生转变，其关键在于个体内在特征的作用，这种特征包括个体对事件本身的关注度、个体心理层面的保守程度及个体之间的交互模式等。基于此，本章引入信息强度、个体关注度和保守度参数，考虑影响舆情反转的内外部因素，并在此基础上构建网络舆情反转模型。最后通过实验仿真探讨不同的信息强度、个体关注度、保守度及交互特征等对舆情反转现象的影响,并结合实际案例验证本章所提模型的合理性和有效性。

本章结构安排如下:8.2节是文献综述;8.3节融合外部干预信息与个体内在特征构建了舆情反转模型;8.4节通过仿真实验分析一些主要参数对舆情反转的影响;8.5节结合实际案例对本章所提模型进行验证;8.6节是对全文的总结与对未来工作的展望。

8.2 文献综述

舆情反转现象的频繁出现,引起了众多学者的广泛关注。目前,对于舆情反转现象的研究主要集中在以下两方面:一是关于舆情极化现象的研究;二是对舆情反转现象的研究。

舆情极化通常被认为是舆情反转的一个重要阶段,而舆情反转则是在舆情极化基础上受外部干预信息和个体内在特征的共同影响所形成的。目前,已有众多学者对舆情极化现象进行了深入研究。如:Chen et al.[3]研究了网络中异质个体的存在对舆情极化的影响,并引入了动态从众性的概念;Gabbay et al.[4]针对群体极化效应提出一种新颖的解释,认为志趣相投的个体之间的讨论会引发极端转变;Matakos et al.[5]考虑了在社会网络中如测量和减少意见极化的问题,利用标准意见形成模型定义了极化指数,并且准确分析了意见集中在网络社区的趋势;Kleiner[6]提出了一种新的衡量民意两极分化的指标,并考察了意识形态极端主义是否会使个人更容易受到周围意见两极分化的影响;Li et al.[7]提出了一种多维意见演化模型来研究意见极化的动态过程,仿真结果表明,不同维度的意见演变过程在特定条件下呈现出相关性;Del et al.[8]通过考虑用户的情绪和评论来探索兴趣社区的结构演变,研究发现,Facebook上的用户倾向于选择符合他们信仰的信息,并形成两极分化的群体;Chen et al.[9]通过引入社会偏好理论揭示公共舆情极化现象产生的微观交互机理,同时研究发现,个体所持的不同的社会偏好在舆情演化中的表现不同。上述文献对舆情极化的研究主要侧重于对其一般性规律的分析,较少对其后的反转过程进行探讨。事实上,舆情极化现象发生后,可能会进一步形成舆情反转现象。由于舆情反转过程较为复杂且影响因素较多,对其研究相对较少。而舆情极化现象是形成舆情反转的基础,舆情反转通常是在舆情极化基础上进一步演化的结果,基于此,要揭示舆情反转的机理需要先对舆情极化问题进行深入研究。

针对舆情反转现象的相关研究有:Huang et al.[10]考虑了个体的认知偏差与相应的选择行为对舆情反转的影响,并指出,认知偏差与个体选择行为的变化率可以作为判断舆情是否具备反转的可能性指标;Zhu et al.[11]提出了一个研究舆情逆转的模型,并仿真分析了信息强度、信息发布时间和信息应对策略对舆情逆转的影响;Schmidt et al.[12]通过评估用户对 Facebook 上的疫苗接种话题的态度是否极化,发现将反对信息引入子群体会被忽视,并可能产生适得其反的效果,即强化了子群体中已有的意见;Yan et al.[13]通过正面信息和负面信息的比较来研究具有信息竞争现象,分析结果表明,在竞争性传播系统中,无论该群体传播的是积极信息还是消极信息都无法绝对获胜;Flache[14]研究发现,叛逆的少数人(外群体的爱好者)可以在避免相互间消极的群体关系中起到关键作用,甚至导致态度的逆转;Deng et al.[15]发现,一个积极的信息可以在早期影响意见的发展动态,然后像"蝴蝶效应"一样决定意见的形成;Lewandowsky et al.[16]发现,当在模拟讨论中,引入少数抗拒证据进入科学讨论的 Agent 时,模拟的科学界仍然获得了坚实的共识,但共识的形成被延迟了;Zhao et al.[17]分析了意见领袖和环境噪声对意见追随者最终意见的影响,发现当环境噪声的方差增大到一定阈值时,意见领袖对跟随者的影响较大;Zan et al.[18]考虑了谣言传播的反击机制,并在经典的 SIR 模型基础上加入反击个体提出了新的 SICR 模型,模型中的反驳说服机制反映了网络对谣言的自我抵抗特性;Gargiulo et al.[19]引入了一个可调的外部媒体压力,发现同质性和媒体的结合实际上会使媒体效果更差,并形成了强烈的两极分化意见集群。以上文献对舆情反转的研究主要侧重于对外部因素的仿真,或者通过构建模型对舆情反转现象的演化过程进行模拟。然而综合考虑影响舆情反转的内外两方面因素进行研究的文献相对较少,由于舆情反转过程较为复杂,影响因素较多,对其进行定量分析具有一定困难。

综上所述,目前对舆情反转现象的研究,大多从外部影响因素或干预机制的角度分析其成因,鲜有从内外部两方面出发,对舆情反转的演化机理进行研究。事实上,外部干预信息和个体内在特征是推动舆情反转的双重驱动力,二者的双重影响才是引起舆情不断发生偏转或反转的关键。通常,在网络舆情演化过程中,随着外部信息的不断释放和个体内在特征的影响加深,个体态度会在内外部因素的双重作用下发生转变,进而推动舆情不断发生偏转甚至反转。一般而言,当外部信息释放后,个体首先会结合自身对相关话题的关注程度对外部信息进行获取和感知,然后通过对比自身各种心理预期(个体保守度)对相关的外部信息进行选择,最后通过与亲密朋友的观点交互来实现对外部信息的传播。因此,本章首先引入个体感知量指标反映外部干预信息对个体的影响程度;其次,引入个体关注度与个体保守度反映个体内在特征对个体态度的影响,由此构建舆情反转模型,研究其演化的内在机理;最后,结合仿真实验分析信息强度、个体关注度和保守度等因素对舆情反转过程的影响,并通过实际案例验证了模型的合理性与有效性。

8.3 模型构建

本章基于蒙特卡罗的多 Agent 方法进行建模,用 Agent 代表网络中的节点个体,并设网络规模为 N,即网络中有 N 个网民节点。个体态度值用 $[-1,1]$ 区间内的任意数表示,即 $[-1,0)$ 区间内的个体持负向态度,而 $[0,1]$ 区间内的个体持正向态度。本章的研究思路如图 8-1 所示。

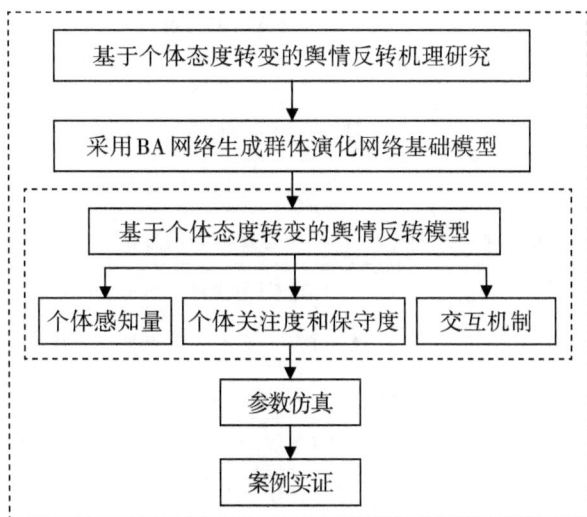

图8-1　本章的研究思路

对于 Agent i 来说,当外部干预信息释放后,Agent i 会对相关信息进行获取和感知,并形成相应的个体感知量,然后通过对比自身保守度对相关外部信息进行选择,并在与亲密朋友的交互过程中传播信息。因此,伴随着外部信息的不断更迭和个体内在特征的影响加深,Agent i 对事件的态度不断转变,进而产生舆情反转现象。基于此,本章基于影响舆情反转的内外两方面因素,构建舆情反转模型,模型中涉及的参数和变量如表8-1和表8-2所示。

表8-1　模型相关参数

参数	含义
a_i	表示个体 i 的关注度
k_i	表示个体 i 的保守度,k 越大代表个体越保守
h_i	表示个体 i 的犹豫度,h 越小表示个体越愿意采纳新信息
d_1	表示同化效应带距离
d_2	表示排斥效应带距离
m	表示同化参数
b	表示相斥参数
j	表示与个体 i 亲密度为1的节点,即 Agent i 的交互节点

表8-2　模型相关变量

变量	含义
p_i	表示个体i接收到信息的概率
I^n	表示第n种信息的信息强度
O_i^n	表示个体i面对第n种信息所感知到的信息量,简称个体感知到的信息量
d_{ij}	表示个体i与个体j之间的距离
q_{ij}	表示个体i与个体j之间的亲密度
x_i^n	表示个体i面对第n种信息所形成的态度值
$\dot{x}_i^n$	表示个体i与周围邻居交互之后的态度值
$X_{j'}^n$	表示交互节点j'的平均态度值

8.3.1　个体感知到的信息量 O_i^n

外部干预信息是影响舆情反转的重要因素之一。通常,伴随着不同外部信息的释放,个体会感知到这些外部信息所传递的观点倾向,这里将这种个体感知到的观点倾向定义为个体感知到的信息量 O_i^n。个体感知到的信息量一方面受外部信息的影响,另一方面受到个体对事件本身关注程度的影响。基于此,其具体表达式如下:

$$O_i^n = \alpha_i \cdot [\, \mathrm{sgn}(I^n) \cdot I^n \cdot \mathrm{sgn}(I^n) - x_i^{n-1} \,] \quad (n=1,2,3,\cdots) \quad (8\text{-}1)$$

式中, $I^n \cdot [\, sgn(I^n) - \dot{x}_i^{n-1}]$ 反映外部信息对 Agent i 的影响程度, $sgn(I^n)$ 用于控制外部信息的极性。外部信息的影响程度会受到个体关注度 a_i 的约束,且 $a_i \in [0,1]$。当 $a_i=0$ 时,表示个体的关注度为0,此时个体感知量 O_i^n 为0;当 $0<a_i<1$ 时, O_i^n 随个体关注度 a_i 的变大而增大。 O_i^n 的取值范围为 $[0,2]$,用以保证个别极端个体的态度发生逆转。

(1)信息强度 I^n

在舆情传播过程中,外部干预信息的影响包含两个方面:一是其影响力的强弱;二是其所含观点的倾向性。为了对其进行更好的描述,本部分引入矢量值 I^n 定义信息强度,且 $I^n \in [-1,1]$,其表示第 n 种外部干预信息的影响强度。如图8-2所示，I^1和I^2分别表示两种不同方向、不同强度的外部信息。

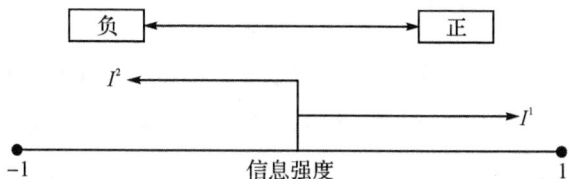

图8-2　信息强度 I^n 的表达示意图

在现实生活中，媒体影响力越大，个体关注该媒体信息的概率就越大。因此，这里以概率方式描述媒体影响力对个体关注该媒体信息的概率影响，假定 Agent i 感知到外部信息的概率为 p_i，它随着外部信息强度 I^n 的变化而改变，信息强度 I^n 的值越大，个体感知到该信息的概率就越大，基于此，p_i 可定义如下：

$$p_i = 1 - \frac{1 - |I^n|}{1 + |I^n|} \tag{8-2}$$

式中，p_i 随着 $|I^n|$ 的变大而增加。当 $|I^n|=0$ 时，表示外部信息的影响为0，此时 p_i 为0；当 $|I^n|=1$ 时，表示外部信息的影响为1，此时 p_i 为1。

（2）个体关注度 α

由于个体之间迥异的社会背景、生活环境、学习方式及各种经验、认识的差异性，不同的个体面对相同的热点话题、社会事件会表现出不同的关注程度，这种关注差异也是个体异质特征的一种体现。在舆情演化过程中，它主要起两方面的作用：一是当个体对某一类事件的关注程度较高时，个体会对相关事件的外部信息产生更强的反馈；二是当个体对某一类事件的关注程度较低时，即使相关事件的外部信息较强，个体也不会对此类信息做出反馈。这里将个体的这种异质特征定义为个体关注度 a，它表示个体对某个舆情事件的关注程度，且 $\alpha \in [0,1]$。当 $\alpha=0$ 时，表示个体对事件不关注；当 $\alpha=1$ 时，表示个体对事件极其关注。

8.3.2　个体保守度 k 和犹豫度 h

通常，人们会在新消息、新观点的影响下不断更新自身态度值，但是人与人之间的差异性决定了人们对于新消息和新观点的接纳程度会有所差别，通常，人们在感知到某种外部信息之后，会通过对比内心的各种心理预期对自身态度进行更新和传播。社会判断理论[20]认为，人们对于新消息和新观点的接纳程度通常可以划分为3个区域：拒绝区域、态度不明朗区域和接受区域。为了更合理地描述这3个区域，本章引入个体保守度和犹豫度的概念，用以描述个体对外部信息倾向的接纳过程，如图8-3所示。

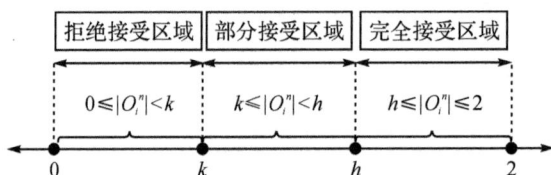

图8-3　个体对外部干预信息倾向的接纳机制

由图8-3可知，将个体对外部信息倾向接纳的判断阈值设置成区间的形式，可将其分为个体的完全接受区域、部分接受区域和拒绝接受区域；然后将个体感知到的信息量 O_i^n 与个体保守度、犹豫度进行比较，进而选择是否接纳第 n 种外部信息所传递的观点。这里定义 k 为个体保守度，由于个体感知到的信息量 O_i^n 的取值区间为 $[0,2]$，为了使个体保守度更加符合现实要求，取 $k \in [0,2]$，其值越大代表个体越保守，即其不会轻易地接纳和传播新信息；h 表示个体犹豫度，$h \in [0,2]$，其值越小代表个体接受和传播信息的热情越高[21]，具体计算过程如式(8-3)所示。

$$x_i^n = \begin{cases} \dot{x}_i^{n-1}, & \text{if } 0 \leqslant |O_i^n| < k \\ \dot{x}_i^{n-1} + O_i^n \cdot \dfrac{h - O_i^n}{h - k}, & \text{if } k \leqslant |O_i^n| < h \\ \dot{x}_i^{n-1} + O_i^n, & \text{others} \end{cases} \quad (8\text{-}3)$$

其中，当 $0 \leqslant |O_i^n| < k$ 时，Agent i 感知到的信息量 O_i^n 位于个体的拒绝接受区域，Agent i 不会更新自身态度值；当 $k \leqslant |O_i^n| < h$ 时，Agent i 感知到的信息量 O_i^n 位于

个体的部分接受区域,Agent i 按公式(8-3)中的规则更新态度值;其他情况下,Agent i 感知到的信息量 O_i^n 位于个体的完全接受区域,Agent i 按公式(8-3)中的规则更新态度值。

8.3.3　个体间交互规则

由于网民个体具有社会性特征,其对事件的看法形成或发生转变后,往往会希望通过交互行为获取其他个体的认可,在这一过程中,在影响他人观点的同时,其自身观点也会发生一定程度的变化。为了描述这一过程,本部分基于J-A模型[22]的思想,构建个体观点交互模型。

(1)亲密度q和交互节点平均态度值 X_j^n

个体交互行为往往发生在关系亲密的朋友之间,关系疏远的人之间进行交流的概率相对较小。基于此,本节通过亲密度指标来定义节点间的关系亲密程度,将网络中连接两个节点 i 和 j 的最短路径上的边数定义为节点间的距离 d_{ij},并将 d_{ij} 的指数形式定义为节点间的亲密度,用公式表示如下:

$$q_{ij} = \mathrm{e}^{1-d_{ij}} \tag{8-4}$$

由公式(8-4)可知,如果两个节点在网络中的距离较远,则其亲密程度较低,且距离越远,亲密程度降低越快,当 $d_{ij}=1$ 时,q_{ij} 达到最大值1。一般而言,个体通常选择亲密朋友进行观点交互,因此在交互模型中,设定 Agent i 仅选择与自己亲密度为1的节点作为其交互节点 j,并计算这些交互节点的平均态度值 X_j^n,如公式(8-5)所示。

$$X_j^n(t) = \frac{\sum_{j=1}^{N} x_j^n(t)}{\sum_{j'=1}^{N} j'} \tag{8-5}$$

(2)交互规则设定

在个体进行观点交互过程中,个体 i 将通过自身所持观点值与所选交互节点的平均态度值 X_j^n 进行比较,进而对自身态度值进行更新。当 Agent i 所持观点值 x_i^n 与所选交互节点的平均态度值 X_j^n 接近(处于同化效应带)时,其会因受到鼓舞而强化自身的态度。当 x_i^n 和 X_j^n 差异非常大时(处于排斥效应带),个体 i 会因周围压力而弱化自身态度。在 t 时刻,Agent i 根据交互节点的平均态度值 X_j^n 来调节自身下一时刻的态度,根据其差值选择相应的态度更新规则,具体如下:

第一,当 $\left| x_i^n - X_j^n \right| < d_1$ 时,有:

$$\dot{x}_i^n(t+1) = x_i^n(t) + \mu \left[X_j^n(t) - x_i^n(t) \right] \qquad (8\text{-}6)$$

其中 μ 为同化参数。

第二,当 $\left| x_i^n - X_j^n \right| < d_2$ 时,有:

$$\dot{x}_i^n(t+1) = x_i^n(t) + \beta \left[x_i^n(t) - X_j^n(t) \right] \qquad (8\text{-}7)$$

其中 $\beta \in (0, 0.5]$,为发散参数。

第三,其他情况下,个体 i 的态度值不变,用公式表示如下:

$$\dot{x}_i^n(t+1) = x_i^n(t) \qquad (8\text{-}8)$$

根据以上分析,本章的具体仿真过程如图8-4所示。

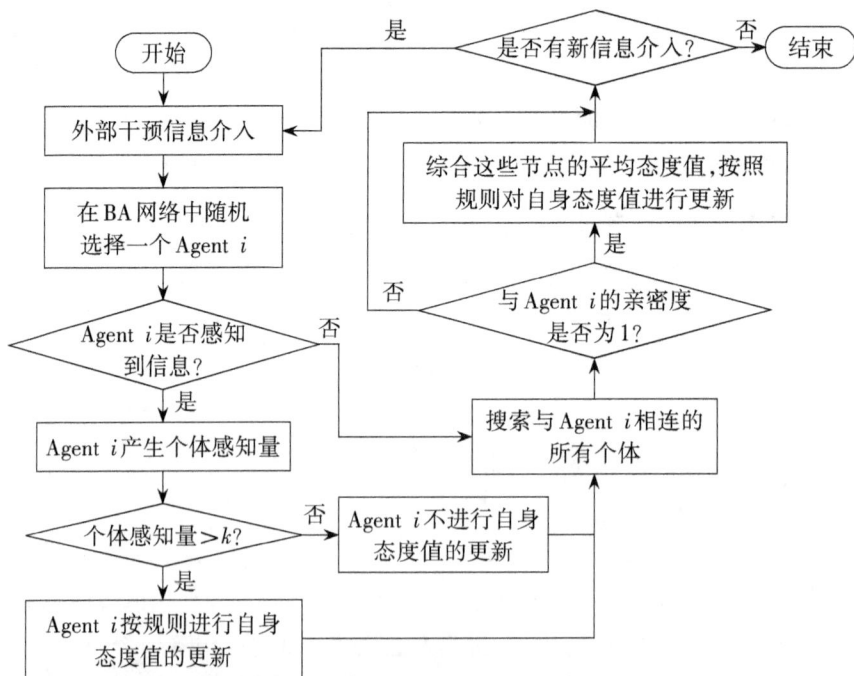

图8-4 基于多Agent蒙特卡洛仿真示意图

8.4　数值仿真实验

本节结合上文所建的舆情反转模型,探讨信息强度、个体关注度、个体保守度和犹豫度,以及个体交互模式及网络拓扑结构对舆情反转过程的影响,从而揭示其内在演化机理。

8.4.1　信息强度对舆情反转过程的影响

结合前述的舆情反转模型,这里首先对模型演化的初始参数进行设定,假定初始状态下的信息强度为0,表示此时社会热点事件尚未发生。另外,设定 Agent i 的初始态度值为 x_i^0,表示其对于以往相似事件的经验态度值,x_i^0 服从 $N\sim(0,0.4)$ 的正态分布,并且映射于 $[-1,1]$ 区间,将小于 -1 的态度值设定为 -1,大于1的态度值设定为1,以此保证大多数个体的初始态度较为中立,仅有极少部分个体持极端化态度。该假设符合现实世界中群体对于某类事件的态度分布。

为了更好地描述群体中极端化态度的分布,这里定义个体态度值大于0.9或者小于 -0.9 时称为个体态度极化,并分别称为正向态度极化和负向态度极化,同时将极化个体在群体中所占的比例称为极化率,并将其进一步细分为正向极化率和负向极化率,其中正向极化率表示正向极化个体的数量占总数的比重,负向极化率表示负向极化个体的数量占总数的比重。仿真网络基于BA网络[23]构建,节点规模设置为500。综合可视化考虑,其他参数设定为:$d_1=0.3$,$d_2=0.3$,$\mu=0.3$,$\beta=0.2$,$a=1$,$k=0.1$,$h=0.2$,演化时间 $T=50$。

考虑到 Zhu et al.[11] 已经就外部信息对舆情反转的影响进行了较为深入的探讨,本章对外部干预信息的影响仅做简要阐述。由于舆情场中的信息通常具有一定的"失真性",事件的真相往往需要多种信息的佐证才能得以明晰。当外部干预信息释放后,网络节点个体会针对相关信息展开讨论,进而形成观点共识,即舆情极化现象;伴随着新一轮消息的释放和个体内在特征的影响,网络节点个体会展开新一轮的讨论,从而使得原有观点共识产生波动或反转,即舆情反转,故需要研究舆情极化后的反转过程。这里设定首发

信息强度 I^1=-0.6，二次信息强度 I^2 分别为 0.2，0.4，0.6，0.9。具体的仿真结果如图 8-5、图 8-6 和图 8-7 所示。

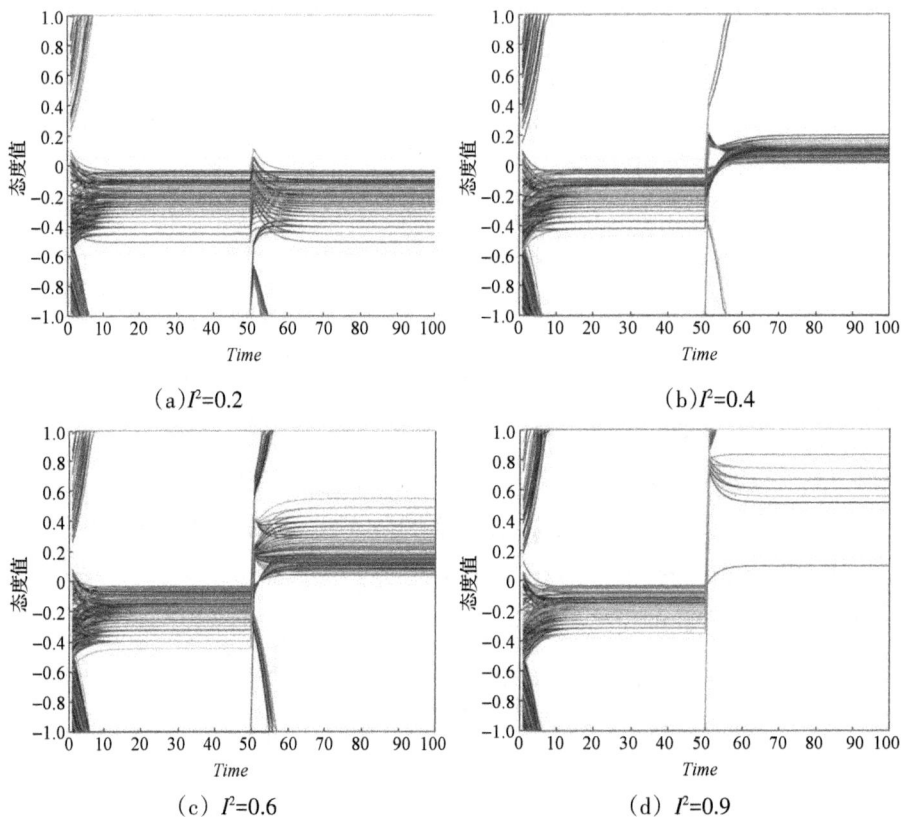

(a) I^2=0.2 　　　　　　　　　(b) I^2=0.4

(c) I^2=0.6 　　　　　　　　　(d) I^2=0.9

图8-5　不同信息强度下不同阶段群体态度演化图

图 8-5、图 8-6 和图 8-7 表示在 I^1=-0.6，I^2 分别为 0.2，0.4，0.6，0.9 时的群体态度演化图、群体态度分布柱状图和极化率曲线。由图 8-5、图 8-6 和图 8-7 可知，在 I^1=-0.6 时，群体态度形成极化现象，随着二次信息的介入，群体中的态度发生了不同程度的变化；当 I^2 较小时，群体中的态度仅发生了轻微的波动，整体的态度倾向并未发生较大的改变，反而有少数个体强化了自身原有的态度倾向。但是随着 I^2 的逐渐增大，绝大多数个体的态度倾向跟随二次信息的导向发生改变，并且某些中立个体的态度最先受其影响，说明二次信息的影响过程具有一定的渐近性。另外，随着二次信息强度的逐渐增强，负向极化率不断下降，正向极化率逐渐上升，群体中绝大多数个体对二次信息所

传递的倾向性观点予以支持。此时,舆情演化的两个时间段(T=50前后)形成了完全对立的"一正一负"的极化效果,网络舆情形成了明显的反转现象。

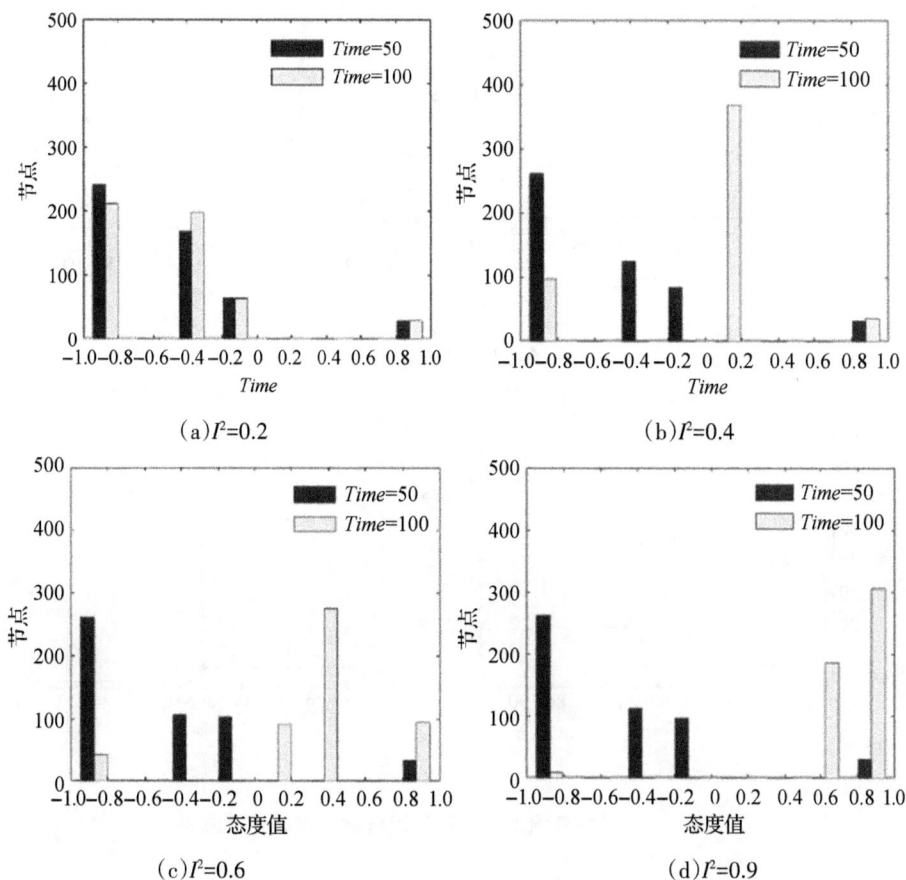

(a)I^2=0.2

(b)I^2=0.4

(c)I^2=0.6

(d)I^2=0.9

图8-6   不同信息强度下不同阶段群体态度分布柱状图

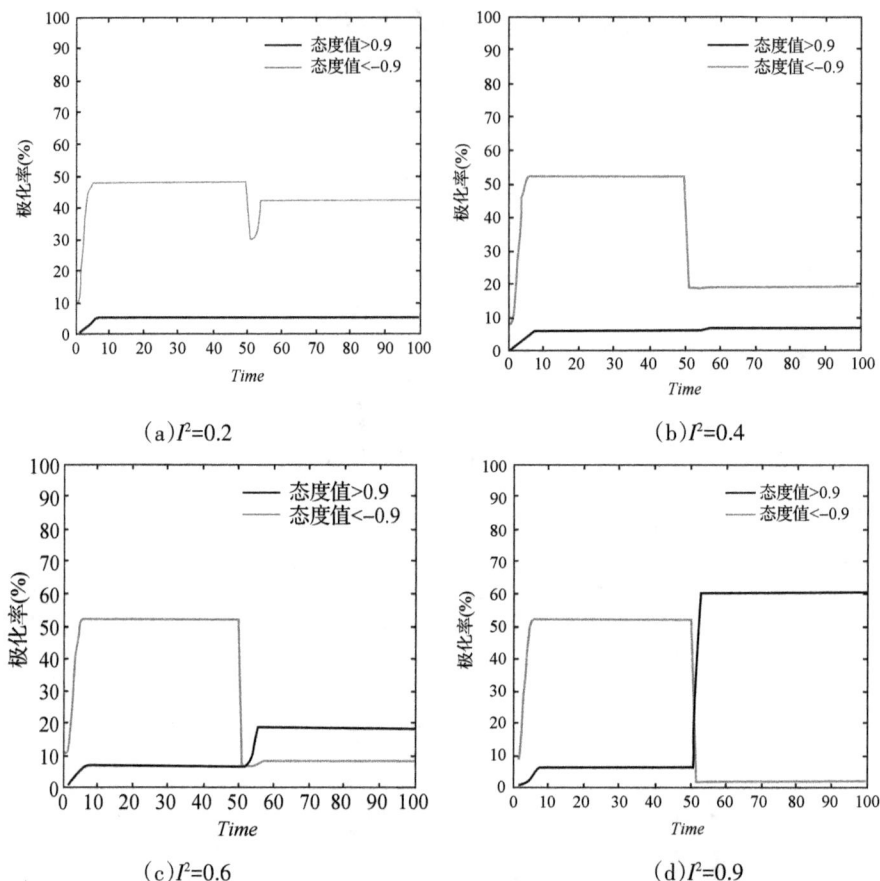

(a)I^2=0.2

(b)I^2=0.4

(c)I^2=0.6

(d)I^2=0.9

图8-7　不同信息强度下不同阶段群体态度极化率曲线

8.4.2　个体关注度对舆情反转过程的影响

个体对社会热点事件的关注程度往往受两方面因素的影响：一是事件本身的复杂性，它影响着事件潜在的发展方向；二是与民众生活的相关程度，即事件本身是否与网民的生活息息相关。通常情况下，事件越复杂、与民众生活越相关，则越会引起网民的高度关注，例如，在"重庆万州公交车落水"事件中，由于其涉及公众的生命安全且事件较为复杂，从而引起了民众长时间、大范围的关注。

（1）个体关注度的不同分布对舆情反转进程的影响

一般而言，个体对事件的关注程度越高，面对相关外部信息时的敏感度越高，同时会产生更强的信息反馈，进而推动舆情演化过程。为了描述网络中不同的节点个体对热点事件关注度的差异，这里分别取 α 服从 N~(0.1, 0.4)，并映射于 [0,1]，以实现网络中大多数个体的关注度为 0.1，表示网络节点个体的关注度普遍较低；取 α 服从 N~(0.9,0.4)，并映射于 [0,1]，表示网络节点个体的关注度普遍较高；取 α 服从 N~(0.5,0.4)，并映射于 [0,1]，表示网络节点个体的关注度一般；取 α 服从 U~[0,1]，探讨网络中不同关注度的个体数量大致相同时的舆情演化状况。基于此，本节将探讨个体关注度 α 对舆情反转过程的影响，其他参数设定为：I^1=-0.6,I^2=0.8,k=0.1,h=0.2,T=50。

图 8-8 和图 8-9 分别表示分布状态不同的关注度下群体态度分布柱状图和极化率曲线。由图 8-8 和图 8-9 可知，个体关注度的分布状态不同会对舆情反转过程产生重要影响。当个体关注度 α 服从 N~(0.1,0.4)时，群体在演化的两个时间段（$Time$=50 前后）的态度分布和极化率并未发生较大变化，说明在个体关注度较低时，个体对外部信息的反馈并不强烈。但是当个体关注度 α 服从 N~(0.9,0.4)时，两个时间段的群体态度都产生了显著的极化现象，形成了明显的舆情反转，由此说明，当个体对热点事件的关注程度较高时，其对外部信息的反馈会更加强烈，群体态度会形成较强的极化和反转现象。而当群体中的个体对事件的关注程度一般或分布较为均匀时，即 α 服从 N~(0.5,0.4)和服从 U~[0,1]时，群体态度仅会随外部信息的导向发生轻微的波动，此时舆情只形成轻微的反转。

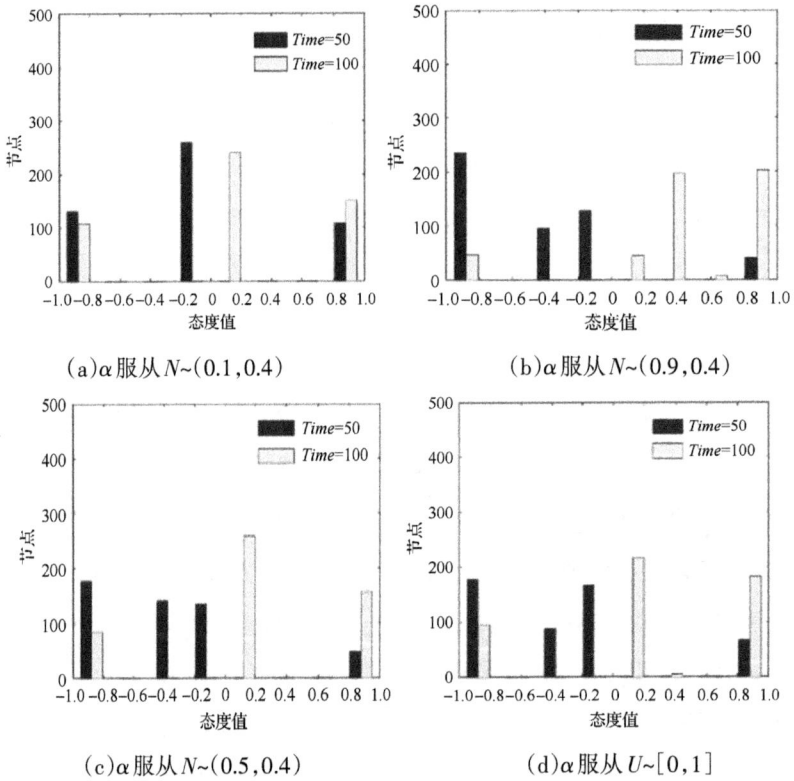

(a)α 服从 N~(0.1,0.4)

(b)α 服从 N~(0.9,0.4)

(c)α 服从 N~(0.5,0.4)

(d)α 服从 U~[0,1]

图8-8　分布状态不同的个体关注度下群体态度分布柱状图

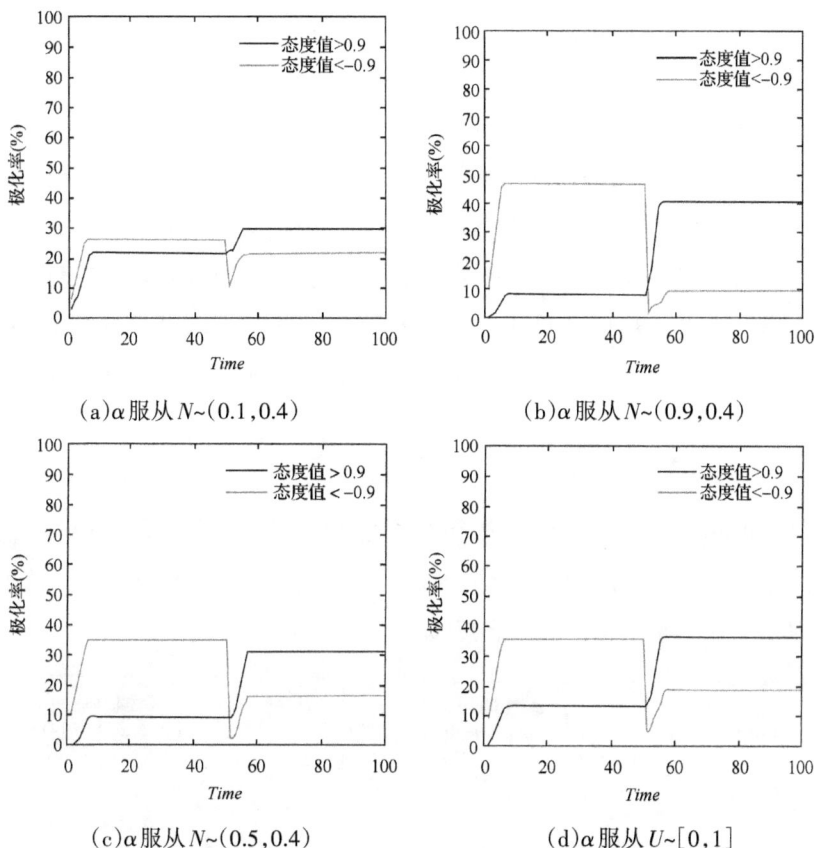

(a)α服从$N \sim (0.1, 0.4)$

(b)α服从$N \sim (0.9, 0.4)$

(c)α服从$N \sim (0.5, 0.4)$

(d)α服从$U \sim [0, 1]$

图8-9 分布状态不同的个体关注度下群体态度极化率曲线

(2)个体关注度的动态变化对舆情反转进程的影响

个体对某个事件的关注程度并不是一成不变的,一般情况下,随着事件的发展及真相的逐渐披露,个体对舆情事件的关注程度也会随之变化。为了描述这一过程,这里假定在不同时刻个体关注度服从不同的分布,进而分析其动态变化对舆情反转过程的影响。本章将个体对事件关注度的变化分为4类。①前期关注程度较低,后期逐渐增强[这里将其定义为$Time < 50$:α服从$N \sim (0.1, 0.4)$;$Time \geqslant 50$:α服从$N \sim (0.9, 0.4)$];②前期关注程度一般,后期逐渐增强[$Time < 50$:α服从$N \sim (0.5, 0.4)$;$Time \geqslant 50$:α服从$N \sim (0.9, 0.4)$];③前期关注程度较高,随着政府干预或其他信息打断而逐渐降低[$Time < 50$:α服从$N \sim (0.9, 0.4)$;$Time \geqslant 50$:α服从$N \sim (0.1, 0.4)$];④前期关注程度较高,后期关注

211

程度持续增强（$Time<50$：α 服从 N~（0.9，0.4）；$Time\geqslant50$：α 服从 N~（0.9，0.4）]。

图8-10和图8-11分别为不同时刻下个体关注度服从不同分布时群体态度分布柱状图和极化率曲线。由图8-10和图8-11可知，当个体关注度 α 在0—50时间段保持较低值时，群体态度的负向极化率较低，而在50—100时间段随着个体关注度 α 的逐渐增强，群体态度的正向极化率明显提高，两个阶段中的群体态度分布形成了明显的舆情反转现象。当个体关注度 α 在演化的两个时间段（$T=50$前后）都较强时，负向极化率和正向极化率都较高，说明此时群体中的态度极化程度较高，并且前后两个时间段形成了明显的舆情反转。而当个体关注度 α "先强后弱"时，即在0—50时间段 α 较强、50—100时间段 α 较弱时，负向极化率较高，但随着个体关注度的下降，正向极化率并未有明显变化，这说明在热点事件的舆情扩散后，可以通过转移公众的注意力、降低关注度的方式来避免舆情的波动和反转。

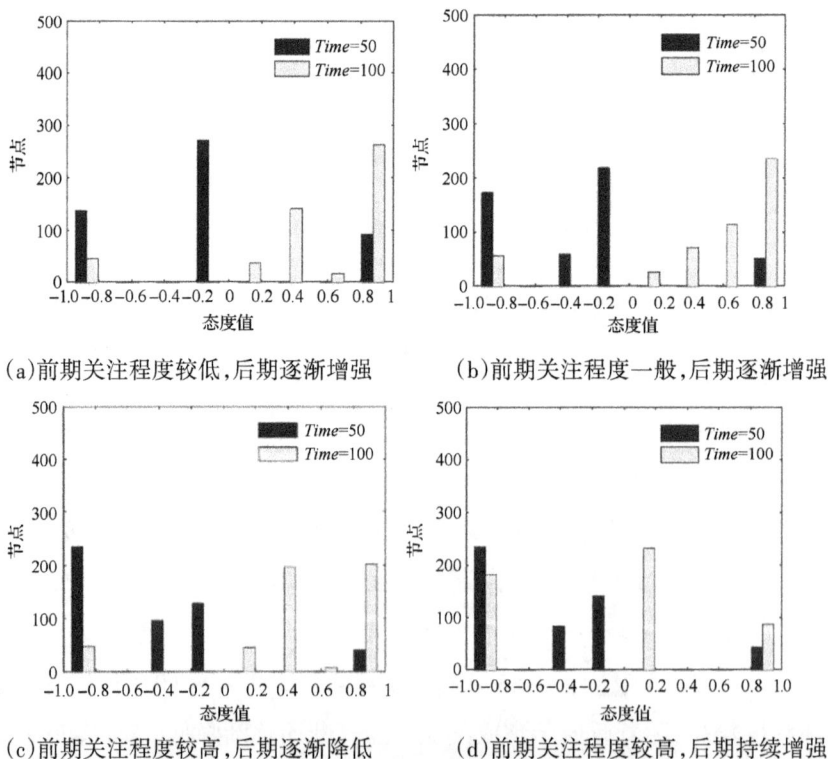

（a）前期关注程度较低，后期逐渐增强　　　　（b）前期关注程度一般，后期逐渐增强

（c）前期关注程度较高，后期逐渐降低　　　　（d）前期关注程度较高，后期持续增强

图8-10　个体关注度动态变化时群体态度分布柱状图

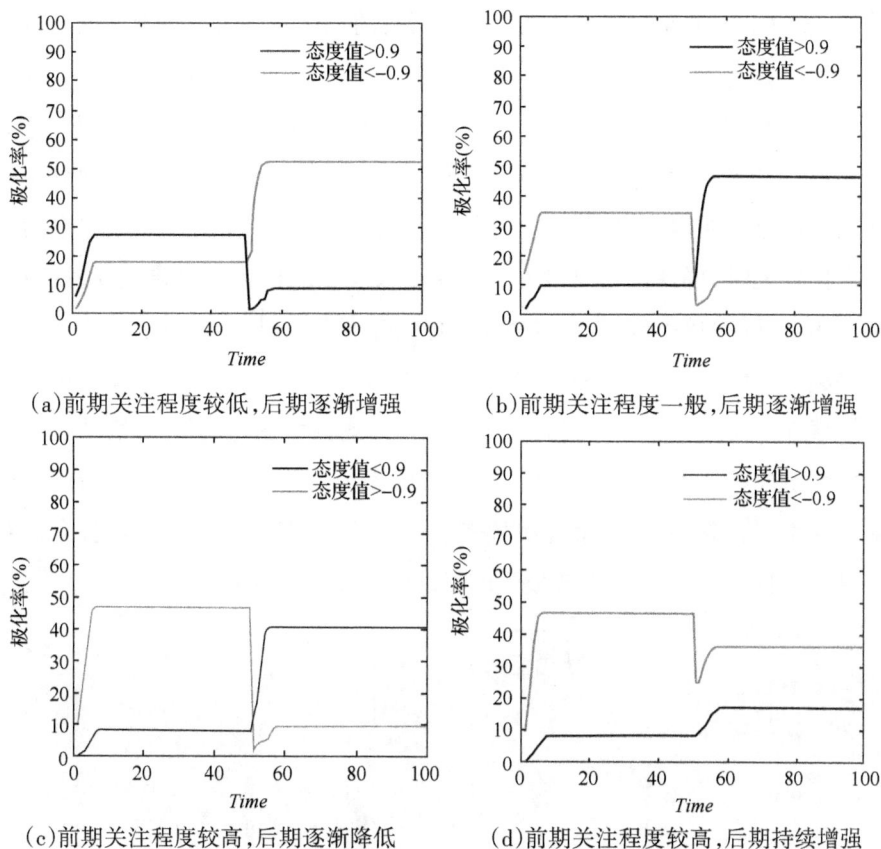

(a)前期关注程度较低,后期逐渐增强

(b)前期关注程度一般,后期逐渐增强

(c)前期关注程度较高,后期逐渐降低

(d)前期关注程度较高,后期持续增强

图8-11 个体关注度动态变化时群体态度极化率曲线

8.4.3 个体保守度和犹豫度对舆情反转过程的影响

个体由于在性格特征、行为意愿等方面存在较大差异,对于新事物、新消息和新观点的接纳程度会有所不同。因此,通过个体心理层面的保守度和犹豫度可以进一步解释个体态度转变的缘由,进而分析影响舆情反转的内在动力。

(1)个体保守度的静态分布对舆情反转进程的影响

首先,根据保守度的取值区间,将群体中的个体分为3类,即将保守度$k \in [0, 2/3)$的个体称为具有弱保守度的个体,将保守度$k \in [2/3, 4/3)$的个体称为具有一般保守度的个体,将保守度$k \in [4/3, 2]$的个体称为具有强保守度的个

213

体,通过讨论各类保守度个体在群体中所占的比例来分析其对舆情反转过程的影响。这里取 $I^1=-0.6$、$I^2=0.8$、$T=50$,并且设定个体关注度 α 服从 $N\sim(0.9,0.4)$,个体犹豫度 h 服从 $U\sim[0,2]$。

图 8-12 和图 8-13 分别为不同比例的 3 类保守度个体下群体态度分布柱状图和极化率曲线。由图 8-12 和图 8-13 可知,当群体中具有强保守度的个体占比较大时,群体中的态度并未产生较大程度的极化和反转现象,说明当某个热点事件的舆情未能突破个体心理保守度底线时,即没有引起个体参与的兴趣时,个体并不会积极参与对相关事件的评论,从而不会爆发大规模的群体事件。而当群体中具有弱保守度的个体比例增加时,群体态度的正向极化率和负向极化率都随之增加,在 $T=50$ 时刻前后形成了明显的舆情反转现象。这说明,当某些舆情话题突破较多公众的心理保守度底线时,公众的参与热情会明显增强,进而形成较强的舆情极化和反转现象。

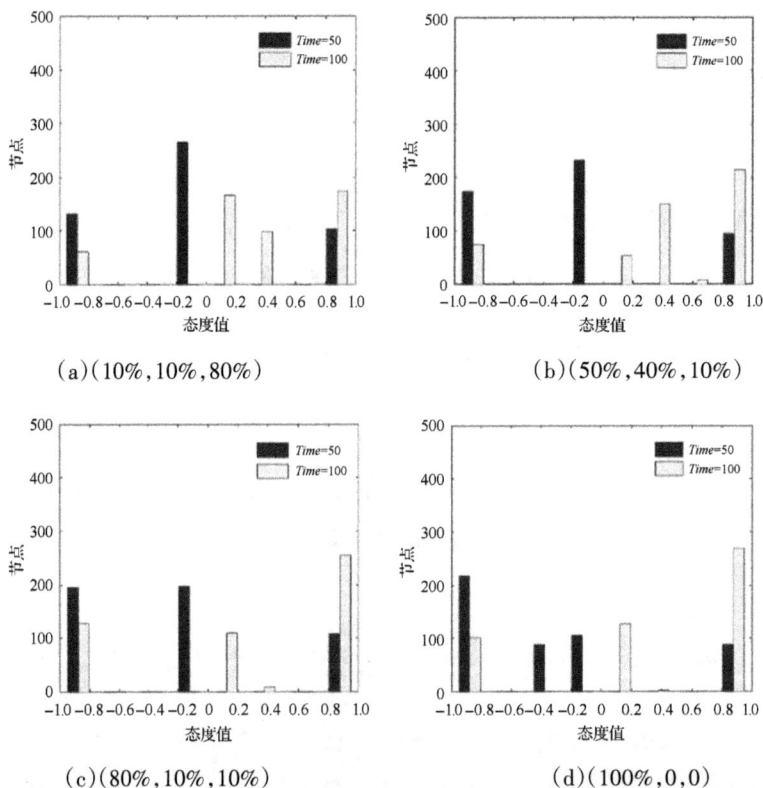

(a)(10%,10%,80%)

(b)(50%,40%,10%)

(c)(80%,10%,10%)

(d)(100%,0,0)

图 8-12 不同比例的 3 类保守个体下群体态度分布柱状图

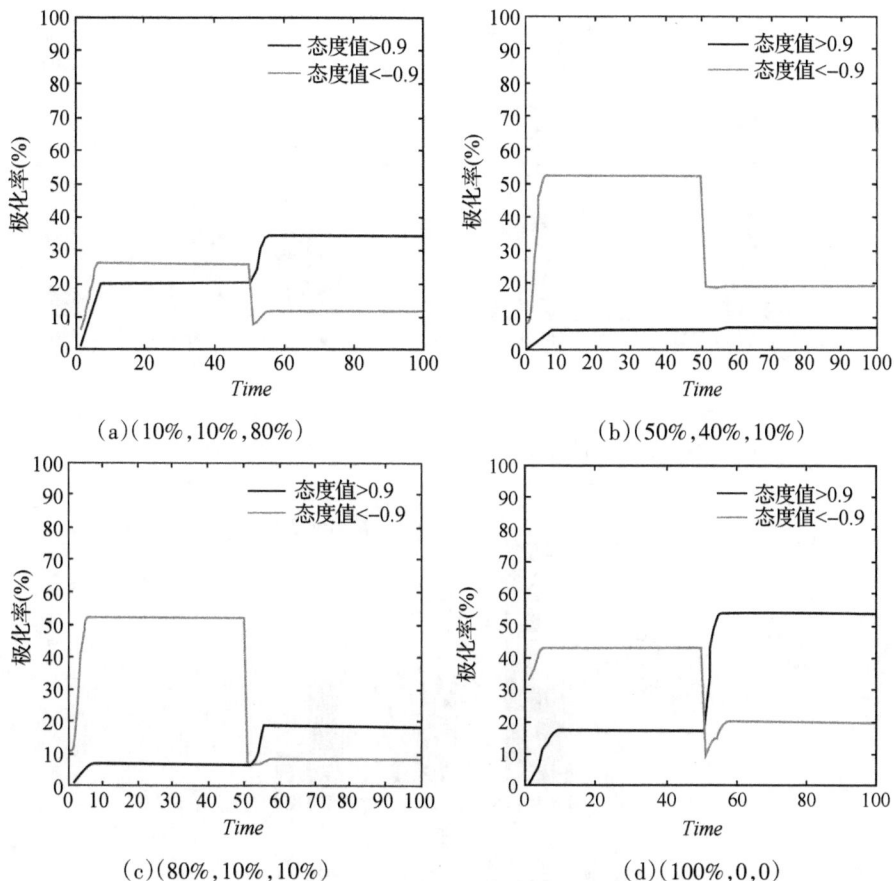

图 8-13 不同比例的 3 类保守度个体下群体态度极化率曲线

(2)个体保守度的动态变化对舆情反转进程的影响

随着外部信息的逐渐释放,个体对社会热点事件的关注度会逐渐提高,此时个体面对相关外部信息的态度会更加开放。当外部信息释放后,个体针对事件本身也会更加乐意去发表评论,而这种个体心理层面的动态变化往往会对舆情演化过程起到重要的推动作用。因此,为了描述个体保守度动态变化的状况,下面将通过在不同时刻设定不同的 3 种保守度个体所占比例,来研究个体保守度动态变化对舆情演化的影响。

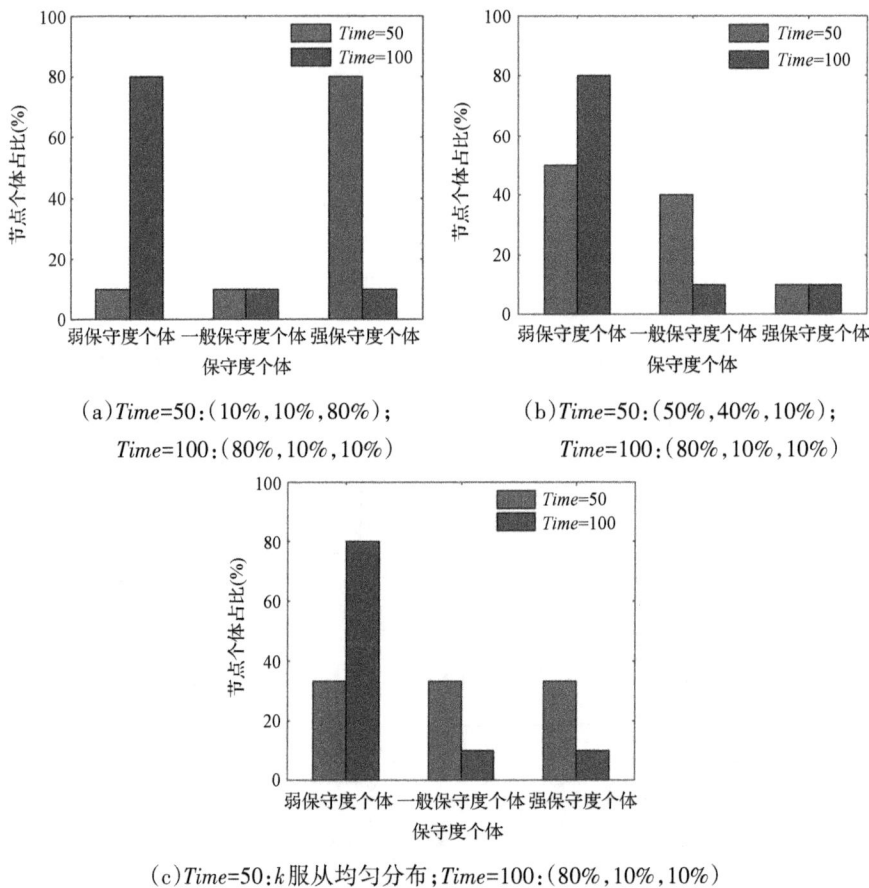

（a）Time=50：（10%，10%，80%）；
Time=100：（80%，10%，10%）

（b）Time=50：（50%，40%，10%）；
Time=100：（80%，10%，10%）

（c）Time=50：k服从均匀分布；Time=100：（80%，10%，10%）

图8-14　不同时刻、不同比例的3类保守度个体分布图

图8-14为不同时刻、不同比例的3类保守度个体分布图，图8-15和图8-16分别为不同时刻、不同比例的3类保守度个体下群体态度分布柱状图和极化率曲线。由图8-15和图8-16可知，0—50时间段，当群体中强保守度个体的占比较大时，群体的态度分布和极化率相比初始状态并未产生较大的变化，而随着弱保守度个体占比的增加，负向极化率也上升。在50—100时间段，由于弱保守度个体的占比较大，群体中的正向极化率始终保持较高的水平，且未受前期极端观点数量的影响。这说明，随着个体心理层面的保守度不断降低，个体更加乐意参与对相关事件的讨论，进而推动舆情产生反转现象。因而，在舆情干预过程中，不能因为前期公众参与程度较低而置之不管，因为这会使得后期爆发更大规模的网络舆情。

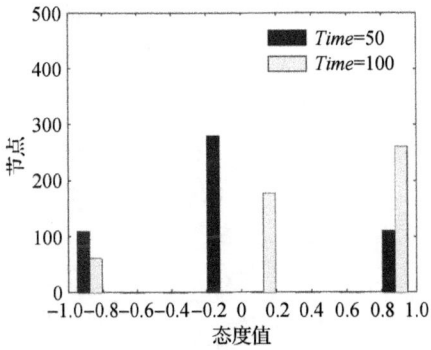

（a）$Time=50:(10\%,10\%,80\%)$；
$Time=100:(80\%,10\%,10\%)$

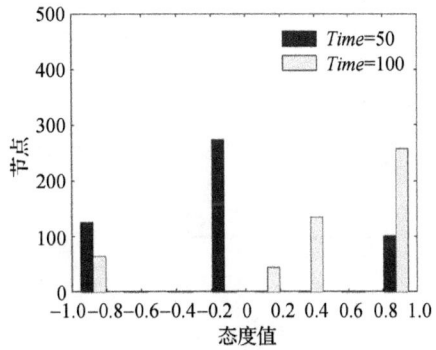

（b）$Time=50:(50\%,40\%,10\%)$；
$Time=100:(80\%,10\%,10\%)$

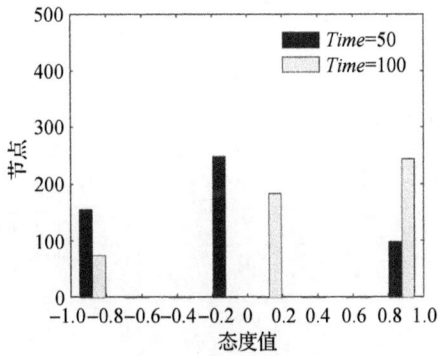

（c）$Time=50:k$ 服从均匀分布；
$Time=100:(80\%,10\%,10\%)$

图8-15　不同时刻、不同比例的3种保守度个体下群体态度分布柱状图

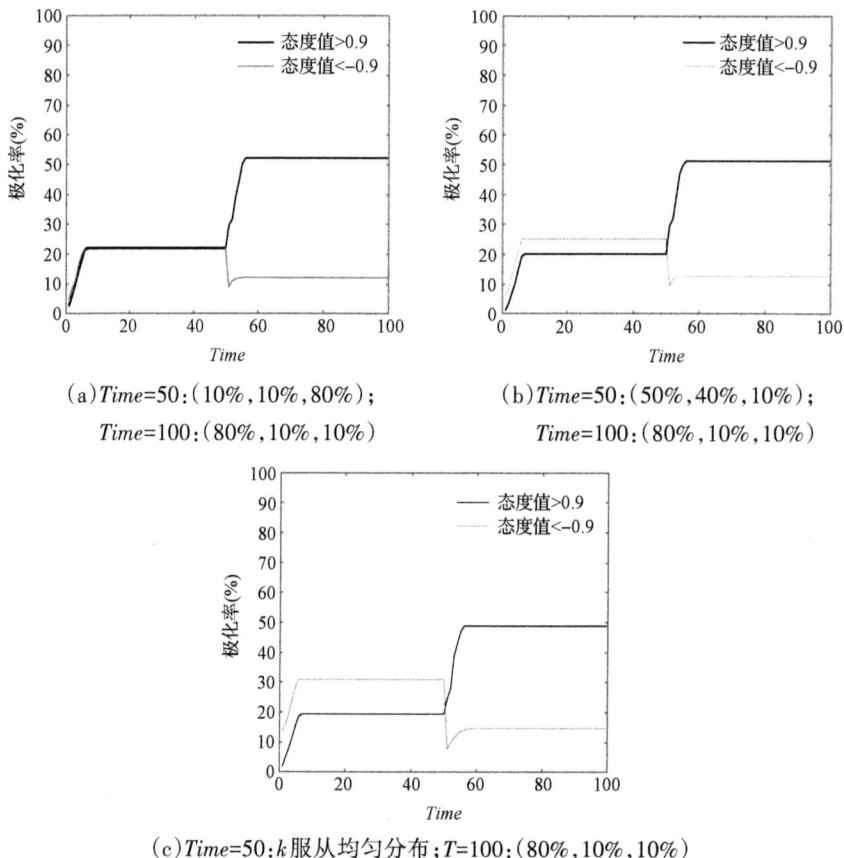

（a）Time=50：（10%，10%，80%）；
　　Time=100：（80%，10%，10%）

（b）Time=50：（50%，40%，10%）；
　　Time=100：（80%，10%，10%）

（c）Time=50：k服从均匀分布；T=100：（80%，10%，10%）

图8-16　不同时刻、不同比例的3类保守度个体下群体态度极化率曲线

（3）3类保守度个体、犹豫度个体所占比例与态度极化率的关系

为了更好地分析3类保守度或犹豫度个体在网络中的分布对舆情反转的影响，在上述仿真的基础上，本部分分别进行200次实验，每次实验均随机生成不同数量的3类保守度个体或犹豫度个体并组合成不同的社交网络（如弱保守度个体占42%、一般保守度个体占28%、强保守度个体占30%为1种组合，但三者相加为100%），记录下每种组合下产生的负向极化率和正向极化率，并绘制出极化率的四维散点图，如图8-17所示。图中每个散点表示1次仿真结果，x、y、z轴分别表示弱保守度个体、一般保守度个体、强保守度个体所占的比例，散点颜色则表示极化率，其中颜色越浅表示极化率越高，反之则表

示极化率越低,具体如右侧色阶所示。

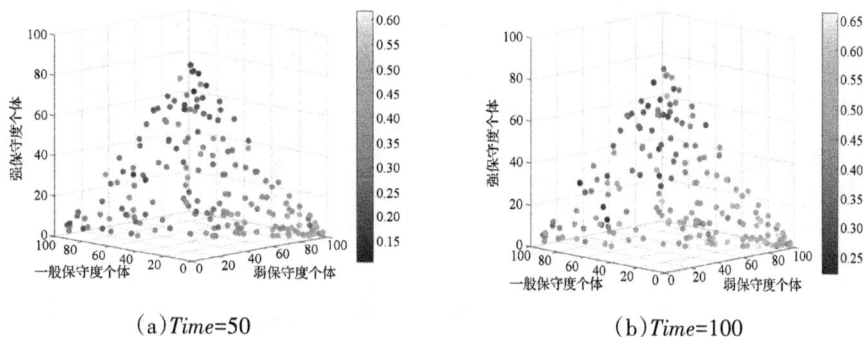

（a）Time=50　　　　　　　　　　　（b）Time=100

图8-17　3类保守度个体随机占比时的态度极化率

图8-17为3类保守度个体随机占比时的态度极化率。由图8-17可知,在0—50时间段,在负向外部信息的影响下,随着弱保守度个体占比的增加,散点颜色越来越浅,说明此时的负向极化率随着弱保守度个体数量的增加而不断提高。同时,在50—100时间段,在正向信息的影响下,随着弱保守度个体占比的增加,图中的浅色散点数量更多,说明此时的正向极化率更高,因此说明由于弱保守度个体数量的增加,舆情产生了较大程度的反转,个体保守度对舆情反转的影响较为明显。

图8-18表示了3类保守度个体、犹豫度个体与态度极化率的关系。图中的每一个立方体代表1种组合形式下[例如(弱保守度,强犹豫度)、(强保守度,弱犹豫度)]产生的态度极化率。同时,为了保证仿真条件的一致,在实验时设定网络中每类保守度个体及犹豫度个体的比例均为100%。从图8-18可以看出,在0—50时间段,当群体中的个体均为弱保守度个体时,负向极化率普遍较高,受个体犹豫度变化的影响较小。在50—100时间段,当群体中的个体均为弱保守度个体时,正向极化率普遍较高,随着个体犹豫度的减弱,正向极化率呈现小幅提升趋势。这说明,个体保守度是影响舆情极化和反转的重要因素,个体犹豫度仅会在舆情反转过程中起到一定程度上的影响。

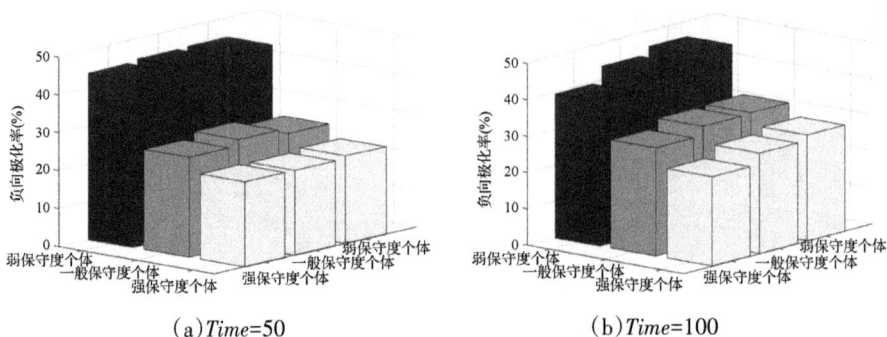

(a)Time=50 　　　　　　(b)Time=100

图8-18　3类保守度个体、犹豫度个体与态度极化率的关系

(4)影响舆情反转的各因素组合分析

通过上述仿真分析可以看出,影响舆情反转的因素较多。而在现实的舆情分析过程中,由于网络舆情发展的迫切性和紧急性,通常需要针对关键环节进行重点处理,从而及时应对舆情的进一步爆发。因此,从众多影响舆情反转的因素中找出最为关键的因素,是更加符合现实要求的。本节将通过对影响舆情反转各因素的组合分析,找出影响舆情极化和反转的关键因素。

图8-19表示信息强度、个体保守度与态度极化率之间的关系情况。由图8-19可知,在0—50时间段,随着外部信息强度的增加,负向极化率在一定程度上有所增长,当网络中均为弱保守度个体时,负向极化率普遍高于其他两种情况,说明此时个体保守度对观点的极化产生了重要影响。在50—100时间段,在外部信息强度较小时,正向极化率普遍较低,说明此时并未形成明显的舆情反转,随着外部信息强度的进一步增强,正向极化率显著提高,说明此时形成了较显著的正向极化,前后两阶段形成了明显的舆情反转。由此可知,个体保守度对舆情的初始极化状态影响更大,而后续外部介入信息的强度对舆情的进一步反转影响更大。

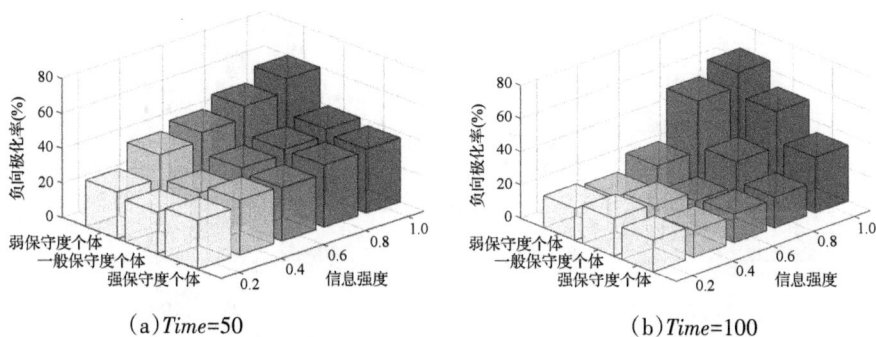

（a）Time=50　　　　　　　　　　（b）Time=100

图8-19　信息强度、个体保守度与态度极化率的关系图

图8-20表示信息强度、个体关注度与态度极化率的关系情况。由图8-20可知,在0—50时间段,随着外部信息强度和个体关注度的逐渐增强,负向极化率明显增加,说明在外部信息强度和个体关注度的影响下,群体中的个体形成了明显的观点共识。在50—100时间段,外部信息强度和个体关注度的影响更加明显,即当外部信息强度和个体关注度都较强时,正向极化率产生了明显的变化,形成了新一轮的正向极化现象,从而使得前后两阶段产生了较为明显的舆情反转现象。另外,由图8-20可知,个体的关注度较弱时,即使有很强的外部信息干预,也不会产生较强的舆情反转。因此可以认为,外部信息强度和个体关注度的强弱是影响舆情极化和反转的关键因素,同时个体关注度对舆情反转的影响程度更大。

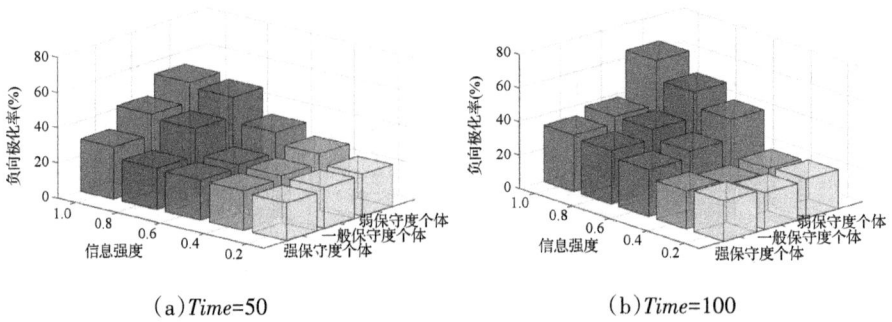

(a)Time=50 　　　　　(b)Time=100

图8-20　信息强度、个体关注度与态度极化率的关系图

图8-21表示个体保守度、个体关注度与态度极化率的关系情况。由图8-21可知,在0—50时间段,当群体中的个体均为一般保守度个体或强保守度个体时,个体关注度的变化并没有使得负向极化率产生变化;而当群体中均为弱保守度个体时,负向极化率产生了较为明显的提高,这说明此时个体保守度对舆情极化起关键影响。而50—100时间段,当群体中个体的关注度较弱时,个体保守度的变化并未使正向极化率发生变化;而当群体中个体的关注度普遍较强时,正向极化率才产生了较为明显的提高,这说明此时的个体关注度对舆情的新一轮极化起着关键作用。由此可知,个体保守度对舆情的初始极化起关键作用,而个体关注度对舆情的后续反转起着重要作用。

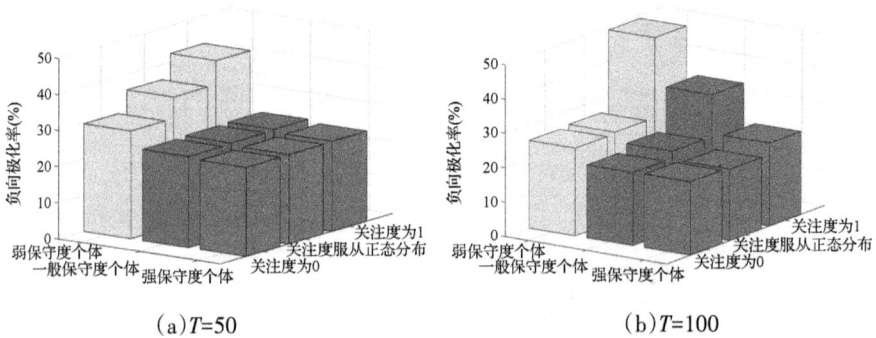

(a)T=50 　　　　　(b)T=100

图8-21　个体保守度、个体关注度与态度极化率的关系图

综上,个体保守度是影响舆情初始极化的关键因素,信息强度和个体关注度则是引起舆情反转的关键因素。

8.4.4 个体交互模式对舆情反转过程的影响

网民自身对热点事件的态度不仅受到外部信息和个体内在特征的影响,还会受到周围邻居观点的影响。因此,分析个体在交互过程中受周围个体态度的影响,对于研究舆情极化和反转至关重要。基于此,下面将从个体交互的角度分析舆情反转进程。

(1)个体交互次数对舆情反转的影响

在个体交互过程中,个体与周围节点的交互次数通常可以看作个体间观点沟通的深入程度,个体间观点沟通越深入通常越容易达成共识,从而推动形成更强的舆情极化和反转现象。

图8-22和图8-23分别为不同交互次数下群体态度分布柱状图和极化率曲线。由图8-22和图8-23可知,随着个体间交互次数的不断增加,负向极化率在一定程度的提高之后,逐渐趋于稳定,这说明在首发信息的影响下,个体在短时间内的交互之后就能达成观点共识。而在二次信息的影响下,随着个体间交互次数的增加,正向极化率不断提高,直至交互次数达到100左右,正向极化率才趋于稳定。这说明,在二次信息的影响下,个体之间需要更长时间的观点交互才能形成新的共识。

（a）Time=10　　　　　（b）Time=30　　　　　（c）Time=60

（d）Time=80　　　　　（e）Time=100

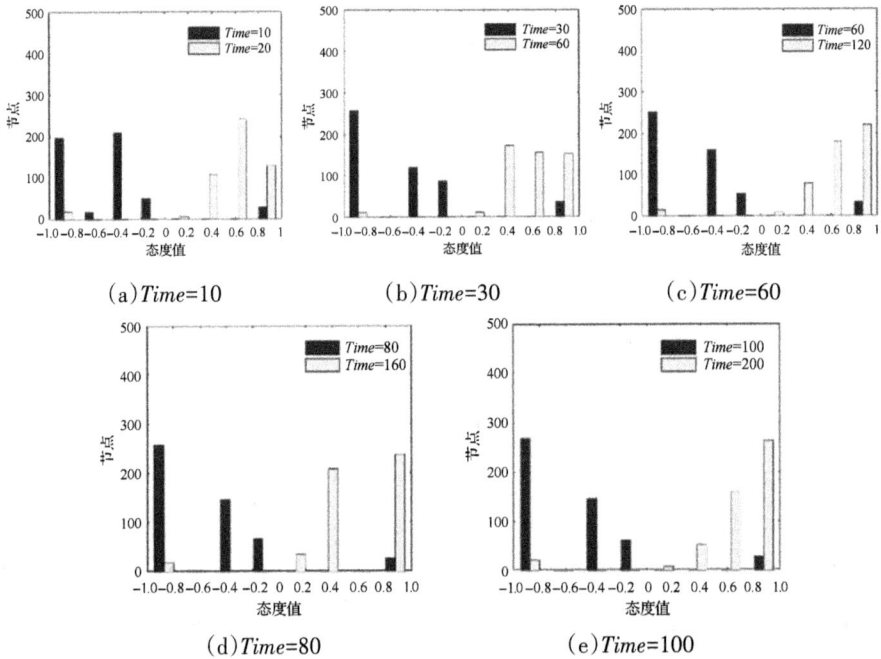

图8-22　不同交互次数下群体态度分布柱状图

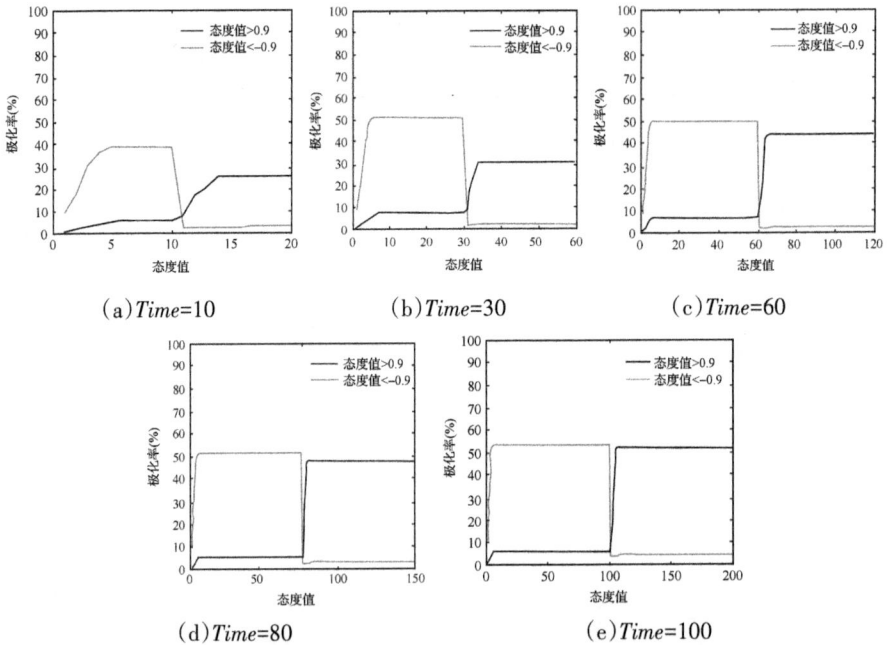

（a）Time=10　　　　　（b）Time=30　　　　　（c）Time=60

（d）Time=80　　　　　（e）Time=100

图8-23　不同交互次数下群体态度极化率曲线

（2）交互节点数量对舆情反转的影响

根据前文中所提的观点交互规则,结合亲密度指标,本部分将与 Agent i 亲密度为 1 的节点定义为 Agent i 的交互节点,在交互过程中个体将根据交互节点的平均态度更新其自身态度。而一般情况下,当个体对某件事情的态度发生摇摆时,个体会更加希望听取更多周围朋友的意见。通过对交互节点数量的研究,可以更深入地分析周围邻居节点对个体态度的影响,进而研究如何通过个体间的交互过程对舆情极化和反转产生影响。这里通过改变交互节点的选择比例(如 Agent i 在网络中寻找到 30 个交互节点,随机选取 30 个交互节点中的 10%,20%,30%,⋯,100%)来表示交互节点数量的变化。

图 8-24 表示不同交互节点比例下群体态度演化情况。由图 8-24 可知,在 0—50 时间段,在首发信息的影响下,随着交互节点比例的增加,个体态度值在 -1 周围的 Agent 数量逐渐下降。同时,在 50—100 时间段,受二次信息的影响,个体态度值处于 1 周围的 Agent 数量也趋向减少。这说明,在综合交互节点的各种意见之后,个体态度更加趋于理性,进而使得群体中极端个体的数量逐渐减少,这与现实情况是相符的。同时,这一现象也可以间接印证个体保守度的提高会使得极端个体的数量减少,其原因是:个体保守度的提高会使得个体听取更多朋友的意见,从而使得自身态度更加理性。

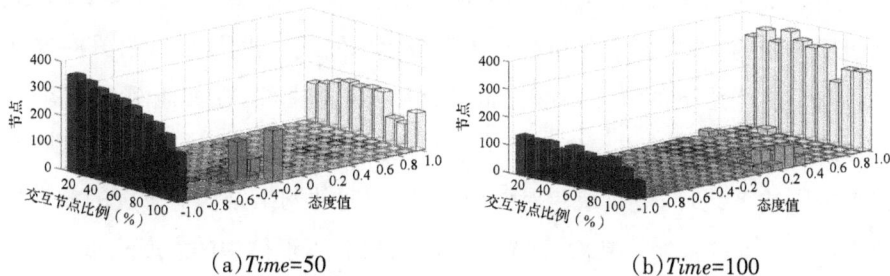

(a) $Time=50$　　　　　　　(b) $Time=100$

图 8-24　不同交互节点比例下群体态度演化图

8.4.5　网络拓扑结构对舆情反转过程的影响

外部信息的传播、个体观点的交互都是通过社交网络进行的,社交网络是产生网络舆情的基础,但是真实的社交网络极其复杂,很难利用某种网络对其进行真实再现。基于此,为了更加合理地分析网络拓扑结构对舆情反转过程的影响,这里将基于不同参数的网络结构对舆情反转过程进行对比分析。本部分设定参数如下:I^1=-0.6,I^2=0.8;个体感知参数α集中分布于1左右;3类保守度个体比例为弱保守度个体80%、一般保守度个体10%、强保守度个体10%;3种犹豫度个体的比例服从均匀分布。

不同网络结构在节点连接机制和增长机制上各不相同,其在某种程度上代表了群体间不同的信息交流、传播方式,对信息的扩散、观点交互、舆情极化和反转都会产生较大的影响。基于此,本节将通过BA网络与全连接网络、WS小世界网络、ER随机网络的仿真对比分析,研究网络结构对舆情反转的影响。不同网络拓扑参数如表8-3所示。

表8-3 不同网络拓扑参数

网络名称	平均路径长度	聚类系数	平均度
BA网络	2.3582	0.091 22	18.948
全连接网络	2.3808	1	499
WS小世界网络	2.3808	0.081 902	8
ER随机网络	2.3808	0.099 496	49.52

图8-25和图8-26分别为在BA网络、全连接网络、WS小世界网络和ER随机网络中的,群体态度分布柱状图和极化率曲线。由图8-25和图8-26可知,对比BA网络下的群体态度分布状况和极化率曲线,在其他网络结构中,群体态度分布和极化率均发生了微小变化。首先,在全连接网络中,在首发信息的影响下,负向极化率相对较低,说明此时的网络结构对态度的初始极化有一定程度的抑制。其次,在WS小世界网络中,群体中的态度分布与极化率并未产生较大变化,与BA网络下的演化结果基本一致。最后,在ER随机网络中,在首发信息的影响下,负向极化率相对较低,同时在二次信息的影响下,正向极化率也相对较低,说明此时的网络结构对舆情的初始极化和后期的反转都产生了一定的抑制作用。但总体来看,随着外部信息的更迭和个体内在特征的变化,这4种网络结构中的舆情都发生了不同程度的反转现象,这

说明网络结构会对舆情反转过程产生一定的影响,但这种影响较为有限。

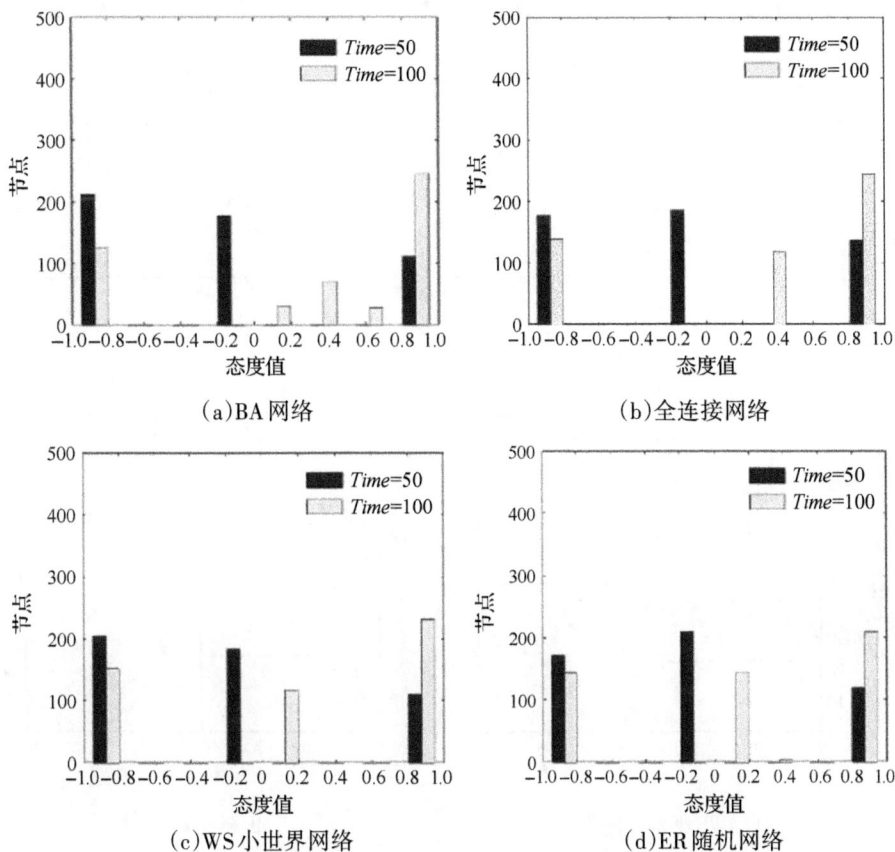

(a)BA网络

(b)全连接网络

(c)WS小世界网络

(d)ER随机网络

图8-25 不同网络下群体态度分布柱状图

(a)BA网络

(b)全连接网络

(c)WS小世界网络

(d)ER随机网络

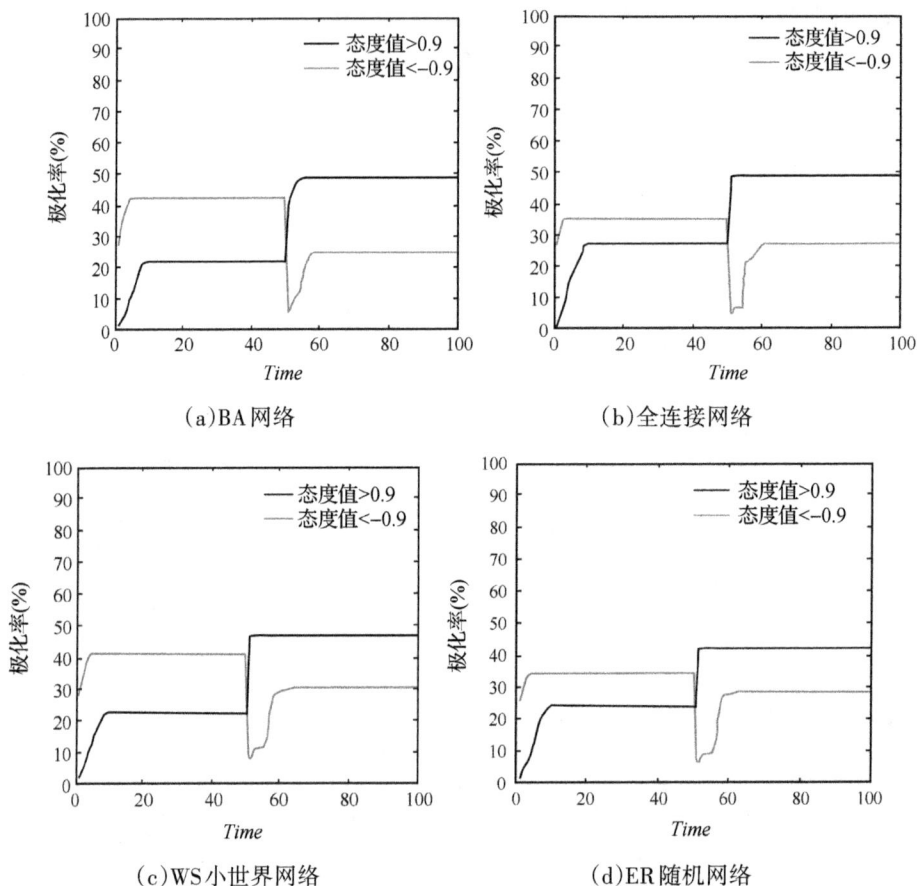

图8-26 不同网络下群体态度极化率曲线

8.5 实证分析

本节选取典型案例"刘强东性侵门"事件对本章所建网络舆情反转模型进行验证。

2018年9月2日,网传京东CEO刘强东在美国明尼苏达州因涉嫌性侵女大学生被捕,一张刘强东被捕入狱的照片在网上疯传,刘强东涉嫌性侵被捕的新闻迅速在网络扩散,仅9月3日当天相关媒体报道此事件的信息数量就超过6000篇,网民对事件主角呈现了"一边倒"的舆情谴责。2018年12月21

日(当地时间),美国明尼阿波利斯市亨内平县检察官办公室决定对刘强东不予起诉,“刘强东被宣告无罪”的新闻再次在网络扩散,此时网民将评论的焦点转向被性侵女子及与美国的“贸易摩擦”等内容,整体舆情较第一阶段产生较大反转。同时,由于该事件历时3个多月,且事件主体是有较强影响力的公众人物,事件相关信息的发布总能引起网民的强烈反响,并随着外部信息的不断更迭形成了一系列的舆情反转现象。

为了分析“刘强东性侵门”事件舆情反转的过程,本书爬取了头条新闻、新京报、澎湃新闻等媒体在2018年9月3日和12月22日两个时间点发布的有关事件的新闻信息,总共爬取了30 000条微博评论和点赞数量,通过筛选共选出6000条评论数据,使用JIEBA分词和情感词典对其进行情感打分处理,通过量化得到每条微博评论的情感值。虽然这里获取的数据量有限,但是根据人际关系中的六度分隔理论,这些用户数据的统计结果在很大程度上可以反映微博用户行为的若干普适性。这里将9月3日和12月22日两个时间点分别作为事件的第一阶段和第二阶段的划分点,爬取字段的形式如图8-27所示。

	A	B	C	D	E	F	G	H	I	J	K	L	M	N	O
1	Weibo blog	Original Weibo mi	Reviews _I	Comments	Comment time	Likes	Reviews	Nickname	Uid	Address	Gender	Number of	Followers	Weibo number	
2	Headline Ne	4280086725856896	428008678	Maybe he mistook it for tl	2018-09-03 08:47:52	32644	594	My milk is big	622377981	Sichuan	f	12677	110	192	
3	Headline Ne	4280086725856896	428008682	So shameless	2018-09-03 08:48:01	0	0	What to do wit	594823238	Other	m	3	207	3628	
4	Headline Ne	4280086725856896	428008683	Reputation is for all to se	2018-09-03 08:48:02	4	0	Sky Muxi BQ	562695500	Chongqing	f	67	185	311	
5	Headline Ne	4280086725856896	428008682	Really changed matcha sis	2018-09-03 08:48:02	8620	314	ishans	173698859	Other	f	8527	102	265	
6	Headline Ne	4280086725856896	428008683	!	2018-09-03 08:48:05	1	0	Xu Fuxian	356310499	Guangdong gu	m	158	665	13	
7	Headline Ne	4280086725856896	428008683	Maccha sister	2018-09-03 08:48:05	1	0	FFFFOUND_I	269028897	Chengdu, sich	m	424	403	375	
8	Headline Ne	4280086725856896	428008684	How nice to be rich!	2018-09-03 08:48:07	7	0	Mars 鸭 up	653462490	Overseas	m	118	400	1102	
9	Headline Ne	4280086725856896	428008688	Unknown wife beauty Liu	2018-09-03 08:48:16	2	0	Su Yan ·	253976136	Fujian zhangzl	m	527	130	56	
10	Headline Ne	4280086725856896	428008689	Face blindness	2018-09-03 08:48:18	0	0	socker_78	203334288	Shanghai	m	436	574	480	
11	Headline Ne	4280086725856896	428008689	Sexual assault detained by	2018-09-03 08:48:19	865	40	Why no one ca	165294026	Fujian	m	4036	1313	326	
12	Headline Ne	4280086725856896	428008692	I just want to hold back th	2018-09-03 08:48:25	0	0	MINI_Sisi_	218240189	Other oversea	f	5799	789	1845	
13	Headline Ne	4280086725856896	428008692	This internal file can also	2018-09-03 08:48:26	0	0	Yuanyi rate_D	183345183	Other	f	780	326	36743	
14	Headline Ne	4280086725856896	428008692	unbelievable	2018-09-03 08:48:26	0	0	Xiaoqingqing I	653678273	Other	f	14	60	1	
15	Headline Ne	4280086725856896	428008693	I do n't know the wife bea	2018-09-03 08:48:27	0	0	I am Xiong	277088007	Pudong new a	m	58	223	463	
16	Headline Ne	4280086725856896	428008693	It's true to find the little gi	2018-09-03 08:48:28	1	0	DLONG Big I	170130016	Xicheng distri	m	770	424	2377	
17	Headline Ne	4280086725856896	428008694	I used to like milk tea, no	2018-09-03 08:48:29	31	3	Enthusiastic ci	601354467	Overseas	m	168	384	101	
18	Headline Ne	4280086725856896	428008694	The turbulent man is the t	2018-09-03 08:48:30	205	82	LIxiaoKeMU	357947353	Guangdong sh	m	364	1251	2258	
19	Headline Ne	4280086725856896	428008694	fossil_97421	2018-09-03 08:48:30	0	0	Sister of pome	316231895	Zhenjiang, jian	f	96	248	1026	
20	Headline Ne	4280086725856896	428008695	Jesse Zhang	2018-09-03 08:48:32	0	0	_Little Flower	241993702	Other oversea	f	317	308	405	

图8-27　“刘强东性侵门”事件爬取微博字段部分内容

由于该事件微博评论整体偏负向,在情感打分过程中,将部分地对其他维度主体的负面评论内容进行二次处理,例如:将“被陷害、被下套”等隐含正向态度的评论词汇划入正面词汇。本部分将9月3—5日、12月22—24日两阶段的微博评论打分结果,按照微博评论发布时间的先后顺序进行排列,并生成舆情演化图和群体态度分布柱状图,结果如图8-28和图8-29所示。

图8-28和图8-29分别为"刘强东性侵门"事件舆情演化图和群体态度分布柱状图。由图8-28和图8-29可以看出,9月3日作为舆情爆发的初始时间节点,当天参与事件评论的网民数量庞大,大多数网民都对事件进行了极其负面的评论和谴责,群体观点表现为"一边倒"的批评和指责,仅有少数网民对事件主角表示支持或同情。随后的两天由于事件热度的下降,参与评论的人数减少,但整体的舆情仍然较为负面。而在12月22日以后,由于"宣告无罪"等相关消息的相继释放,网民对此事件的评论产生了一定的转变,多数网民对事件的态度转为正面和中立,与之前"一边倒"的负面评论相比,事件的舆情出现反转。但由于整个事件较为负面,从图中也可以看出舆情产生的反转程度并不高。

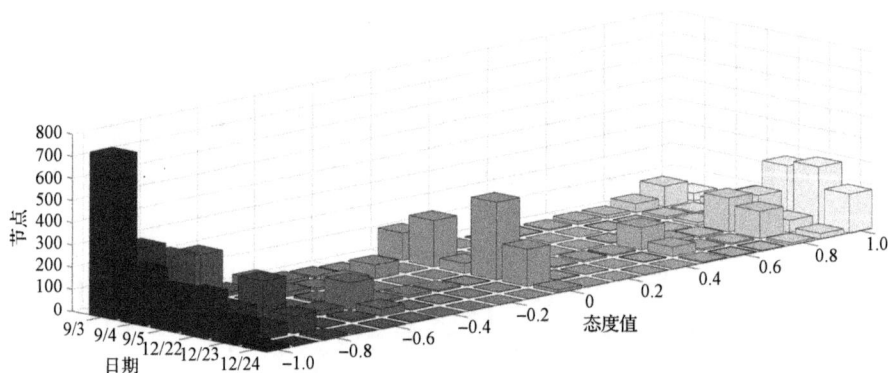

图8-28 "刘强东性侵门"事件舆情演化图

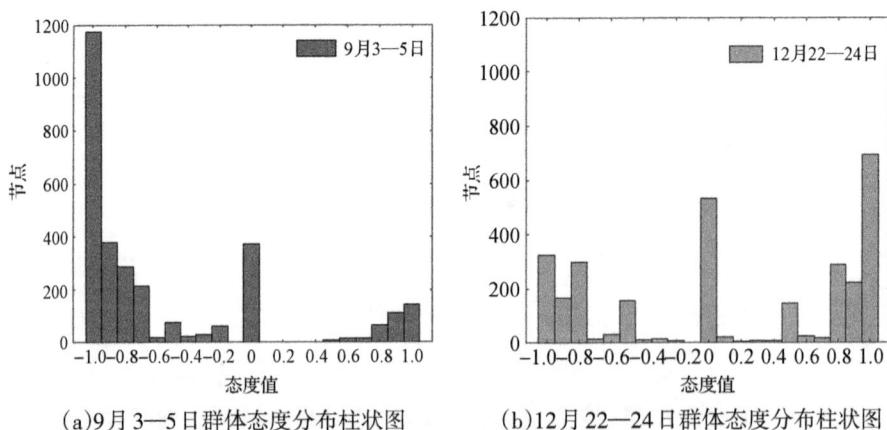

(a)9月3—5日群体态度分布柱状图　　(b)12月22—24日群体态度分布柱状图

图8-29 "刘强东性侵门"事件群体态度分布柱状图

　　下面根据本章所提出的舆情反转模型对该事件进行仿真模拟。由于案例数据规模较大,基于综合可视化考虑,本章将仿真的网络节点规模设定为300。由于刘强东作为一名具有一定影响力的知名企业家,公众对其的认知度普遍较高,本部分取个体关注度 α 服从 $N{\sim}(0.9,0.4)$,并映射于 $[0,1]$;群体中弱保守度个体、一般保守度个体、强保守度个体的比例分别为50%、40%、10%;群体中弱犹豫度个体、一般犹豫度个体、强犹豫度个体的比例服从均匀分布,其他参数设定如下: $d_1=0.18,d_2=0.68,\mu=0.48,\beta=0.2;I^1=-0.8;I^2=0.8$ 。仿真结果如图8-30和图8-31所示。

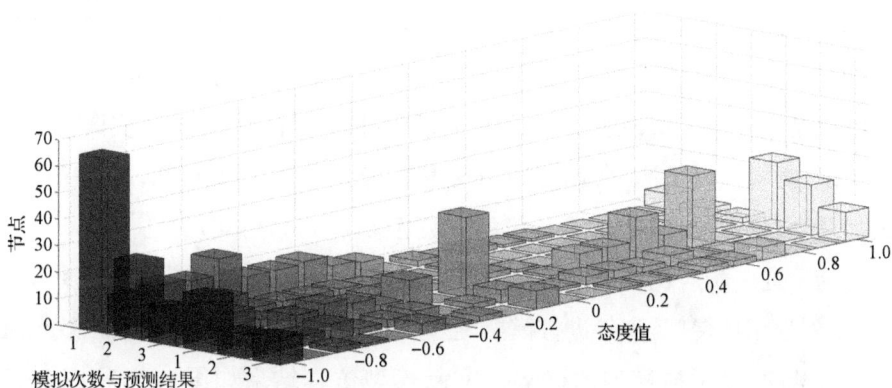

图8-30　利用本章所提模型对"刘强东性侵门"事件模拟仿真舆情演化图

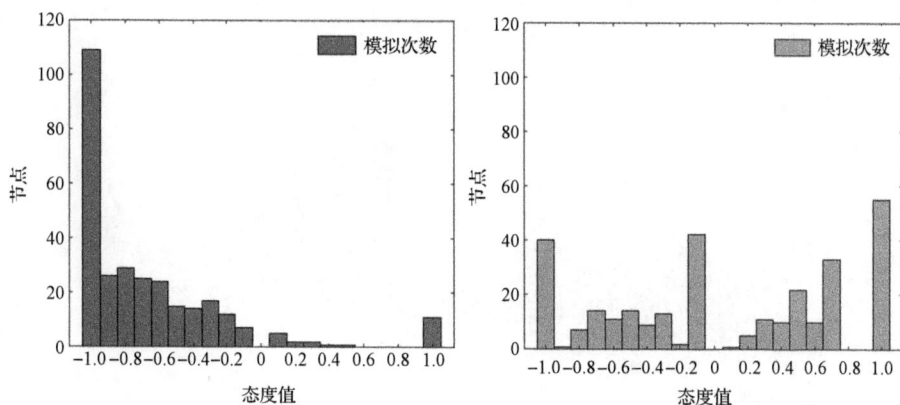

（a）仿真模拟案例9月3—5日
间的演化结果

（b）仿真模拟案例12月22—24日
间的演化结果

图8-31　利用本章所提模型对"刘强东性侵门"事件模拟仿真群体态度分布柱状图

　　图8-30和图8-31分别为利用本章所提模型对"刘强东性侵门"事件模拟仿真舆情演化图和群体态度分布柱状图。为了更好地对舆情的反转过程进行模拟,本章通过3次仿真分别对上述案例在9月3—5日的舆情演化状况进行模拟,同时得出的预测结果对应12月22—24日的舆情演化状况(如Simulation times 1对应案例在9月3日的舆情演化状况,同时得出的Forecast results 1对应案例在12月22日的舆情演化状况)。从图8-30和图8-31可以看出,首先,通过模型的3次仿真,很好地模拟出了案例第一阶段(9月3—5日)的舆情演化状态,模拟的舆情演化趋势与案例数据的演化结果整体上是一致的,并且模拟的群体态度分布状态也基本和案例数据分布一致,同时仿真得出的预测结果在整体演化趋势上也与案例第二阶段(12月22—24日)实际演化结果基本一致。这说明,本章所提的模型可以很好地模拟出真实舆情的演化状况,并且同时预测出舆情进一步反转的演化结果,由此可知,本章所提的模型是合理有效的,并且具备一定的现实意义。

　　为了进一步对比与其他模型的差异,本部分利用文献所提的舆情反转模型对"刘强东性侵门"事件进行模拟,通过比较两种模型对案例的模拟效果进一步说明本章所提模型的优势。文献模型仿真结果如图8-32和图8-33所示。

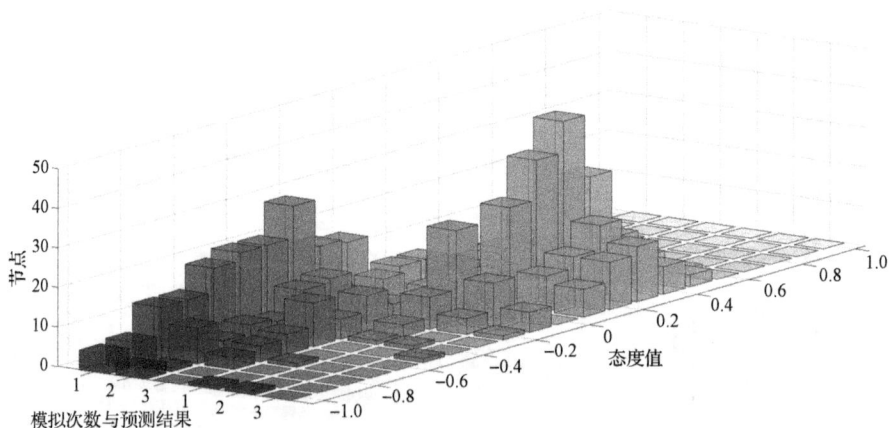

图8-32　利用文献所提模型对"刘强东性侵门"事件模拟仿真舆情演化图

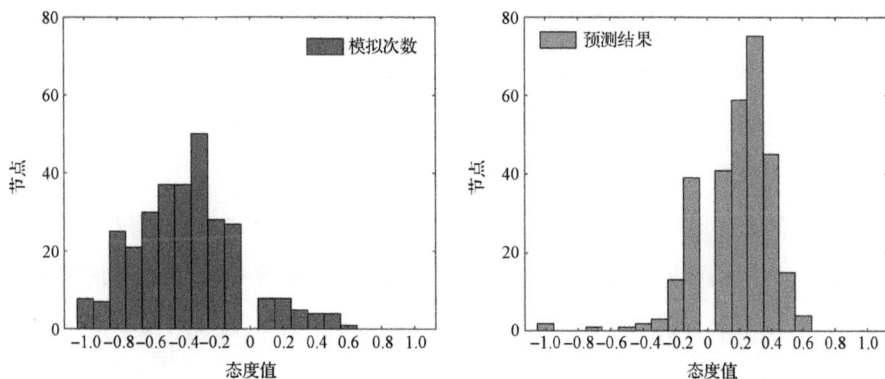

（a）文献模拟案例9月3—5日演化结果　　（b）文献模拟案例12月22—24日演化结果

图8-33　利用文献所提模型对"刘强东性侵门"事件的模拟仿真群体态度分布柱状图

图8-32和图8-33分别为利用Zhu et al.[11]所提模型对"刘强东性侵门"事件模拟仿真舆情演化图和群体态度分布柱状图。从图8-32和图8-33可以看出，文献中的舆情反转模型并没有模拟出舆情演化中的极端个体，在整体舆情演化过程中，极端个体的数量极少，这种状况与现实情况不符。另外，文献中的模型虽然整体上反映出了舆情反转的状态，但是与实际的反转结果和观点分布状态出入较大。因此，本章所提的舆情反转模型更加合理。

8.6　总　结

为了揭示网络舆情反转现象的作用机理，本章融合外部干预信息与个体内在特征构建了舆情反转模型，并在此基础上仿真分析了信息强度、个体关注度、个体保守度、个体交互模式及网络拓扑结构对舆情反转过程的影响。

通过仿真实验得到以下结论：

第一，外部信息强度，特别是二次信息强度是导致舆情反转的重要因素，同时信息强度会影响舆情反转的方向和程度。

第二，在个体内在特征方面，个体关注度的变化是引起舆情进一步反转的关键因素，个体保守度会对舆情的初始极化状态产生更强的影响。与之对应，个体犹豫度在舆情极化和反转的过程中产生的影响较小。

第三,当外部信息强度较高时,群体观点往往会产生较强的舆情极化和反转现象。然而,通过仿真发现,当个体保守度较高或个体关注度较低时,即使外部信息强度较高,仍然不会形成明显的舆情反转现象。

但是本章仍存在以下不足,需要进一步研究:

第一,通过实际案例可知,个体对舆情事件的评价体系并不仅仅是单一维度的,而是多维度的,但本章所提模型并不能对多维态度下的舆情反转进行合理的模拟。因此,后续的研究需要将该模型扩展成涵盖多维态度的舆情反转模型。

第二,由于社会热点事件的传播通常是一个动态变化的过程,随着外部信息的释放,参与事件讨论的网络节点个体会出现增减情况,则需要考虑网络中节点的增减机制,研究动态网络中的舆情反转现象。

参考文献

[1] ASCH S E. Social psychology[J]. American Journal of Sociology, 1952, 35(6):101.

[2] KUSMARTSEV F V, KÜRTENKARL E. Physics of the mind: opinion dynamics and decision making processes based on a binary network model[J]. International Journal of Modern Physics B, 2008, 22(25-26):4482-4494.

[3] CHEN T, LI Q, YANG J, et al.Modeling of the public opinion polarization process with the considerations of individual heterogeneity and dynamic conformity[J]. Mathematics, 2019, 7(10): 917.

[4] GABBAY M, KELLY Z, REEDY J, et al. Frame-induced group polarization in small discussion networks[J]. Social Psychology Quarterly, 2018, 81(3):248-271.

[5] MATAKOS A, TERZI E, TSAPARAS P. Measuring and moderating opinion polarization in social networks[J]. Data Mining and Knowledge Discovery, 2017, 31(5):1480-1505.

[6] KLEINER T M. Public opinion polarisation and protest behaviour[J].

European Journal of Political Research, 2018, 57(4): 941-962.

[7] LI J, XIAO R. Agent-based modelling approach for multidimensional opinion polarization in collective behaviour[J]. Journal of Artificial Societies and Social Simulation, 2017, 20(2): 14.

[8] DEL V M, VIVALDO G, BESSI A, et al. Echo chambers: emotional contagion and group polarization on facebook[J]. Scientific Reports, 2016, 6: 37825.

[9] CHEN T, LI Q, FU P, et al. Public opinion polarization by individual revenue from the social preference theory[J]. International Journal of Environmental Research and Public Health, 2020, 17(3): 946.

[10] HUANG C, HU B, JIANG G, et al. Modeling of agent-based complex network under cyber-violence[J]. Physica A: Statistical Mechanics and its Applications, 2016, 458: 399-411.

[11] ZHU H, HU B. Impact of information on public opinion reversal-an agent based model[J]. Physica A: Statistical Mechanics and its Applications, 2018, 512: 578-587.

[12] SCHMIDT A L, ZOLLO F, SCALA A, et al. Polarization of the vaccination debate on facebook[J]. Vaccine, 2018, 36(25): 3606-3612.

[13] YAN X, JIANG P. Effect of the dynamics of human behavior on the competitive spreading of information[J]. Computers in Human Behavior, 2018, 89: 1-7.

[14] FLACHE A. About renegades and outgroup haters: modeling the link between social influence and intergroup attitudes[J]. Advances in Complex Systems, 2018, 21(6-7): 1850017.

[15] DENG L, LIU Y, ZENG Q A. How information influences an individual opinion evolution[J]. Physica A: Statistical Mechanics and its Applications, 2012, 391(24): 6409-6417.

[16] LEWANDOWSKY S, PILDITCH T D, MADSEN J K, et al. Influence and seepage: an evidence-resistant minority can affect public opinion and scientific

belief formation[J]. Cognition, 2019, 188: 124-139.

[17] ZHAO Y, ZHANG L, TANG M, et al. Bounded confidence opinion dynamics with opinion leaders and environmental noises[J]. Computers & Operations Research, 2016, 74: 205-213.

[18] ZAN Y, WU J, LI P, et al. SICR rumor spreading model in complex networks: counterattack and self-resistance[J]. Physica A: Statistical Mechanics and its Applications, 2014, 405: 159-170.

[19] GARGIULO F, GANDICA Y. The role of homophily in the emergence of opinion controversies[J]. Journal of Artificial Societies and Social Simulation, 2017, 20 (3): 1-8.

[20] SURHONE L M, TIMPLEDON M T, MARSEKEN S F, et al. Social judgment theory[M]. New York: American Academic Press, 1975: 271-312.

[21] LU A, DING Z, LIU Y, et al. An evolution model of group opinions based on social judgment theory (August 2018)[J]. IEEE Access, 2018, 6: 69288-69293.

[22] JAGER W, AMBLARD F. Uniformity, bipolarization and pluriformity captured as generic stylized behavior with an agent-based simulation model of attitude change[J]. Computational & Mathematical Organization Theory, 2005, 10 (4): 295-303.

[23] GOH K I, KAHNG B, KIM D. Universal behavior of load distribution in scale-free networks[J]. Physical Review Letters, 2001, 87(27): 278701.

第 9 章

网络舆情的扩散、演化机理
——以谣言传播过程为例

9.1　问题背景

　　谣言是社会中长期存在的现象,谣言的传播容易形成社会舆情,从而造成社会动荡、危害公共安全等恶劣影响。而信息发布便捷、信息传播广泛的网络更给予了谣言滋生和扩散的土壤。

　　随着网络的普及,以及微博、微信等在线社交网络的发展,网民的身份发生了转变,除了是信息接受者外,网民也可以是信息的发布者与传播者。网络赋予了人们平等的话语权,为人们获得最新资讯提供了便利。与此同时,由于缺少信息审查环节、信息发布门槛低等因素,网民的信息发布及传播行为也加速了网络谣言的传播速度。

　　中央网信办违法和不良信息举报中心、中山大学和腾讯公司联合发布的《2018年网络谣言治理报告》显示:微信平台2018年共拦截谣言8.4万多条。据该报告分析,食品安全、医疗健康、社会民生等领域均是谣言"重灾区"[1]。2012年,微博用户"炎黄秦火火"编造了雷锋生活奢侈、全国残联主席张海迪持有德国国籍、"7·23"动车事故中国政府赔偿外籍旅客两亿元等谣言,煽动网民情绪,加剧社会动荡,造成恶劣影响。

　　大到引起社会动荡的抢盐事件、地震谣言,小到微信群中常见的食品安全、人口走失谣言的广泛传播和屡禁不止,充分证明了当前国内互联网舆情动员能力高、辟谣能力低。

　　在信息爆炸的当今,研究网络谣言传播扩散机理是十分必要的。网络谣言是网络舆情研究的重要组成部分,对和谐社会建设及保障网络环境健康发展有着极其重要的作用和意义。研究网络谣言传播扩散机理将有助于我们正确应对网络谣言,科学辟谣,抑制谣言的传播,控制负面影响。

　　网络谣言的传播扩散与传染病的传播扩散有众多相似之处,都有无知者、传播者、免疫者等个体参与,都通过个体间接触进行传播。国内外对网络谣言传播的研究大多基于传染病模型,因此本章基于传染病SIR模型进行改进,加入谣言遗忘记忆机制,将感染者分为正向感染者和负向感染者,构建数学模型,来模拟网络谣言传播扩散机理。

本章的其余部分安排如下:9.2节是文献综述;9.3节构建了基于SIR传染病模型的SPNR模型,描述了该模型的传播机制;在9.4节中,我们对模型进行了数值仿真,比较参数对谣言传播的影响;9.5节进行了案例分析,通过收集真实的网络谣言数据,基于符合新浪微博网络特性的无标度网络验证了模型的可用性;9.6节对本章内容进行总结,并讨论了下一步的研究方向。

9.2 文献综述

9.2.1 网络谣言概述

谣言是一种普遍存在的社会舆情现象,以往主要通过人际、媒体进行传播,其传播效果和范围有所限制。Allprot et al.[2]在1947年首次提出"谣言是借由人际间口语传播的一种陈述或信念,且是没有公开证据支持的"。随着时间的推移,人们从谣言的传播方式、传播效果等方面入手,对谣言的定义做了进一步探讨。国外学者Michelson et al.[3]将谣言与是否可证实联系起来,认为谣言是未经传播者本人证实或相关证据证明的信息。卡普费雷[4]认为,谣言的证实主体为官方,认为谣言是未经官方证实,或已被官方所辟谣的信息。Sahafizedeh et al.[5]将谣言定义为一种信息形式,称为未经证实的状态信息。国内学者巢乃鹏等[6]总结了谣言的几个常见误区,并从内容、是否可证实的角度定义谣言。王国华等[7]从谣言的流传性、指称性角度将谣言定义为一种真实性未经相关主体证实但得到广泛传播的有特定指向的信息。邢绍艳等[8]从谣言是否可证实、社会影响的角度将谣言定义为未经证实的、偏离实际情况的、对他人或社会造成不良影响的不当言论。

基于上述认知,我们发现,虽然谣言尚未有统一的定义,但未经证实、流传性广、造成不良社会影响是定义谣言的重点。因此,谣言可被定义为在特定环境下,真实性未经验证但得到广泛传播,并对他人或社会造成不良影响的信息。而网络谣言则是在互联网环境下,真实性未经验证但得到广泛传播,并对他人或社会造成不良影响的信息。

9.2.2　复杂网络及在线社交网络

现实生活中的许多复杂系统都可以建模成复杂网络进行分析,比如计算机网络、社交网络等。复杂网络就是指一种呈现高度复杂性的网络,具有小世界特性、无标度特性、社区结构特性三大特性。[9]

为了便于计算,部分学者在研究过程中会将在线社交网络看成小世界网络或无标度网络,也有部分学者对在线社交网络的传播模型做了研究。张彦超等[10]对在线社交网络中的信息传播行为进行了详细的理论建模和数值仿真。李勇军[11]研究了在线社交网络的拓扑特性,包括社交网络图、度节点、聚类系数、路径长度、度的相关性和介数等,并对人人网、Facebook等经典社交网络进行了拓扑特性分析。樊鹏翼等[12]分析比较了新浪微博的网络拓扑及用户行为特征,发现新浪微博具有小世界特性及无标度特性。

9.2.3　谣言传播模型研究现状

谣言传播模型的研究开始于19世纪60年代。Daley et al. 通过对传染病与谣言进行对比研究发现了两者传播的相似性,并最早提出了经典的DK模型[13],也就是应用最广的SIR模型。随后,Maki et al.[14]认为谣言是通过传播者与其他个体直接接触进行传播的,在DK模型的基础上提出了MT模型。此后,大部分学者都是在DK模型和MT模型的基础上进行扩展研究的。

在谣言传播人群方面,王筱莉等[15]根据怀疑机制理论将传染病传播模型中的人群分为无知者、传谣者、反驳谣言者和移出者4类。宋之杰等[16]根据免疫者的转化原因将其细分为R1和R2,并构建了SIHR1R2模型,其中R1是指不轻信谣言且能说服传播者成为免疫者而进行主动转化的免疫者,R2是指由于失去传播兴趣从传播者被动转化而来的免疫者。朱张祥等[17]将谣言受众对象进一步划分为无知者、知晓者、信任者、传播者、暂时免疫者和永久免疫者6类。范纯龙等[18]提出了增设潜伏状态的SEIR模型。

在网络结构方面,Zanette et al.[19]研究了静态和动态小世界网络上的谣言传播模型,对传播临界值进行分析并证实在均匀网络中存在一个有限的正的传播临界值。Moreno et al.[20]基于SIR模型在无标度网络上建立网络谣言传播模型,证实了网络的均匀性对传播动力学机制有很大影响,谣言传播深度及广度受网络结构及谣言传播率的影响。

在谣言传播规律方面,Sahafizadeh et al.[5]在SIR模型中加入了群体传播的概念并验证了群体传播能有效地提高谣言传播速度。邢绍艳等为了研究谣言传播个体信息加工导致的谣言漂移现象,在经典SIR模型及无标度网络中构建了信息变异下的谣言传播模型。Nekovee et al.[21]和Zhao et al.[22]分别考虑了个体的遗忘特性和记忆特性,建立了含有遗忘机制和记忆机制的谣言传播模型。王筱莉等[15]根据现实生活中遗忘率随时间变化的现象在无标度网络中构建了基于遗忘率变化的谣言传播模型。Giorno et al.[23]将随机否认机制加入经典DK模型中。张亚明等[24]从兴趣衰减和社会加强角度构建了ISCR网络谣言传播模型。

综上所述,对谣言的基础理论研究起步较早,为了进行模拟仿真,有学者研究了不同在线社交网络的拓扑特性。国内外关于谣言动力学传播的相关研究工作主要借鉴了SIR传染病模型,涉及传播人群的进一步细分,不同的网络结构、不同的谣言传播机制对谣言传播的影响。然而,大部分研究仅从以上3方面的某一方面扩展了SIR传染病模型,全面性较低,因此本部分综合网络谣言人群特点、真实社交网络结构、谣言传播机制3方面因素构建了基于SIR模型的SPNR谣言传播模型,该模型更具有全面性,也更贴近实际。

9.3　模型构建

如9.2节中所介绍的谣言传播机制,由于谣言在社交网络中的传播与传染病在人群中的传播具有一定的相似性,目前大多数的网络谣言传播模型都建立在传染病模型的基础上。其中,应用最广泛的是SIR传染病模型。然而传染病的传播与网络谣言的传播还是存在许多不同之处:

　　①传播群体的不同：SIR模型中的人群状态只有3类，而实际网络谣言传播过程中的人群却不止3类。由于谣言的未经证实性及网络用户自身的生活环境、知识背景等差异，面对同一谣言，用户往往存在"相信谣言"和"不相信谣言"两种状态。例如，2018年11月，"杭州城管打狗"的谣言在网上流传，有人选择相信谣言并继续传播，也有人选择不相信谣言并积极辟谣。

　　②传播规则的不同：在实际的网络谣言传播中，无知者转化为传谣者的概率与周围传谣者数量有关，周围传谣者越多，则转化概率越高。另外，传谣者除了会因失去兴趣等原因转化为免疫者外，还有可能因为遗忘机制而被动转化为免疫者。

　　结合以上两个特点，本部分将谣言传播过程中的感染者进一步划分为两种状态：一种是相信谣言的状态（也可称为正向感染状态），另一种是不相信谣言的状态（也可称为负向感染状态）。再结合网络谣言传播的实际情况，本部分对经典的SIR传染病模型加以改进，构建了带有遗忘机制的SPNR模型，具体如图9-1所示，相关参数如表9-1所示。

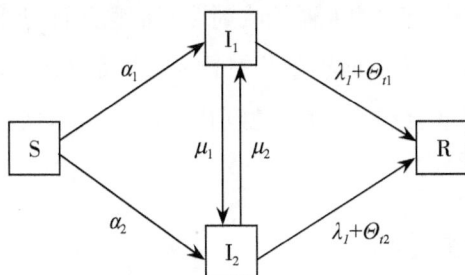

图9-1　改进后的SPNR模型图

表9-1　参数表

符号	含义
α_1	易感个体与负向感染个体接触后转化为负向感染个体的概率，也称为负向感染率
α_2	易感个体与正向感染个体接触后转化为正向感染个体的概率，其与易感个体周围的正向感染个体占比有关，也称为正向感染率
μ_1	负向感染个体与正向感染个体接触后转为正向感染个体的概率，也称为负向转移率

符号	含义
μ_2	正向感染个体与负向感染个体接触后转为负向感染个体的概率,也称为正向转移率
λ_1	负向感染个体与免疫个体接触后失去传播兴趣的概率,也称为负向免疫率
λ_2	正向感染个体与免疫个体接触后失去传播兴趣的概率,也称为正向免疫率
Θ_{t_1}	负向感染个体由于时间等因素遗忘谣言从而被动失去传播兴趣的概率,也称为负向遗忘率
Θ_{t_2}	正向感染个体由于时间等因素遗忘谣言从而被动失去传播兴趣的概率,也称为正向遗忘率

9.3.1　人群状态划分

改进后的SPNR模型将人群状态划分为易感状态S、负向感染状态I_1、正向感染状态I_2及免疫状态R这4类。处于易感状态S的人群还未接收到谣言信息;处于负向感染状态I_1的人群接收到谣言信息并且对谣言持怀疑态度,会有辟谣的传播行为;处于正向感染状态I_2的人群接收到谣言信息并且相信谣言,会有进行传谣的传播行为;处于免疫状态R的人群接收到谣言信息但不再进行传播行为。

9.3.2　传播规则

第一,易感状态个体接触到正向感染者后,根据交际圈中的正向感染者占比,以α_2的概率转化为正向感染者;易感状态个体接触到负向感染者后,根据交际圈中的负向感染者占比,以α_1的概率转化为负向感染者。

第二,负向感染个体与正向感染个体接触后,被正向感染者影响,以μ_1的概率转化为正向感染者;负向感染个体由于遗忘机制的作用被动失去传播兴趣,以Θ_{t_1}的概率转化为免疫者;负向感染者由于接触到另一个负向感染者或由于其他因素而主动失去传播兴趣,以λ_1的概率转化为免疫者。

第三,正向感染个体与负向感染个体接触后,被负向感染者影响,以μ_2的概率转化为负向感染者;正向感染个体由于遗忘机制的作用被动失去传播兴趣,以Θ_{t_2}的概率转化为免疫者;正向感染个体由于接触到另一个正向感染个体或由于其他因素而主动失去传播兴趣,以λ_2的概率转化为免疫者。

9.3.3 参数分析

在改进的SPNR模型中,引入了8个参数,表9-1对各个参数的含义进行了介绍。其中,$\mu_1,\mu_2,\lambda_1,\lambda_2$为定值,$\alpha_1,\alpha_2,\Theta_{t_1},\Theta_{t_2}$并非定值。

α_1,α_2与易感状态个体周围的正负向感染个体占比有关,计算方法如下:

$$\alpha_1 = \frac{\text{与节点}i\text{相连的负向感染个体数量}}{\text{与节点}i\text{相连的所有状态的个体数量}} \tag{9-1}$$

$$\alpha_2 = \frac{\text{与节点}i\text{相连的正向感染状态个体数量}}{\text{与节点}i\text{相连的所有状态的个体数量}} \tag{9-2}$$

$\Theta_{t_1},\Theta_{t_2}$与参数$t_1,t_2,a,b$有关。$t_1,t_2$代表进入感染状态持续的时间。$a,b$是影响遗忘概率函数的曲线特征,当$t$=0时,$\Theta_t$=$a$-1,即初始时刻遗忘率为$a$-1,代表谣言对传播者的吸引力。参数$b$决定遗忘曲线的形状,该值越大,遗忘率变化的速度越快,即更容易遗忘。计算方法如下:

$$\Theta_{t_1} = a - e^{-bt_1} \tag{9-3}$$

$$\Theta_{t_2} = a - e^{-bt_2} \tag{9-4}$$

9.4 数值仿真

基于上述对谣言人群划分及传播规则的描述,在MATLAB中构建小世界网络下的SPNR模型。该网络下的SPNR模型传播结果如图9-2所示。基于SPNR模型的传播结果与基于SIR模型的传播结果相似:易感个体的数量呈现指数型下降;感染个体的数量起初随着易感个体的转化而上升,后随免疫个体的转化而下降;免疫个体的数量持续上升直至稳定。这一结果符合谣言传播的基本过程。

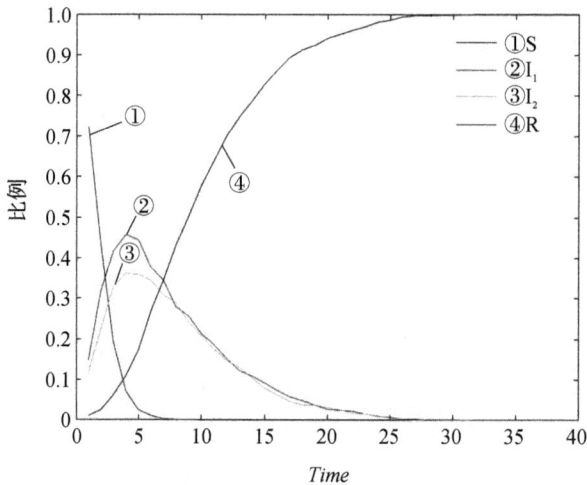

图9-2　小世界网络中SPNR模型的传播结果

为了进一步分析模型中各参数对谣言传播过程的影响机制,本部分使用MATLAB对SPNR谣言传播模型进行数值模拟,得到不同参数对谣言传播过程的影响效果。为避免初始节点状态对实验的影响,数值仿真过程中设置初始节点状态一致。

第一,感染率对谣言传播的影响。

SPNR模型中的α_1,α_2为动态值,是根据该节点周围的正、负向感染个体占比得出的,在数值模拟中α_1,α_2取定值。通过图9-3和图9-4,可以发现:

①固定值α_1,α_2下的正向感染者数量的变化趋势较稳定。与固定值α_1,α_2相比,动态值α_1,α_2下的初始正向感染者较少,初始易感者较多;正向感染者数量的峰值较低,但在数量下降过程中有许多超过固定值的时刻,生命周期长度不变。这说明,动态值α_1,α_2更能模拟实际情况中因周围感染者比例不同而产生的衰退趋势不同的情况。

②α_1不变,随着α_2的不断增大,易感者初始数量减少,正向感染者初始数量增多,到达峰值的时间加快,且峰值增大,但衰退速度及生命周期长度受α值的影响较小。

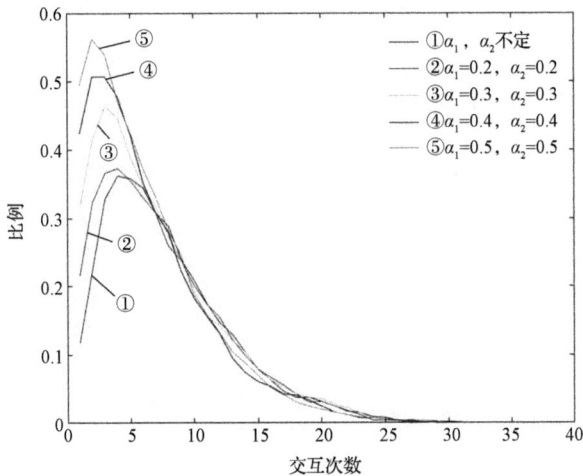

图9-3 动态值及固定值α下正向感染者I₂数量变化

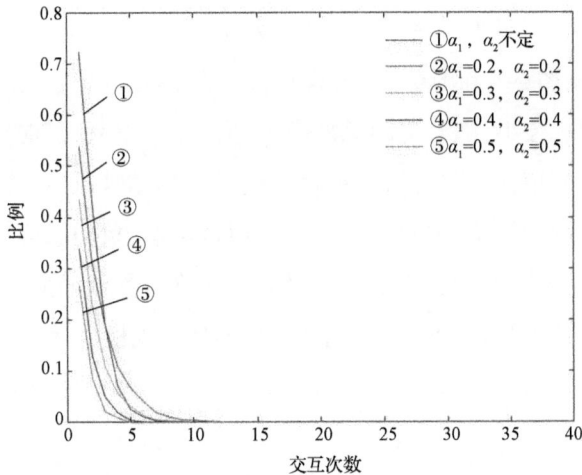

图9-4 动态值及固定α值下易感者S数量变化

第二,转移率对谣言传播的影响。

数值模拟中μ_1不变,μ_2取不同的值,通过观察不同μ_2值下的正向感染者数量变化(见图9-5),我们可以发现:不同μ_2值对正向感染者初始数量的影响较小,对生命周期长度的影响也较小。μ_2值越大,正向感染者数量到达顶峰的时间越短,峰值越低,衰退速度越慢。从逻辑上说,在实际情况中,μ_2越高,则正向感染者转化为负向感染者的概率越高,缩小了正向传播规模。

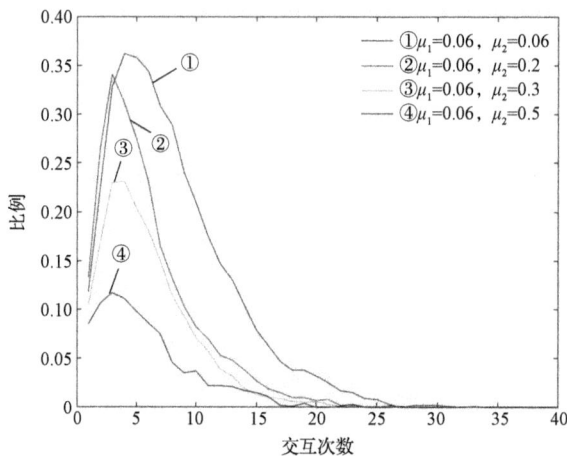

图9-5　不同μ_2值下正向感染者I_2数量变化

第三,免疫率对谣言传播的影响。

数值模拟中λ_1不变,λ_2取不同的值,通过观察不同λ_2值下的正、负向感染者数量变化(见图9-6和图9-7),我们可以发现:不同λ_2值对正、负向感染者初始数量的影响较小;随着主动免疫率λ_2值的不断增大,正向感染者数量到达顶峰的时间缩短,峰值降低,衰退速度变慢,生命周期长度稍短;λ_2对负向感染者数量的影响较小,但对其峰值仍有明显影响,负向感染者数量的峰值随着λ_2值不断增大而升高,生命周期及衰退速度未受到明显影响。这说明,λ_2值的增大能够缩小正向传播规模,扩大负向传播规模。

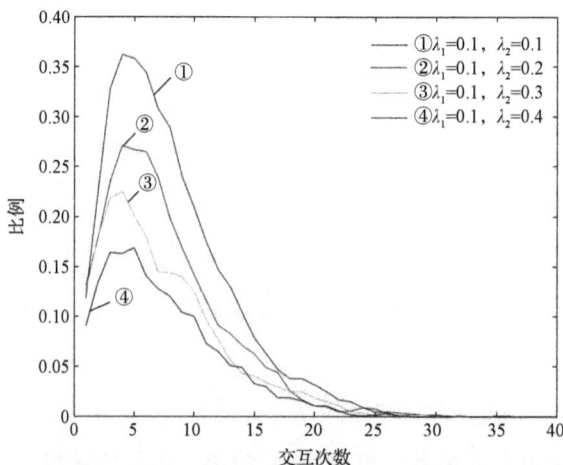

图9-6　不同λ_2值下正向感染者I_2数量变化

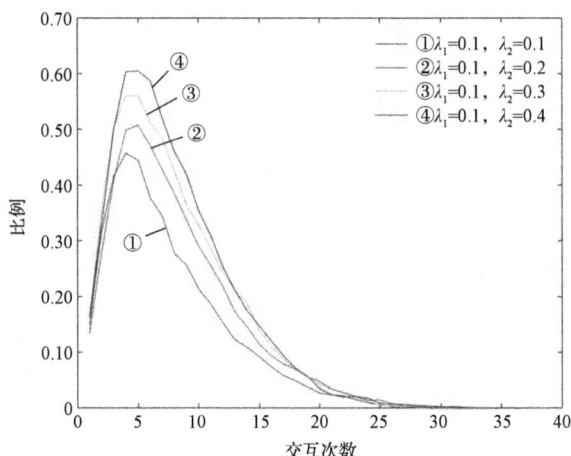

图9-7　不同λ_2值下负向感染者I_1数量的变化

第四,遗忘参数对谣言传播的影响。

遗忘率参数a影响着初始时刻的遗忘率,代表了谣言对传播者的吸引力。参数a越小,谣言对传播者的吸引力越大,初始遗忘率越低,必须到达一定时间后遗忘机制才会发挥作用。在数值模拟中取不同的a值,通过观察不同a值下的正向感染者及免疫者数量变化(见图9-8和图9-9),可以发现:①参数a对感染者初始数量无影响。随着a的不断减小,感染者数量的增加速度起初是一致的,在接近顶峰时,感染者数量可能会趋于平衡,直到一定时间后遗忘机制才发挥作用。②参数a对免疫者数量有影响。随着a值的不断减小,免疫者数量增加的起始时间延迟,免疫者数量增速不变。

遗忘率参数b决定了遗忘曲线的形状,b越大,遗忘率变化速度越快,即越容易遗忘。在数值模拟中取不同的b值,通过观察不同b值下的正向感染者及易感者数量变化(见图9-10和图9-11),可以发现:①参数b对正向感染者的初始数量无影响;随着b的不断增大,正向感染者数量达到顶峰的时间缩短,峰值降低,生命周期缩短。②b对易感者初始数量无影响;随着b的不断增大,易感者达到稳定状态时的个体数量升高,生命周期延长。

接下来,对SPNR模型中的5个主要参数进行数值仿真,分析各个参数对谣言传播过程的影响。我们发现:①动态感染率α更贴近实际,α_2的增大会增大正向传播规模;②转移率μ_2的增加能够使正向感染者转化为负向感染者的概率升高,从而缩小正向传播规模;③主动免疫率λ_2值的增大能够缩小正向传播规模,扩大负向传播规模;④遗忘率参数a越小,初始遗忘率越低,谣言传播生命周期越长;⑤遗忘率参数b越小,遗忘速度越慢,谣言传播规模越大,最终易感者数量越多。各参数对谣言传播的影响各不相同,因此,为更好地模拟不同的谣言事件,可以根据不同的参数对谣言传播的不同影响力来设计更为灵活有效的谣言控制策略。

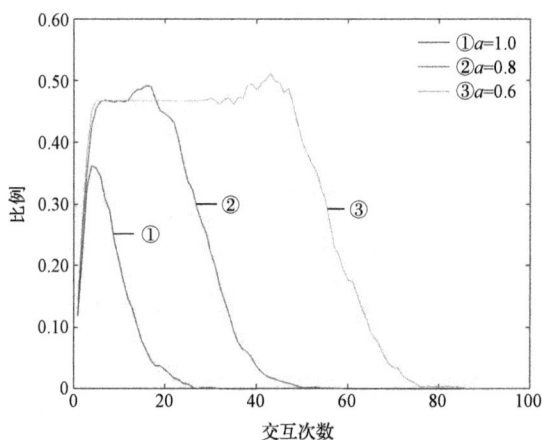

图9-8　不同a值下正向感染者I_2数量变化

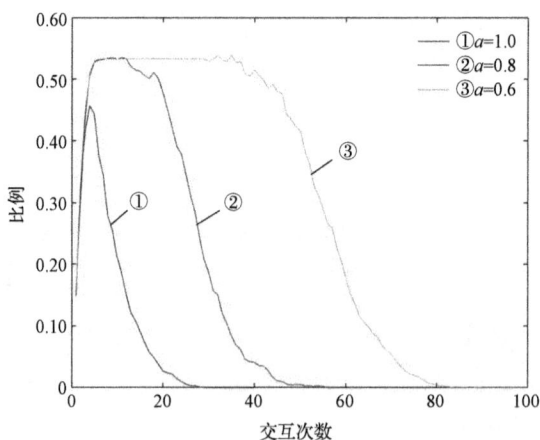

图9-9　不同a值下免疫者R数量变化

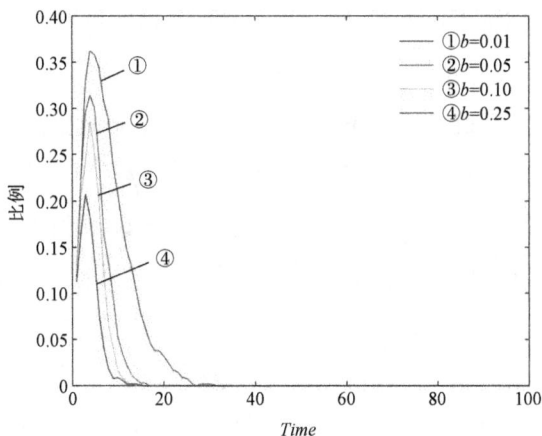

图9-10　不同 b 值下正向感染者 I_2 数量变化

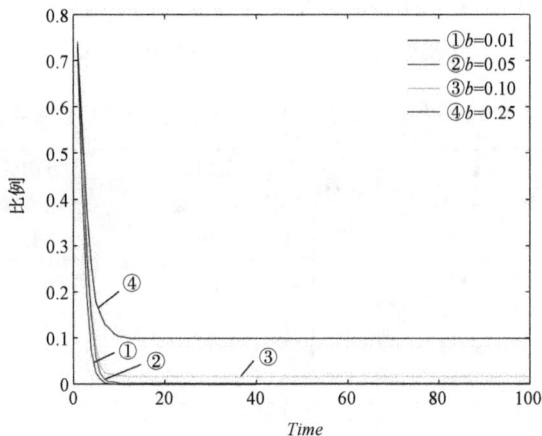

图9-11　不同 b 值下易感者 S 数量变化

9.5　案例研究

2020年1月8日左右,一则"宁波女子辱骂滴滴司机"的视频出现在网络上。视频中,一名年轻女子情绪激动,不断辱骂滴滴司机,称这名司机是"低级的人""只配开滴滴"。一些网络平台对视频做了剪辑,冠以一些吸引眼球的标题继续传播,比如"宁波富家女辱骂滴滴司机:你生来就是当牛做马的"

等。不少网友纷纷指责骂人的女子"没有素质",甚至进行人身攻击。

不过,就在对女子的指责和漫骂充斥网络之时,事件突然出现了反转。1月12日,这名滴滴司机突然发声辟谣,发布了4分50秒的视频回顾了事情经过,称自己有错在先,最初迟到了15分钟,快到终点时也没有将乘客送达目的地,该男子承认自己有言语辱骂女乘客、故意急刹车导致女乘客脸部撞到了座椅靠背上等情况。网络舆情瞬间从指责骂人女子转向了指责司机。

本章通过"八爪鱼采集器"爬取了新浪微博上"宁波女子辱骂滴滴司机"事件辟谣前后的热门微博内容、点赞及评论,将评论文本根据情感分类为正向、负向及中立3种类别。其中平均情感倾向是指该条微博内容下用户的整体情感偏向,平均情感倾向=[微博内容情感极性×点赞数+1×(正向评论数+正向评论点赞数)+(-1)×(负向评论数+负向评论点赞数)]/(点赞人数+评论人数+评论点赞人数)。统计相关信息并汇总,如表9-2所示。

表9-2 案例"宁波女子辱骂滴滴司机"微博舆情信息统计

日期	微博ID	微博内容节选	点赞数	正向评论数	正向评论点赞数	负向评论数	负向评论点赞数	中立评论数	平均情感倾向
1月10日	搜狐视频	女乘客辱骂滴滴司机:你这种低级人,就是给人当牛做马的	161	17	33	47	75	3	-0.69
1月10日	范炜	人心没有温度,就会丧失风度	409	25	22	76	256	4	-0.88
1月11日	搜狐视频	女乘客骂滴滴司机是低级人	16	0	0	11	5	0	-1.00
1月12日	宁波倪少	宁波女子辱骂滴滴司机反转后续来啦	402	25	111	16	42	7	0.80
1月12日	西门町吃在宁波	宁波"女子辱骂滴滴司机"纠纷事件的后续来了,大家怎么看?	379	28	189	8	56	12	0.79

续　表

日期	微博ID	微博内容节选	点赞数	正向评论数	正向评论点赞数	负向评论数	负向评论点赞数	中立评论数	平均情感倾向
1月14日	网易新闻视频版	女子辱骂滴滴司机反转！司机说出真相并道歉	518	52	258	36	44	18	0.81
1月22日	无锡吃喝玩乐榜	女子辱骂滴滴司机反转！司机说出真相并道歉	204	8	4	2	0	0	0.98
1月22日	宁波头条资讯榜	女子辱骂滴滴司机反转！司机说出真相并道歉	216	12	4	4	0	0	0.97

从表中可见：①从单条微博的正、负向评论数及点赞数来看，在谣言传播过程中，即使是在辟谣前，也存在正向和负向两种传播者。②从平均情感倾向得分来看，公众对该事件的态度从整体负面转变为整体正面，这说明正、负向传播者之间是会相互转化的，随着辟谣信息的进一步公开，负向传播者的数量越来越多，谣言传播被遏制。③从微博内容及相对应的评论正、负情况来看，正向微博内容下的用户情感更偏正向，而负向微博内容下的用户情感更偏负向，这说明易感者对谣言持有的态度与易感者周围的正、负向传播者数量有关，正向传播者周围的易感者更容易相信谣言，而负向传播者周围的易感者更容易质疑谣言。

因此，本章所提出的SPNR模型能较好地符合实际案例状况。

为进一步探究模型的实用性，本章运用MATLAB软件构建了仿真新浪微博的BA网络，然后在该网络中应用改进的SPNR模型仿真实例网络背景下的谣言传播过程。由于新浪微博月活跃用户数量太大，难以计算，本章将网络节点数假设为N=1000。构建完成的BA网络平均路径长度为4.1，平均聚类系数为0.024，符合平均路径长度短、聚类系数高的小世界特性。同时，网络平均度为3.97，网络图中度数高的节点数量较少，度数低的节点数量较多，节点度的呈现符合无标度特性。因此，可用此网络来模拟新浪微博的网络情况。

为排除初始节点状态分布对谣言传播的影响，本部分随机设定了初始节点的状态，并以此次生成的状态作为实验初始节点探究遗忘率参数、正负向转移率、网络结构对谣言传播的影响。

第一,遗忘率参数对谣言传播的影响。

本书9.3节中介绍了初始时刻的谣言遗忘率$a-1$,代表了谣言对传播者的吸引力。$a-1$越大,初始遗忘率越大,感染者越容易因遗忘机制而停止传播。当$a>1$时,遗忘机制会在初始时刻发挥作用;当$a<1$时,遗忘机制在一定时间后才会发挥作用。参数b代表遗忘率变化的速度,b值越大,遗忘率变化的速度越快,谣言更容易被遗忘。如图9-12—图9-15所示的仿真结果与该结论一致。

在信息量爆炸增长的当今时代,随着热点信息不断涌现,人们对焦点事件的关注度也频繁变化。网络中新兴热点事件的出现和转变不仅会降低人们对旧热点(谣言)事件的关注度,也会加快人们对旧热点事件的遗忘速度,即降低a值,提高b值。根据上述结论,有关部门可以利用热点事件的不断转变和涌现来降低谣言传播的最终规模。

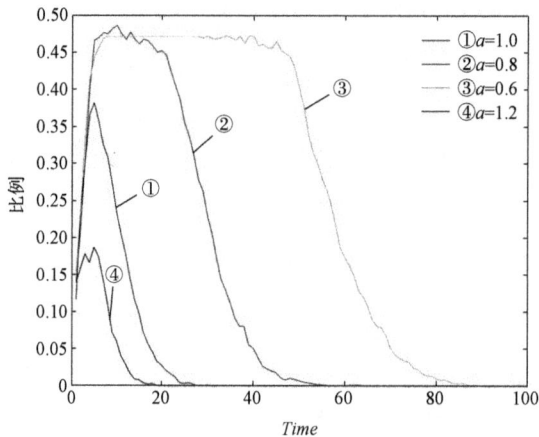

图9-12　BA网络不同a值下正向感染者数量变化

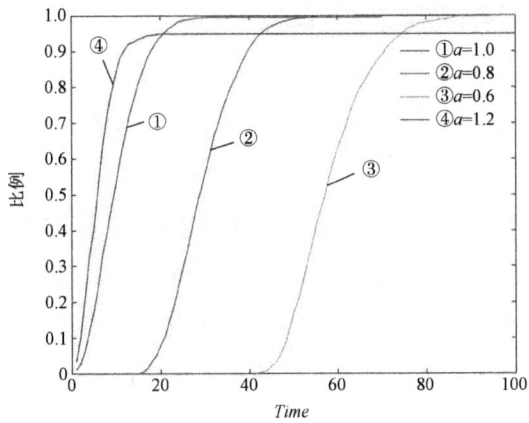

图9-13 BA网络不同 a 值下免疫者数量变化

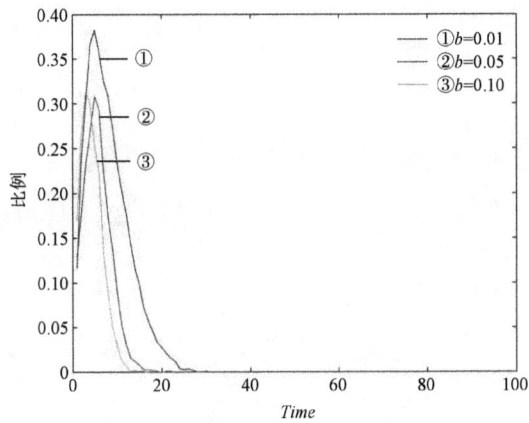

图9-14 BA网络不同 b 值下正向感染者数量变化

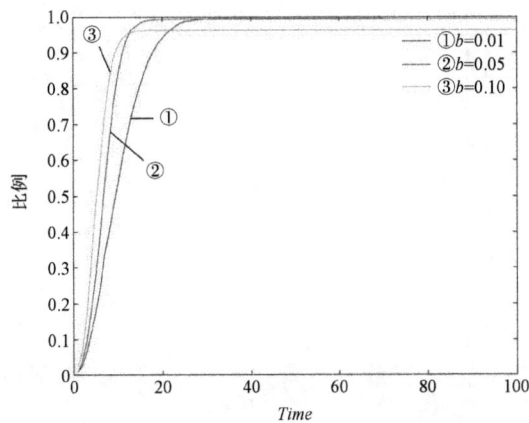

图9-15 BA网络不同 b 值下免疫者数量变化

第二,正负向转移率对谣言传播的影响。

从图9-16和图9-17中可以看出,当其他参数不变时,μ_2值越大,正向感染者数量达到顶峰的时间越短、峰值越低、生命周期越短,免疫者达到稳定状态的时间越短且数量越少。

本书9.3节介绍了转移率μ_2代表正向感染者转为负向感染者的概率,转移率μ_2越高,代表负向感染者的影响力越强,越能促进传谣者向辟谣者转化。如图9-16及图9-17所示的仿真结果与该结论一致。根据该结论,本部分通过增强辟谣者话语权、增加辟谣者数量等方式增加辟谣者的影响力,能够有效促进传谣者数量的降低及谣言传播规模的缩小。

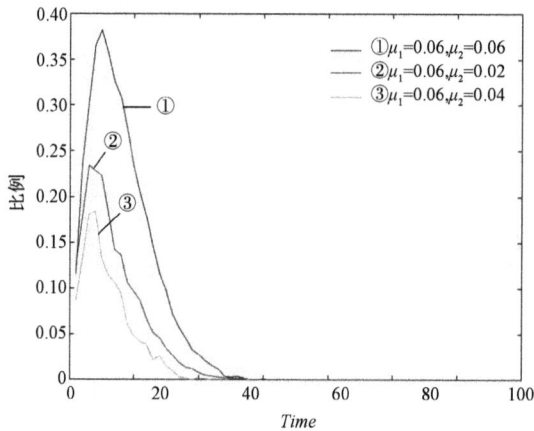

图9-16 BA网络不同μ_2值下正向感染者数量变化

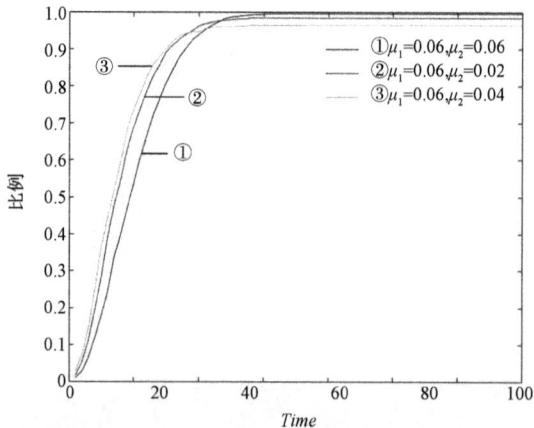

图9-17 BA网络不同μ_2值下免疫者数量变化

第三,网络结构对谣言传播的影响。

本书 9.3 节进行数值仿真时,构造了 $N=1000$ 的小世界网络,网络平均聚类系数为 0.35,平均路径长度为 3.86,符合平均路径长度短、平均聚类系数高的小世界特性。但此网络的平均度为 10,网络不具有无标度特性。

小世界网络和无标度网络的区别主要在于节点度。无标度网络中存在"意见领袖"节点,其节点度大,则代表节点影响力大。而在小世界网络中,节点度较为平均,缺少"意见领袖"节点。

对比本书 9.4 节及 9.5 节中的图,可以观察到,在本章构建的 SPNR 模型下,小世界网络及无标度网络这两个网络结构对网络谣言传播的影响不大,两种网络下的谣言传播趋势相近。产生这一结果的原因就在于本章构建的 SPNR 模型中尚未考虑各个节点影响力对传播参数的影响。

9.6　小　结

目前社交网络平台上的谣言愈演愈烈,对社会稳定乃至国家安全造成了严重影响,各方机构、政府治理谣言的需求更加迫切。基于此背景,本章分析了国内外网络谣言传播的研究现状,在 SIR 谣言传播模型的基础上提出了改进的 SPNR 谣言传播模型,并且利用数据集验证及实例验证的方法对 SPNR 模型进行了实证研究。

首先,将谣言传播者的感染状态划分为正向和负向两种,并根据周围感染者数量占比动态地设置了正、负向感染率,同时也增加了遗忘机制,提出了更加具有适用性的 SPNR 谣言传播模型;其次,设计出此模型下的谣言传播算法,实现对谣言传播过程的仿真;再次,利用数值模拟的方法对影响谣言传播的各项参数进行了影响性分析,为谣言控制策略的制定提供了依据;最后,从数据集验证和实例验证两个角度,对比新浪微博中的实例与 SPNR 模型下的模拟结果,验证了 SPNR 模型在谣言传播过程中的适用性。

然而,本章在突出网络媒介的作用、领袖节点等方面还存在不足,这也是未来进一步研究时可考虑的改进方面。

参 考 文 献

[1] 人民网. 2018 年网络谣言治理报告 [EB/OL]. [2019-01-18] http://media.people.com.cn/n1/2019/0118/c40606-30575543.html.

[2] ALLPROT G W, POSTMAN L. The psychology of rumor [M]. Oxford, UK: Henry Holt, 1947.

[3] MICHELSON G, MOULY S. Rumour and gossip in organisations: a conceptual study [J]. Management Decision, 2000, 38(5): 339-346.

[4] 让·若埃尔·卡普费雷. 谣言: 世界最古老的传媒 [M]. 郑若麟, 译. 上海: 上海人民出版社, 2008.

[5] SAHAFIZEDEH E, LADANI B T. The impact of group propagation on rumor spreading in mobile social networks [J]. Physica A: Statistical Mechanics and its Applications, 2018: 412-423.

[6] 巢乃鹏, 黄娴. 网络传播中的"谣言"现象研究 [J]. 情报理论与实践, 2004(6): 575, 586-589.

[7] 王国华, 方付建, 陈强. 网络谣言传导: 过程、动因与根源——以地震谣言为例 [J]. 北京理工大学学报 (社会科学版), 2011, 13(2): 112-116.

[8] 邢绍艳, 朱侯. 信息变异下的谣言传播及其漂移机制研究 [J]. 情报杂志, 2018, 37(10): 140-146.

[9] 刘涛, 陈忠, 陈晓荣. 复杂网络理论及其应用研究概述 [J]. 系统工程, 2005(6): 1-7.

[10] 张彦超, 刘云, 张海峰, 等. 基于在线社交网络的信息传播模型 [J]. 物理学报, 2011, 60(5): 66-72.

[11] 李勇军. 在线社交网络的拓扑特性分析 [J]. 复杂系统与复杂性科学, 2012, 9(3): 22-37.

[12] 樊鹏翼, 王晖, 姜志宏, 等. 微博网络测量研究 [J]. 计算机研究与发展, 2012, 49(4): 691-699.

[13] DALEY D J, KENDALL D G. Epidemics and rumors [J]. Nature, 1964,

204:1118.

［14］MAKI D, THOMSON M. Mathematical models and applications［M］. Prentice-Hall: Englewood Cliff, 1973.

［15］王筱莉, 赵来军, 谢婉林. 无标度网络中遗忘率变化的谣言传播模型研究［J］. 系统工程理论与实践, 2015, 35(2): 458-465.

［16］宋之杰, 王建, 石蕊. 基于无标度网络的突发事件微博谣言传播研究［J］. 情报杂志, 2015, 34(12): 111-115.

［17］朱张祥, 刘咏梅. 在线社交网络谣言传播的仿真研究——基于聚类系数可变的无标度网络环境［J］. 复杂系统与复杂性科学, 2016, 13(2): 74-82.

［18］范纯龙, 宋会敏, 丁国辉. 一种改进的 SEIR 网络谣言传播模型研究［J］. 情报杂志, 2017, 36(3): 86-91.

［19］ZANETTE D H, ARGENTINA R N. Critical behavior of propagation on Small-world Networks［J］. Physcial Review E, 2001, 64: 1725-1732.

［20］MORENO Y, NEKOVEE M, VESPIGNANI A. Efficiency and reliability of epidemic data dissemination in domplex networks［J］. Physcial Review E, 2004, 69: 343-358.

［21］NEKOVEE M, MORENO Y, BIANCONI G, et al. Theory of rumor spreading in complex social networks［J］. Physical A, 2007, 374: 457-470.

［22］ZHAO L J, WANG Q, CHENG J J, et al. Rumor spreading model with consideration of forgetting mechanism: a case of on-line blogging live journal［J］. Physical A, 2011, 390: 2619-2625.

［23］GIORNO V, SPINA S. Rumor spreading models with random denials［J］. Physica A: Statistical Mechanics and its Applications, 2016: 569-576.

［24］张亚明, 唐朝生, 李伟钢. 在线社交网络谣言传播兴趣衰减与社会强化机制研究［J］. 情报学报, 2015, 34(8): 833-844.

后　记

　　群体性行为从产生到发展都涉及信息的传播和扩散过程,而信息传播的路径就是人与人之间的关系网络。把群体性行为中的每个个体作为一个节点,将个体之间的社交关系看作网络的连线,现实社会中的个体通过相互之间的关联形成的各种社会结构,从整体上表现为社会网络。社会网络作为维系群体的物理框架,对群体性事件发展过程中的信息传播、扩散具有非常重要的作用。尤其是处在网络时代,信息技术的发展极其迅速,网络的普及率不断升高,人们的生活方式、行为方式都被互联网所影响,甚至改变。虚拟社交网络顺势而生,其在不断满足人们多样化需求的同时,也将群体行为由现实社交网络发展到了更易激化矛盾的虚拟社交网络。基于此,对群体涌现行为的形成与演化原理的研究具有重要的理论意义与现实意义。

　　本书作者从2016年开始涉足网络群体行为的研究,在研究初期得到了学校相关领导的大力支持与帮助,使得作者能够乘风破浪,披荆斩棘,在一没有经费,二没有合作伙伴的艰苦条件下克服重重困难,其间不仅收获了多个与群体行为领域相关的国家与省部级课题,而且发表了高水平的SCI/SSCI学术论文30余篇。在本书即将出稿之际,作者向所有关怀与支持过自己的人表示衷心的感谢。

　　由于作者水平的限制及时间的仓促,书中难免存在一些疏漏与不足之处,恳请各位读者批评与指正。